新工科建设·无人系统系列

水面无人艇智能感知与导航技术

周治国 ◎ 编著

电子工业出版社
Publishing House of Electronics Industry
北京·BEIJING

内 容 简 介

本书在系统地介绍无人艇的发展概况及系统架构等基本知识的基础上，着重介绍水面无人艇智能感知与导航技术。全书共 6 章，第 1 章着重介绍无人艇的发展概况和关键技术；第 2 章主要介绍无人艇的艇体设计及系统架构，并阐述无人艇感知系统；第 3 章为基于视觉的无人艇感知技术，主要介绍水面目标检测与跟踪算法；第 4 章主要介绍基于激光雷达的无人艇感知技术；第 5 章主要介绍无人艇路径规划技术；第 6 章主要介绍无人艇算法的训练与测试。

本书适合作为高等工科院校电子信息工程、自动化、船舶与海洋工程专业高年级本科生、研究生的教材，同时可供对无人艇控制、智能导航比较熟悉且对无人系统虚拟仿真训练有所了解的开发人员和研究人员参考。

未经许可，不得以任何方式复制或抄袭本书之部分或全部内容。
版权所有，侵权必究。

图书在版编目（CIP）数据

水面无人艇智能感知与导航技术 / 周治国编著.
北京 : 电子工业出版社, 2024. 9. -- ISBN 978-7-121-48763-7
Ⅰ. U674.7-39
中国国家版本馆 CIP 数据核字第 20243N7E98 号

责任编辑：张天运
印　　刷：北京七彩京通数码快印有限公司
装　　订：北京七彩京通数码快印有限公司
出版发行：电子工业出版社
　　　　　北京市海淀区万寿路 173 信箱　　邮编：100036
开　　本：787×1092　1/16　印张：11.75　字数：300.8 千字
版　　次：2024 年 9 月第 1 版
印　　次：2025 年 9 月第 2 次印刷
定　　价：59.80 元

凡所购买电子工业出版社图书有缺损问题，请向购买书店调换。若书店售缺，请与本社发行部联系，联系及邮购电话：(010) 88254888，88258888。
质量投诉请发邮件至 zlts@phei.com.cn，盗版侵权举报请发邮件至 dbqq@phei.com.cn。
本书咨询联系方式：(010) 88254172，zhangty@phei.com.cn。

序

在全球海洋战略的推进和科技创新的浪潮中，海洋工程与技术已成为国家发展的关键领域。无人艇作为新兴的自主式海洋运载器，正逐步成为海洋探索与利用的重要工具，它们不仅能够在极端或危险环境下执行任务，还凭借其智能化、模块化、高速灵活等特性，在军事、民用等多个领域展现出巨大的应用潜力。无人艇技术为海洋科学研究、海上安全监管及环境监测等提供了创新的解决方案，也为海洋经济的发展提供了装备支撑。智能化作为时代的标志，正引领着海洋航行器技术的突破与发展的重要方向。本书便是在这一背景下应运而生的，是对这一科技领域的全面剖析与深入探索。

近年来，随着人工智能、大数据、物联网等技术的不断成熟，无人艇的智能水平得到了显著提升。其中，智能感知与导航技术作为无人艇实现自主航行的关键技术，更是受到了人们的广泛关注。作者从无人艇的发展概况、关键技术，到系统架构设计、智能感知与导航算法，再到虚拟仿真训练平台构建等多个方面做了全面、系统地介绍，汇集了作者在无人艇技术领域的丰富研究成果与实践经验。同时，设计了基于 Unity 平台的无人艇虚拟仿真训练平台，使读者能够通过实际操作，更直观、深入地理解无人艇感知与导航算法的工作原理和实现过程。本书作为全国海洋航行器设计与制作大赛 C4 智能导航赛道的指导图书，为参赛者提供了全面的技术指导和实践参考。

在探索海洋的征途中，水面无人艇正以其独特的魅力和无限的可能引领人们迈向更加广阔的未来。本书将不仅有助于促进学术界对无人艇技术的深入交流与合作，还将为相关领域的研究人员、工程技术人员提供宝贵的参考和借鉴，成为探索水面无人艇智能感知与导航技术的良师益友，共同推动我国甚至全球海洋智能装备技术的发展。

中国造船工程学会 秘书长

2024.8

前　言

近几年来,由于智慧航运的巨大需求和低成本水面航行器的出现,无人艇的需求和发展开始进入爆发期,与水面无人艇相关的创意、技术、产品、应用和投资等新闻层出不穷。无人艇开始应用于海上巡视、智慧渔业、风电巡检等领域。在无人艇跻身智慧海事领域的背景下,国内包括海事部门在内的相关单位建立试验基地、制定相关标准和开展教育培训,极大地推动了无人艇行业应用的发展。随着5G和卫星通信的兴起,无人艇也将成为智慧航运领域的重要信息节点,预计会给相关海洋产业带来广阔的商业机会。

水面无人艇的快速发展离不开控制、导航、感知、机器学习等相关技术的支撑,目前无人艇自动控制技术发展迅速,而相应的教材和课程没有跟进,极大地制约了水面航行器的人才培养和无人艇在高校、研究所等单位的推广。在这种形势下,北京理工大学智能无人航行器感知与导航实验室推出"无人艇感知与导航技术"课程,并在"智慧树"平台上开设了网络公开课,受到一致好评。

2017年以来,教育部推进新工科建设,各大高校积极参与。相对于传统工科,新工科更强调学科的实用性、交叉性与综合性,为未来新兴产业和新经济培养实践能力强、创新能力强、具备国际竞争力的高素质复合型人才。水面无人艇作为海洋智能无人航行器的重要分支,是智能感知与导航算法实践的一个绝佳平台。在此基础上,本书围绕水面无人艇技术,继续开发新工具和新教程,从而让学生能够知行合一。

基于上述形势的考虑,本书实验以Unity平台为基础,以水面无人艇为研究对象,将Python编程、ROS通信紧密结合在一起,实现软/硬件层面的融合。书中每个实验都循序渐进,不同背景的读者都能从中受益。

基于此,本书设计的无人艇虚拟仿真训练平台已推广至全国海洋航行器设计与制作大赛C4智能导航赛道,并获得高校同人的广泛认可。该平台基于高可信度的数字孪生模型和仿真模型,使相关研发人员关注新算法和新功能的开发与设计,解决了研发人员经验少和资源少等难题,降低了实验成本。另外,本书还降低了学习门槛,使得更多的人能够进入船舶工程领域,最终为建设海洋强国做出贡献。

本书的 C4 智能导航赛道无人艇虚拟仿真训练平台花费了我们大量心血，为此，我们将相关教程发布于北京理工大学智能无人航行器感知与导航实验室官网，供读者参考学习。在该网站上，读者还可以找到线上实验课程及强化学习的相关源码。在未经北京理工大学智能无人航行器感知与导航实验室授权的情况下，任何公司和个人不允许将本书及附带代码和工具作为教育产品进行销售，否则必将追究其法律责任。我们对本书虽力求完善，然而由于时间和作者水平有限，书中难免存在不妥和疏漏之处，恳请广大读者不吝赐教，使得本书不断补充和完善。关于本书存在的问题，可通过官网与我们联系。

官网链接

编著者

2024 年 5 月

目 录

第1章 无人艇概述 1
    1.1 智能无人系统 1
        1.1.1 无人艇简介 2
        1.1.2 优势与特点 2
    1.2 无人艇发展概况 3
        1.2.1 国际发展概况 3
        1.2.2 国内发展概况 6
    1.3 无人艇关键技术 9
    1.4 本书内容简介 11
    参考文献 12

第2章 无人艇设计与实现 13
    2.1 无人艇艇体设计 13
        2.1.1 技术参数 14
        2.1.2 船只结构与岸基设备 15
    2.2 无人艇系统架构 16
        2.2.1 软件架构 16
        2.2.2 通信架构 17
        2.2.3 电气系统架构 17
    2.3 无人艇感知系统 18
        2.3.1 定位 18
        2.3.2 姿态测量 19
        2.3.3 雷达感知 19
        2.3.4 视觉感知 20
    2.4 无人艇信息监控中心 21
        2.4.1 航控与航线界面 22
        2.4.2 电力与灯光界面 28
        2.4.3 拍照与录像界面 29
        2.4.4 文件列表与系统设置 30

2.5 其他无人艇简介 ... 32
2.5.1 USV120 ... 32
2.5.2 USV100 ... 33
参考文献 ... 34

第3章 基于视觉的无人艇感知技术 ... 35
3.1 现有水面目标检测算法 ... 36
3.2 水面高效实时小目标检测 ... 37
3.2.1 算法结构 ... 38
3.2.2 数据集构建 ... 41
3.2.3 实验与分析 ... 45
3.3 水面高光照场景下的目标检测 ... 51
3.3.1 算法模型及原理分析 ... 51
3.3.2 数据集构建 ... 58
3.3.3 实验与分析 ... 60
3.4 水面目标跟踪 ... 63
3.4.1 相关滤波理论 ... 64
3.4.2 跟踪算法的基本流程与尺度自适应改进 ... 65
3.4.3 检测跟踪融合算法设计 ... 66
3.4.4 实验结果分析 ... 70
参考文献 ... 71

第4章 基于激光雷达的无人艇感知技术 ... 75
4.1 基于3D激光雷达的水面目标检测算法 ... 75
4.1.1 点云目标检测网络VoxelNet算法设计 ... 75
4.1.2 算法评价指标 ... 78
4.1.3 面向水面环境算法的优化及验证 ... 79
4.2 多传感器融合方案及实现 ... 82
4.2.1 传感器数据融合方案设计 ... 83
4.2.2 传感器数据空间标定实现 ... 86
4.2.3 D-S证据理论 ... 90
4.2.4 实验验证与分析 ... 91
4.3 基于融合算法的水面目标检测 ... 93
4.3.1 基于3D激光雷达的目标检测算法的验证与分析 ... 93
4.3.2 激光雷达与视觉传感器数据融合的验证和分析 ... 99
4.3.3 小结 ... 101
参考文献 ... 101

第5章 无人艇路径规划技术 102

5.1 全局路径规划 103
5.1.1 全局路径规划分析 103
5.1.2 全局路径规划算法 106

5.2 局部路径规划 111
5.2.1 基于避障的方法 111
5.2.2 基于模型的方法 112
5.2.3 基于深度强化学习的方法 112
5.2.4 基于COLREGs的无人艇动态避障算法 121

参考文献 139

第6章 无人艇深度强化学习算法仿真训练平台 140

6.1 仿真训练平台的设计与实现 140
6.1.1 航行环境模块 141
6.1.2 无人艇模型模块 143
6.1.3 环境感知模块 145
6.1.4 数据通信模块 148
6.1.5 导航避障模块 149
6.1.6 运动控制模块 149

6.2 系统参数辨识验证 149
6.2.1 运动参数采集实验 150
6.2.2 无人艇旋回实验 150
6.2.3 无人艇紧急制动实验 152

6.3 算法的训练、测试与部署 153
6.3.1 实验环境设置 153
6.3.2 算法训练实验 154
6.3.3 算法测试实验 157
6.3.4 无人艇实际部署验证 159

附录A 162

附录B 175

第 1 章

无人艇概述

1.1 智能无人系统

在科技迅猛发展的今天,智能无人技术已然成为民用与军用领域的重要组成部分,而智能无人系统作为前沿科学技术(如人工智能、智能机器人、智能感知、智能计算等)的集大成者,其依靠大数据、人工智能、深度学习及其他科学技术的进步来训练、创造具有集成任务、运动规划、决策和推理能力的自主平台,具有自主性、智能性和协作性等特征,代表着一个国家科技实力的最高发展水平。因此,在智能无人系统领域开展深入研究能极大地推动现有民用与军用领域的发展。

根据智能无人系统所涵盖的领域范围,可将其分为陆地领域、空中领域和海洋领域三大部分。在陆地领域,完成包括侦察、运输、作业、破障、排爆等任务的智能无人车辆统称为 UGV(Unmanned Ground Vehicle)。在空中领域,完成涵盖了侦察、作战、后勤运输等任务的智能无人飞行器统称为 UAV(Unmanned Aerial Vehicle)。在海洋领域,包括侦察、作战、后勤运输、巡逻搜救等任务,分别由水面无人系统和水下无人系统完成,其中,水面无人系统的代表是无人艇,统称为 USV(Unmanned Surface Vehicle)。

智能无人系统得益于其无人化、自主性、智能性等优点,无论在民用还是军用场景中,都具有极大的作用空间。但如今智能无人系统同样面临着困难与挑战,其面临的关键性难题主要有环境复杂多变、难以高精度实时响应、信息获取受限、应用环境边界局限性等。如今解决这些难题的主要方向为提高智能无人系统在复杂多变环境中的适应能力,即利用深度学习、强化学习等智能算法提高算法芯片的算力水平,开发新型架构芯片;利用集群协作方式突破单一智能体在环境中作用的边界局限性;通过加强网络来保障智能无人系统稳定地接收外界信息数据。

智能无人系统的不断发展能够推动智能计算、智能交通、智能制造、智能医疗等领域的进步,并在民用与军用领域大展身手,为国家与人民带来国际环境的安定和生活的便利。

1.1.1 无人艇简介

在无人技术的发展中,无人车与无人机近几年已在多个领域得到了广泛应用。而应用于水面的无人艇同样在水面环境领域发挥着越来越重要的作用。近年来,无人艇在民用与军用领域得到了广泛应用,替代人类执行危险或耗时耗力的任务,在港口防护及舰船兵力保护、海上侦察监视、反潜作战、水上搜救、后勤补给、水质检测、水文采样、海洋环境测绘、水域生态保护等方面发挥着重要作用,在提高工作效率和降低作业人员的伤亡方面起到了至关重要的作用。

当前水面无人艇的发展仍面临一些挑战:航程有限,大跨度作业能力有待提高;复杂水况对环境感知具有强干扰,降低了航行态势判断的准确度;远海作业依赖母船布放回收,应用场景有限;无人艇运动模型复杂且受波浪载荷影响,难以实现准确的运动控制。美国海军于 2007 年发布的《海军无人水面艇主计划》为水面无人艇赋予了 7 项任务与五大重点发展技术。该计划确定了优先发展的 7 个任务领域,即反水雷战、反潜作战、海上安全、水面作战、支持特种部队作战、电子战和支持海上拦截作战。五大重点发展技术包括自主技术、障碍规避技术、载荷/武器耦合技术、释放与回收技术及先进的艇体/机械/电气/系统技术。

对水面无人艇来说,其核心系统包括制导系统、导航系统与控制系统。其中,制导系统为水面无人艇的关键技术,它要求在复杂环境的约束条件下,水面无人艇能够综合时间成本、经济成本、安全性原则、已知环境与未知环境等因素进行从起点到终点的无障碍全局路径规划,并实时进行适当的调整。目前,适用于水面无人艇的全局路径规划算法可分为 4 类:基于图形学、基于仿生学、基于势场引导和基于随机采样的路径规划算法。现如今的水面无人艇的总体发展趋势为智能化、大型化、模块化、集群化。随着科技的发展,相信水面无人艇技术在得到进一步完善后,能够为人类做出更多的贡献。

1.1.2 优势与特点

水面无人艇是指可以遥控或自主模式在水面上航行,能够完成一项或多项任务的小型化、智能化作战平台。与传统水面舰艇相比,作为新概念武器的水面无人艇具有如下明显优势与特点。

1. 模块化设计,功能多样

水面无人艇通常采取模块化设计,通过更换任务模块能够执行不同的任务。水面无人艇可作为攻击艇提供火力支援,或者作为反水雷艇清除战区的水雷,也可作为巡逻艇在危险水域长时间游弋等。

2. 航速高、机动性强

当前各国研制的水面无人艇的长度多数在 12m 以内,排水量仅数吨(t,1t=1000kg)至数十吨,吃水深度仅为传统舰艇的几分之一,航速为 30~40kn(1kn=1.852km/h),最高航速甚至超过 40kn。因此,水面无人艇能快速驶往传统舰艇无法到达的特定水域,如浅水区和狭窄巷道等,大大拓展了作战范围。

3. 小巧灵活、隐蔽性好

水面无人艇的外形通常低矮平滑，表面又涂有各种隐身材料，加之体型小巧，可借助海浪、岛礁等的掩护，使得敌方岸基雷达站和舰载探测系统难以发现，因此，其遭毁伤的概率小、生存能力很强。

4. 使用成本低

水面无人艇没有人员暴露的风险，不仅可以大量部署，还可以执行更加危险的任务。水面无人艇所载系统的生产成本相对低廉，且其活动不受气候影响，可全天候值勤，使用成本相对较低。

1.2 无人艇发展概况

1.2.1 国际发展概况

早在 20 世纪 80 年代，美国就研制出了"海枭"无人艇，随后几十年又相继研制出了著名的"斯巴达侦察兵"无人艇和"海上猎人"无人艇。美国提出的《海军无人水面艇主计划》详细制定了水面无人艇的发展规划，体现在水面无人艇上便是体积从小到大，续航能力从弱到强，模块逐渐标准化，任务层次从低到高。经过多年的研究，美国多支部队已经开始配备作战型水面无人艇。

以 2016 年反潜持续跟踪无人艇首艇"海上猎人"下水测试完成，2017 年大型无人艇"霸主计划"启动和 2019 年两艘反水雷通用无人艇项目签订为标志，美国海军转入水面无人平台建设阶段。2018 年，美国海军公开发布了《海军部无人系统战略路线图》，部署远景规划、系统运用概念及体系配套能力要求。随后，美国海军将其海上系统司令部下属的濒海战斗舰计划执行办公室（PEO LCS）更名为无人和小型战斗舰艇计划执行办公室（PEO USC），负责统筹水面及水下无人装备的发展。2019 年，美国成立水面第一发展中队，对前期研发的各类无人平台进行统一管理。

2021 年 3 月美国海军和海军陆战队联合发布的《美国海军无人系统作战框架》力图继续加强工业与学术领域的合作，优化重大项目安排，加速推进无人装备的交付速度；以大型无人艇原型艇发射"标准-6"导弹为标志，充分验证了美国海军无人装备的能力。2022 年 1 月，美国海军发布《水面战：竞争优势》报告，明确指出未来 10 年将向海军部队交付 10 种新型或改进型水面舰艇，中型和大型水面无人艇占据其中两席。

高校方面，2004 年，麻省理工学院研制出了名为侦察兵"SCOUT"号的低成本无人水面艇试验平台；2011 年，南加州大学设计和制造了"Knarr"号无人艇。随着无人艇技术研究的推进，科技公司也相继研发出具有特定功能的商用无人艇。美国 UOV 公司研制的用于海洋数据搜集的无人艇采用太阳能、风能等新能源技术，使其具有理论上无限长的续航能力；Sea Machines Robotics 公司推出的"Sea Machines 300"船舶驾驶系统使得船舶具有自动驾驶能力。表 1.1 所示为美国代表性无人艇，图 1.1 所示为相关无人艇图片。

表 1.1　美国代表性无人艇

型号名称	设计单位/时间	基本参数	配备技术	任务/功能
海枭	美国海军研究所/1997 年	长 3m，吃水 18cm，最高航速为 45kn 续航能力为 10h	搭载视频设备、声呐和无线通信设备等	浅海监视、海上拦截、雷区侦察
斯巴达侦察兵	美国海军研究所/2003 年	有 7m 和 11m 两种平台类型，最高航速为 50kn，续航能力为 8h	装备武器单元反水雷模块、雷达、摄像头	反潜、扫雷、侦察、精确打击
SCOUT	麻省理工学院/2004 年	低成本无人水面艇试验平台	雷达、摄像头、无线通信	路径规划、动态避障
Knarr	南加州大学/2011 年	长 2.1m，宽 0.6m	声呐、雷达	障碍物探测、避障规划
海上猎人	美国国防部高级研究计划局/2016 年	长 40m，宽 12.19m，满载质量约 147.5t，全球最大的水面无人艇，续航能力为 70 天	声呐、光电传感器和近距/远程雷达系统	反潜作战、水面监视、自主跟踪、鱼雷探测

（a）"SCOUT"号无人艇

（b）"Knarr"号无人艇

（c）"海上猎人"无人艇

图 1.1　美国代表性无人艇

与美国相比，以色列同样拥有与之不分伯仲的无人艇，守护者"Protector"号无人艇以其出色的性能而盛名，以色列还先后推出黄貂鱼"Stingary"号、"KATANA"号无人艇。2017 年，以色列研发的全球首艘发射导弹的"海上骑士"无人艇逐步代替了服役超过 20 年的守护者"Protector"号无人艇。表 1.2 所示为以色列代表性无人艇，图 1.2 所示为相关无人艇图片。

表1.2 以色列代表性无人艇

型号名称	设计单位/时间	基本参数	配备技术	任务/功能
守护者"Protector"	以色列拉斐尔武器发展局/2003年	长9m，最高航速为40kn，喷水推进方式	导航雷达系统、光学系统、武器系统	情报侦察、电子支援、精确打击
黄貂鱼"Stingray"	Elbit公司/2005年	小型水面无人艇，隐身性强，最高航速为40kn，续航能力为8h	摄像头、雷达系统、导航系统	情报侦察、智能巡逻、自主导航、电子战
银色马林鱼"Silver Marlin"	Elbit公司/2007年	长10.6m，最高航速为44kn，最大有效载荷为2500kg	雷达系统、光学系统、武器系统	反舰战、水雷战、巡逻搜救
KATANA	以色列航空工业公司/2014年	长12m，宽2.8m，最高航速60kn	导航系统、通信系统、自主避免碰撞系统、武器系统	海上巡逻警戒、目标识别跟踪、电子战
海上骑士	以色列拉斐尔武器发展局/2017年	长9m，重4t，续航能力为12h，全球首艘导弹水面无人艇	继承守护者"Protector"号，配备1门水炮和多枚长钉导弹	海域巡逻、自主导航、精确打击

(a) 守护者"Protector"号无人艇

(b) "KATANA"号无人艇

(c) "海上骑士"无人艇

图1.2 以色列代表性无人艇

欧洲对水面无人艇的研究更偏向民用领域。英国在 2004 年研发的"singer"小型水面无人艇具有简单的全局路径规划和局部避障功能，主要用于环境监测和水文测量。法国 2007 年研发了无人高速滑行艇"Rodeur"，它以充气艇为基础，可执行多种任务。意大利研发了"Charlie"号水面无人艇，主要用于海洋数据收集和表层取样。2012 年，欧洲多家机构联合研发了"MUNIN"号大型货运水面无人艇，可通过远程控制或自主航行的方式进行航路目标探测。2018 年，劳斯莱斯开发了第一期的货运无人驾驶系统，期望在未来 7 年的时间内拥有一支运输舰队。荷兰也于 2018 年研发了用于商业勘测的水面无人艇，具有自主航行和远程控制功能。

日本雅马哈公司研发了多款无人艇，其中具有代表性的为 UMV-H 型无人艇。日本最新研制的水面无人艇为"OT-91"型，它采用喷水推进方式，最高航速为 40kn，主要用于海上情报侦察和反水雷等。另外，日本近年发布了"Aquarius"无人艇，它采用三体船结构，使用太阳能和电力混合动力，巡航速度为 6kn，是一款适合民用与军用的浅水新概念无人艇。

新加坡在无人艇研制上紧随美国，其典型产品为"警惕"级自主无人艇（IUSV）。该无人艇由 Zycraft 公司制造，经过多年的升级和优化，其最高速度可达 40kn，续航能力达 30 天，可以独立自主地进出港口并沿繁忙的水道航行，未来将逐渐完成反潜、反蛙人、搜救和侦察任务。

1.2.2 国内发展概况

我国在无人艇领域的研究起步较晚，但随着国家相关政策的出台与应用需求的增加，从事无人艇研究的科研单位与科技公司逐渐增加。例如，上海大学研制的"精海"系列无人艇搭载各项传感器技术、目标识别技术、导航技术完成南极科考、南海巡航等多项服务国家的任务；上海海事大学研制的"海腾 01"号无人艇在水文监测、水下测量等方面具有较好的表现；西北工业大学研制的小型水面清污无人艇以成本低、作业效率高的优势受到广泛关注；云洲智能研制出了用于安防警戒、海上精确打击、紧急救援等的多功能无人艇，以及"筋斗云 0 号"无人货船；青岛造船厂与智慧航海（青岛）科技有限公司合作建造出目前全球最大、国内首艘智能化集装箱商船"智飞"号；中国船舶集团有限公司第七〇一研究所、华中科技大学、哈尔滨工程大学、沈阳航天新光集团等研制出了一批具有特色功能的无人艇。2022 年，我国首艘全国产化的百吨级无人艇在舟山海域顺利完成了首次海上自主航行试验，标志着我国无人艇自主航行和智能机舱技术取得了新的突破。表 1.3 所示为我国代表性无人艇，图 1.3 所示为相关无人艇图片。

表 1.3 我国代表性无人艇

型号名称	设计单位/时间	应用领域	技术/功能
"精海"系列	上海大学/2013 年	勘探、测绘、考察、巡航	低温技术，搭载声呐、雷达、视觉系统等，具有遥控与自主导航航行、路径规划及跟踪、水面及水下障碍物自动避障等功能
"海腾 01"号	上海海事大学/2014 年	水面监测、水下测量	配备毫米波雷达、激光雷达、声呐等设备，实现全天候自主导航、水面及水下障碍物探测

续表

型号名称	设计单位/时间	应用领域	技术/功能
"海翼1"号	中国船舶集团有限公司第七〇一研究所/2015年	海事巡航	配备雷达、北斗卫星导航系统、超短波通信及光电系统,具有自主航行、远程基站操控、人工驾驶3种控制功能
"天行1"号	哈尔滨工程大学/2017年	军用	配备武器系统、红外装置,可实现精确打击,具有高航速、大航程、自主监测的特点,是世界上航速最高的无人艇
"HUSTER-68"号	华中科技大学/2018年	科研	配备激光雷达、双目摄像头、激光测距仪、惯导系统等,具有目标识别、自动避障、航行轨迹规划等功能
"天象1"号	沈阳航天新光集团有限公司/2008年	海洋气象、动态监测	采用智能驾驶、雷达搜索、卫星应用、图像处理与传输等技术,具备自主避障等功能
"SeaFly-01"号	四方公司/2016年	科研、军用	可携带光电侦察、轻型武器、声呐等设备,具备自主学习、自组网集群作业、自主避障、路径导航等功能
"瞭望者Ⅱ"号	云洲智能	军用、海上警戒、精确打击	搭载光电和雷达系统,配备最大射程5km的4枚精确导弹,是我国第一艘察打一体导弹无人艇;具备全自主运行模式,可完成敌情侦察、精确打击、巡逻警戒等多种任务
M75"守护者"号	云洲智能	无人救援、安防巡逻	搭载无线通信、激光雷达、摄像头等设备,应用自主导航和智能避障技术
"智飞"号	青岛造船厂、智慧航海(青岛)科技有限公司/2021年	商业运输	具备无人驾驶、远程操控、自主航行三大功能
百吨级无人艇	—/2022年	军用、海上巡航、火力打击	配备雷达,安装有鱼雷发射管和垂发系统,舰尾能够起降无人机

(a)"精海2"号无人艇

(b)"海腾01"号无人艇

图1.3 我国代表性无人艇

(c)"天象1"号无人艇

(d)"SeaFly-01"号无人艇

(e)"瞭望者II"号导弹无人艇

(f)M75"守护者"号救援无人艇

(g)"智飞"号智能化集装箱商船

(h)百吨级无人艇

图1.3 我国代表性无人艇（续）

在无人艇技术日新月异的背景下，国内组织通过举办相关赛事来推动相关技术的发展。以中国造船工程学会主办的全国海洋航行器设计与制作大赛为例，该赛事历来是国内各大高校与科研院所展示水面航行器技术的舞台。此外，由国家自然科学基金委员会和鹏城实验室主办的全国水下机器人大赛也尝试开展了水面无人艇专项赛，并吸引了国内各大高校的广泛关注。

船舶无人化是船舶发展的重要方向，未来很长一段时间将会是有人船舶和无人船舶共同存在的局面。在无人控制的情况下，无人艇航行时能够及时识别并避开障碍物是其安全航行的必要条件。无人艇虽具有隐蔽性高的优势，但海面状况复杂，障碍物、风况、流速、浪级变化均会对体积较小的无人艇的运动产生影响，应用各类传感器技术、运动控制技术提高其导航避障能力对无人艇执行各类任务至关重要，未来无人艇的研究正朝着全海况、高自主性、多任务、高速化、高隐蔽性的方向发展。

1.3 无人艇关键技术

综合无人艇发展概况，无人艇关键技术主要包括以下几方面。

1. 无人艇船型设计

从无人艇的使用条件和任务使命出发，无人艇的船型包括单体排水型艇、多体排水型艇、滑行艇，以及三者的结合或变体船型。这 3 种重点船型在快速性、耐波性、操纵性、搭载能力、经济成本和拖曳能力 6 方面各具特点。

通过分析比较，以上 3 种重点船型分别具有以下特点。

（1）滑行艇的特点主要在于动升力的产生使得它在高速段具有优异的快速性，但其耐波性较差。

（2）单体排水型艇的特点主要在于细长艇体在中、低速段会产生较小的阻力，但高速段的阻力过大。

（3）多体排水型艇的特点主要在于多片体带来较好的耐波性，但随着片体数量的增加，其结构变得复杂。

2. 自主控制技术

设计根据无人艇在军事任务中的应用场景和作战设定，为实现对目标的有效探测和跟踪，无人艇主要具备以下自主能力。

（1）便捷的人机交互与自主等级切换能力。

为适应不同的作战任务需求，充分发挥人机协同的优势，无人艇需要具备不同的自主等级。例如，在复杂场景或紧急情况下，操控人员可以干预或直接遥控驾驶无人艇；而在简单枯燥的任务中，也可以依靠其全自主航行能力解放操控人员。因此，便捷、直观的人机交互模式和快速、可靠的自主等级切换能力是对无人艇控制的基本要求。

（2）精确、近实时的态势感知能力。

为获取近实时的态势感知信息，无人艇需要配备由导航雷达、激光雷达、光电红外摄像头、双目和全景相机、自动识别系统组成的水面监测系统，以及由吊放声呐、被动声呐和极高频声呐组成的水下监测系统。无人艇通过关联来自导航雷达、激光雷达、光电红外摄像头、吊放声呐、被动声呐和极高频声呐等多个传感器源获取的多条目标航行轨迹来判断目标的状态，过滤虚警目标，识别静态和动态障碍物，从而高精度识别目标，并确认任务目标。

（3）路径规划及避障能力。

受实时海况和其他航行船舶的影响，无人艇自主航行时需要遵从国际海上避碰规则（COLREGs），实时避开静态或动态障碍物（要求无人艇在探测到障碍物的基础上，综合考虑安全性、经济性、合理性和选择最优路径航行）。

(4) 持续跟踪动目标的能力。

在确定动目标后,依靠无人艇的机动性能对已知动目标进行持续航行轨迹跟踪,跟踪途中不受其他障碍物的影响。此时,要求图像传感器和图像处理方法实现持续抓取、识别和跟踪控制动目标,使动目标图像稳定地出现在无人艇的成像传感器中。

3. 体系结构设计

无人艇应用较多的体系结构系统包括 4 维实时控制系统（4D Real-Time Control System, 4D/RCS）、机器人操作系统（Robot Operating System, ROS）、北约发布的无人机标准化协议（Standardization Agreements, STANG）、无人系统联合体系结构（Joint Architecture for Unmanned Systems, JAUS）等。开放性和模块化的混合体系结构在整体上采用分层结构,将任务自上而下进行逐层分解。相比于传统体系结构,分层结构的主要特色体现在以下两方面。

(1) 每个层级都可以引入人机协同机制,便于调节无人艇的自主等级,具有对多种环境和任务更广泛的适应能力。

(2) 无人艇的目标跟踪、障碍检测和路径规划等关键技术以模块化的技术节点接入系统,在技术上相对独立,采用标准的消息协议实现节点间的信息共享与协同合作。

4. 模块化设计

小型无人艇主要由艇平台模块、控制设备模块和任务载荷模块等构成。针对无人艇面向不同任务的快速转换,模块化设计是一项关键技术。模块化设计主要考虑以下几方面。

(1) 常配设备配置,包括导航设备、通信设备、自主控制设备、光电平台、显控设备、动力设备和配电设备等。

(2) 模块化换装设备,包括座椅、收放设备、侦察干扰雷达、拖曳声呐、前视声呐、声学流速剖面仪、多波束测深仪、拖曳式海洋磁力仪和光纤温深剖面仪等任务载荷。

(3) 在控制设备的设计上,采用基于开放式的系统架构,实现后续任务模块的快速接入。

(4) 在物理电气接口、收放设备和信号处理模块等部分,进行全面的标准化设计,实现湿端、干端和收放设备等部分的模块化公用。

(5) 根据不同的作战任务需求,通过对模块化换装设备进行快速调整和换装来实现任务转换。

5. 信息融合技术

无人艇在携带光电载荷、红外载荷和水声载荷执行任务时,将所有信息集中到综合信息处理系统,将水声目标信息、水下目标信息、非声目标信息和水声环境信息等进行多源异构信息融合,提升目标检测、跟踪与识别能力,形成目标态势。

(1) 信息融合规划层：依据感知的情景或指定的使命任务及环境信息来优化并协调任务的载荷工作,加强关注区域的目标搜索与融合发现。

(2) 信息融合架构层：实时接收水声目标信息和非声目标信息,以及本艇和协同无人艇的目标信息,基于 5 级数据融合过程模型建立信息融合架构。在这一总体构架下运行不同的算法软件。

(3) 信息融合算法层：完成多源异构信息的融合,提升关注目标的认知质量。通过数据融合对来自多传感器的声呐探测数据、雷达信息、红外信息、视频信息和磁探信息等数据进行关联、综合，获取目标更准确的位置和属性，构建综合态势，评估目标的威胁程度。

6．仿真训练平台技术

在实际环境中进行无人艇相关实验时，由于使用实际设备在实际环境进行训练时的成本高、可控性差、重复性差、安全性难以保障等，研究人员通常会构建虚拟场景进行无人艇的深度强化学习算法训练及验证。对于现有无人艇仿真训练平台存在的环境理想化、无人艇模型质点化及可视效果较差的问题，需要设计模拟高保真度的航行环境，同时支持各类算法和传感器模型（如多线激光雷达、深度相机等）的接入，从而衡量、评估并筛选出泛化性能优秀的无人艇避障算法，为无人艇智能算法研究、泛化性能测试提供良好的基准。

1.4　本书内容简介

本书共 6 章，内容涵盖了无人艇总体设计及系统架构、基于视觉的无人艇感知技术、基于激光雷达的无人艇感知技术、无人艇动态避障和路径规划技术、无人艇算法的训练与测试等。希望能够从理论到实践，帮助读者了解无人艇智能感知与导航的总体架构，并掌握其具体的理论和技术。本书的主要内容安排如下。

第 1 章为无人艇概述，首先介绍现阶段的智能无人系统，随后介绍本书主题——无人艇，并概述无人艇的优势与特点；然后对国内外无人艇的研究现状和主要技术点进行分析，介绍现阶段的各种无人艇实例；最后对无人艇关键技术进行总结与分析，这也是本书随后主要介绍的内容。

第 2 章为无人艇设计与实现，首先介绍实验室 USV180 实船的艇体设计与其参数；接着介绍艇体的系统架构，包括软件架构、通信架构和电气系统架构；随后介绍无人艇感知系统及其对应的传感器；然后详细介绍软件中的信息监控中心，对 USV180 的功能进行演示；最后简单介绍实验室中其他两个型号的无人艇。

第 3 章为基于视觉的无人艇感知技术，首先简要介绍现阶段的水面目标检测算法；然后详细叙述针对水面高效实时小目标检测和水面高光照场景下的目标检测的两种目标检测算法，分析它们的算法结构、数据集构建方法并进行实验验证；最后介绍水面目标跟踪的相关滤波理论，并将检测与跟踪融合，进行实验验证。

第 4 章为基于激光雷达的无人艇感知技术，首先介绍基于 3D 激光雷达点云的目标检测，使用一个端到端的两阶段点云检测网络 VoxelNet 进行点云检测；接着针对激光雷达和视觉传感器获取的数据具有不同类型及特点的问题介绍传感器融合技术与实施流程；随后介绍两类传感器的两种联合标定解决方案；最后验证 DBSCAN-VoxelNet 算法对水面波浪杂波的抑制效果。

第 5 章为无人艇路径规划技术，首先介绍全局路径规划技术，对其中的 A*算法进行仿真实验；接着介绍局部路径规划技术，对基于避障与模型的方法进行简要介绍；随后详细介绍基于深度强化学习的无人艇局部路径规划算法，利用 T-DQN 算法实现无人艇静态避障；最后介绍基于 COLREGs 的无人艇动态避障算法，使用传统算法中的动态窗口法与基于深度强化学习和模仿学习的 Imitation-PPO 算法实现了目标。

第 6 章为无人艇深度强化学习算法仿真训练平台，首先介绍仿真训练平台的设计与实现，详细描述各个模块的功能设计；然后对此平台进行系统参数辨识验证，进行旋回和紧急制动实验，以验证平台的运动仿真准确性；最后在此平台上进行智能算法的训练、测试与部署，并最终通过 ROS 将其部署到实际无人艇上，验证平台的有效性。

附录 A 介绍了全国海洋航行器设计与制作大赛等内容，本书第 6 章中介绍的平台被应用到其中的 C4 智能导航赛道中，主要介绍 C4 智能导航赛道与其评分细则，并给出基于 ML-Agent 的训练流程。

参考文献

[1] 王耀南，安果维，王传成，等．智能无人系统技术应用与发展趋势[J]．中国舰船研究，2022,17(05):9-26.

[2] 朱超磊，袁成，杨佳会，等．2021 年国外军用无人机装备技术发展综述[J]．战术导弹技术，2022,211(01):38-45.

[3] 王桂芝．国外陆战无人装备技术发展与作战运用分析[J]．国防科技，2022,43(04):65-70.

[4] 朱健楠，虞梦苓，杨益新．无人水面艇感知技术发展综述[J]．哈尔滨工程大学学报，2020,41(10):1486-1492.

[5] Department of the Navy. The navy unmanned surface vehicle (USV) master plan[R]. United States Navy, 2007.

[6] 张一帆，史国友，徐家晨．基于人工势场法引导的 Bi-RRT 的水面无人艇路径规划算法[J]．上海海事大学学报，2022,43(04):16-22.

[7] 金霄，郑开原，王得朝，等．国外军用无人水面艇发展综述[J]．中国造船，2020,61(S1):221-227.

[8] 赵露，陈宁．美国海洋战略及其启示[J]．国土资源情报，2018(12): 3-9.

[9] 马天．俄罗斯太平洋战略的源起、重启与展望[J]．太平洋学报，2021, 29(09): 77-88.

[10] 彭艳，葛磊，李小毛，等．无人水面艇研究现状与发展趋势[J]．上海大学学报（自然科学版），2019, 25(05): 645-654.

[11] PENG Y, YANG Y, CUI J X, et al. Development of the USV 'JingHai-I' and sea trials in the Southern Yellow Sea[J]. Ocean Engineering, 2017, 131: 186-196.

[12] 许彪，张宇，范鹏程．美海军无人水面艇发展现状与趋势[J]．飞航导弹，2018(01): 10-13.

[13] 王石，张建强，杨舒卉，等．国内外无人艇发展现状及典型作战应用研究[J]．火力与指挥控制，2019, 44(02): 11-15.

[14] 熊勇，余嘉俊，张加，等．无人艇研究进展及发展方向[J]．船舶工程，2020, 42(02): 12-19.

[15] CURCIO J, LEONARD J, PATRIKALAKIS A. SCOUT-a low cost autonomous surface platform for research in cooperative autonomy[C]. Proceedings of OCEANS 2005 MTS/IEEE. IEEE, 2005: 725-729.

第 2 章

无人艇设计与实现

本章以实验室现有的实船 USV180 为例，详细展示无人艇设计与实现过程中的各模块，涵盖无人艇艇体设计和无人艇系统架构，并对无人艇可搭载的传感设备及涉及的感知技术进行介绍。另外，本章还设计了相应的信息监控中心，以实时监测无人艇的任务执行情况，确保其航行安全。本章最后简要介绍了另外两艘实船，分别是 USV120 和 USV100，阐述了它们的基本架构。

2.1 无人艇艇体设计

USV180 是一款集成了航控系统、安全系统、信息监控中心，支持遥控、半自动、自动航行，集科研、任务等多种用途于一体的多功能智能无人艇。USV180 的总体架构如图 2.1 所示。该智能无人艇的艇体由下艇体、上盖、左右推进系统、艏侧推系统、冷却系统、供配电系统、照明系统、航行控制系统、通信系统、各类传感器和桅杆等组成。USV180 采用全回转式主推进器和艏侧推进器，使船只具备灵活的控制性能和小半径的回转能力。它的电力推进系统配备 PAD 无线遥控，并集成摄像头以实现实时图像回传。它内部还集成了 GPS 或 RTK 接收机，可以实现分米级的定位精度，一般续航时间大于 2 小时，无线通信距离大于 1km。USV180 依托航行控制器实现底层控制算法的部署，采用 LOS 制导律进行路径导航，以串级 PID 算法实现航速和航向控制。为了应对在水面复杂环境中可能发生的无人艇执行器故障，USV180 还配备了容错控制算法，通过内部故障观测器来监测执行器的动态响应，改善无人艇在复杂海况中的鲁棒性。

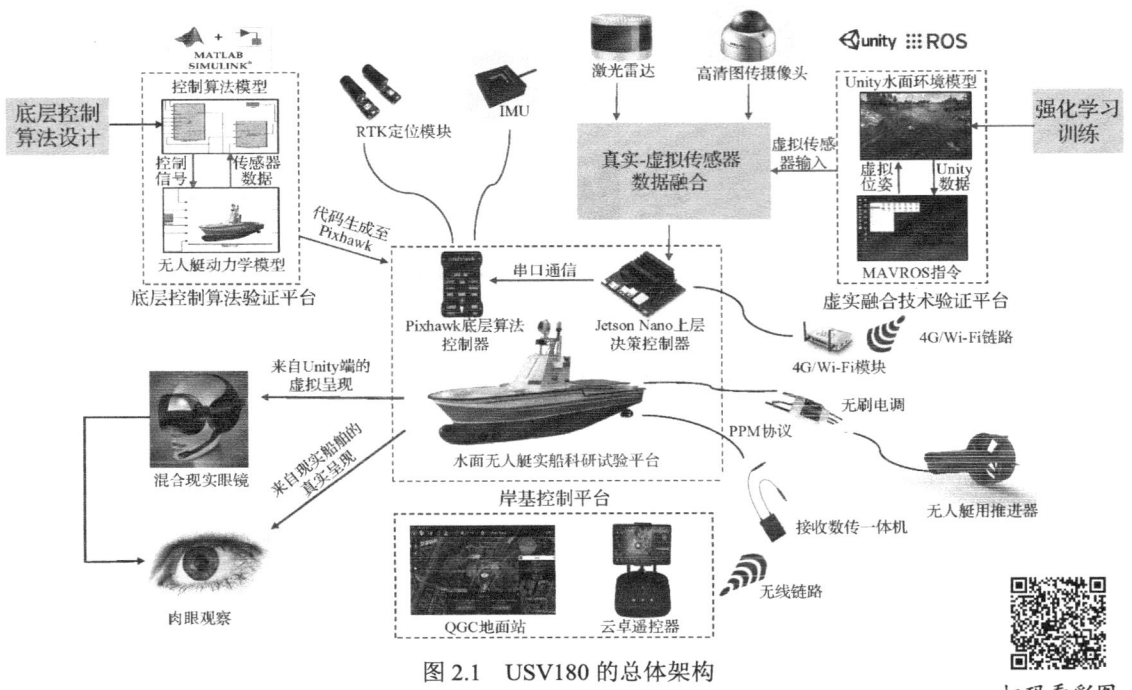

图 2.1　USV180 的总体架构

2.1.1　技术参数

USV180 的具体技术参数如下。

（1）船长：1.8m。

（2）型宽：0.4m。

（3）吃水深度：0.18m。

（4）最高航速：≤4kn。

（5）艇体材料：玻璃纤维增强材料。

（6）动力系统：全回转水下推进器×2。

（7）电池容量：2268Wh。

（8）巡航速度：≤4kn。

（9）电池使用时间：2 小时（典型航速）。

（10）排水量：≤95kg。

（11）通信距离：>1km。

（12）传感器：罗经（精度：水平<0.09°RMS，俯仰和横滚<1°RMS），定位系统［精度：水平<0.01m，高程<0.02m（RTK 模式）；支持北斗/GPS/RTK/DGNSS］，摄像头（焦距为 6mm，分辨率为 1080P），激光雷达（角度：-180°～180°；扫描频率：10Hz；工作区域：0.15～12m）。

（13）灯光：环照灯×1，航向灯×2。

2.1.2　船只结构与岸基设备

USV180 的船型设计参考真实的海事救援船,它采用排水型艇体,配备有球鼻艏、船艏侧推进器;整船分为 4 个水密舱段,从前往后分别是艏侧推舱、设备舱、载荷舱和主动力舱。

1. 船只结构

USV180 的船型与舱段设计分别如图 2.2、图 2.3 所示。

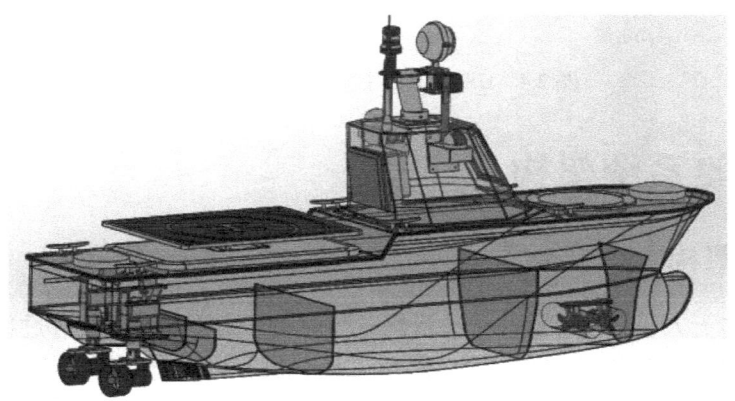

图 2.2　USV180 船型设计

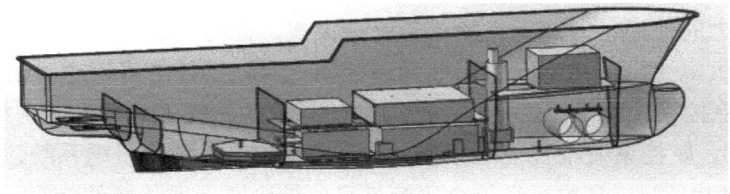

图 2.3　USV180 舱段设计

2. 岸基设备

USV180 的主要岸基设备如图 2.4 所示,包括通信基站箱、网桥及支架、移动电源与差分 GPS 基站收纳箱。

(a) 通信基站箱　　　　　　　　　　　(b) 网桥及支架

图 2.4　USV180 的主要岸基设备

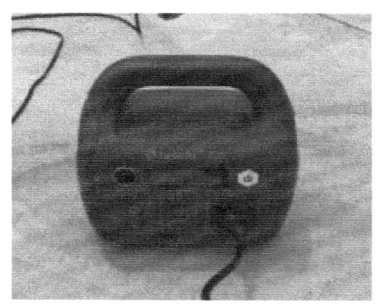 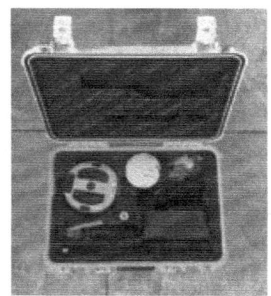

（c）移动电源　　　　　　　　　　　　（d）差分 GPS 基站收纳箱

图 2.4　USV180 的主要岸基设备（续）

2.2　无人艇系统架构

2.2.1　软件架构

USV180 智能无人艇的正常航行依赖信息监控中心，为确保船只航行过程的安全可视化，信息监控中心集成了实时视频播放功能，能够在船只航行时实时查看其状态。另外，无人艇还装配有摄像头、激光雷达、GPS 等传感器，可以为船只的安全航行提供数据依据。

USV180 智能无人艇拥有就绪、遥控和自动 3 种控制模式，当启动船只电源，建立无人艇和信息监控中心之间的通信时，无人艇处于就绪模式，此时，船只无法移动。当通过信息监控中心打开发动机电源，将控制模式切换为遥控模式时，操控者可以通过信息监控中心操控无人艇航行。在遥控模式下，信息监控中心会向船只上的航控系统发送控制指令（包括方向、油门大小等信息），航控系统收到控制指令后，将控制指令发送给机电系统，从而控制无人艇正常航行。在自动模式下，航控系统综合决策信息监控中心上发的航线信息、激光雷达和 GPS 等传感器信息，自动执行路径规划和避障功能，完成无人艇在自动模式下的安全航行。USV180 的软件架构如图 2.5 所示。

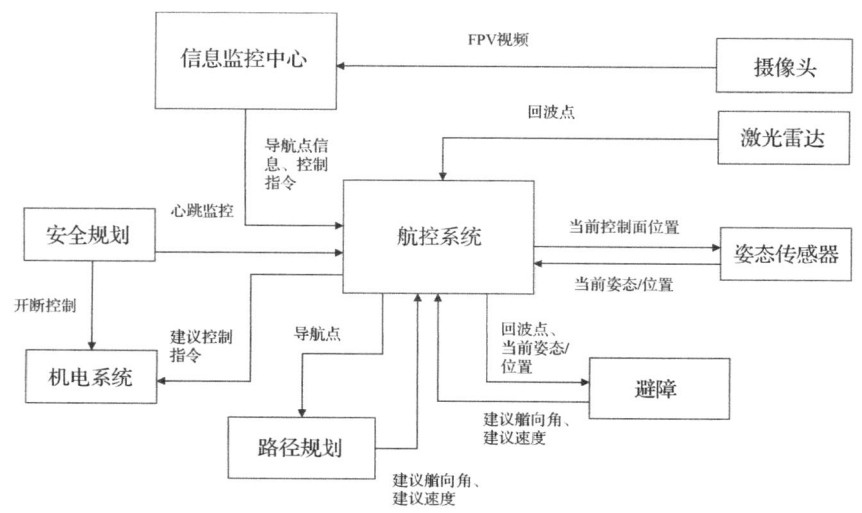

图 2.5　USV180 的软件架构

2.2.2 通信架构

USV180 智能无人艇的多功能控制系统依赖各系统之间多通道、多协议的可靠通信，其通信架构如图 2.6 所示。在航控系统、安全系统和信息监控中心之间建立多路 TCP、UDP 连接，可以保证无人艇和信息监控中心之间可靠的指令下发与状态回传。安全系统和航控系统通过串口协议控制底层配电板与电机控制器动作，保障从指令下发到执行，再到状态回传整个通信流程实时、高效和安全。

为保证无人艇和信息监控中心的可靠通信，无人艇和信息监控中心通过网桥连接，信息监控中心具有岸基基站网桥，无人艇拥有船上网桥；同时，船上装有 4G 路由器，可使信息监控中心使用在线地图，同时将船上视频发送到云端，可供远程查看船只的航行状态。

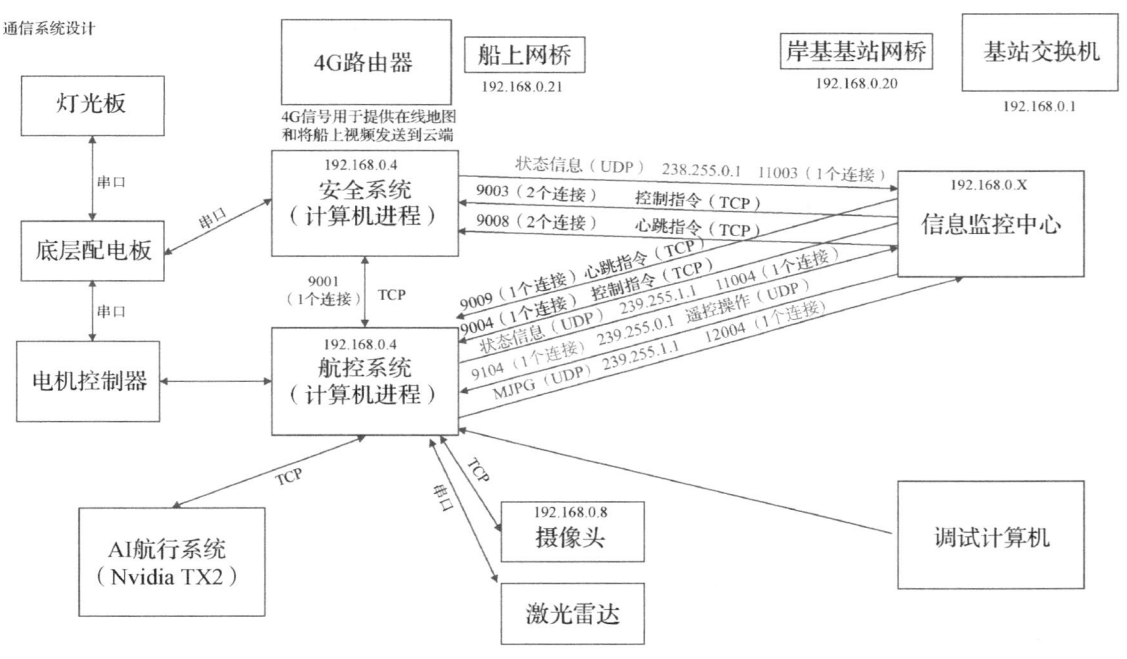

图 2.6　USV180 的通信架构

2.2.3 电气系统架构

USV180 是全电力推进船舶，其电气系统架构如图 2.7 所示，由主配电板完成全船的电力分配、推进器供电和控制、电池电量检测、传感器和任务模块等的电力供应等功能。主配电板通过串口与安全系统和航控系统通信，由安全系统和航控系统对相关电力的开关进行指令控制；主配电板也会将电气系统的状态回报给航控系统和安全系统，用于系统控制判断。

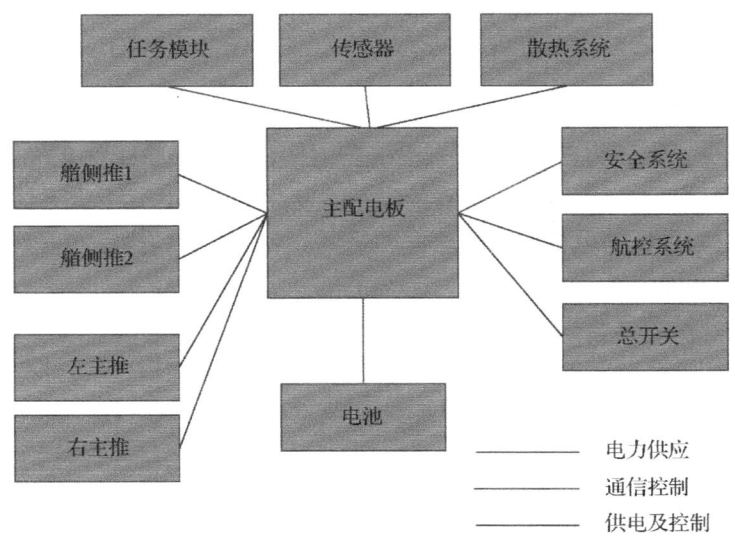

图 2.7 USV180 的电气系统架构

2.3 无人艇感知系统

2.3.1 定位

1. GPS

GPS（Global Positioning System）是由美国国防部研制的，是以人造地球卫星为基础的全球定位系统。它在全球任何地方及近地空间都能够提供准确的地理位置、车行速度及时间信息。用户设备通过接收 GPS 信号得到用户设备和卫星之间的距离观测值，经过特定算法处理得到用户设备的三维坐标、航向等信息。它使用不同类型的观测值和算法，定位精度从厘米级到 10 米级不等。GPS 的优点是精度高、误差不随时间发散；缺点是要求通视，定位范围无法覆盖到桥洞等场景。

2. 卫星差分服务

卫星差分服务的定位精度为±30cm 级，可按月订购服务。

（1）可接收信号：①BDS：B1，B2，B3；②GPS：L1，L2；③GLONASS：G1，G2；④SBAS：L1 C/A，L5；⑤Galileo：L1，E5A，E5B；⑥QZSS：L1，L2C，L5；⑦L-Band。

（2）SBAS 跟踪：3 通道并行跟踪。

（3）更新频率：20Hz。

（4）定位精度：如表 2.1 所示。

表 2.1　卫星差分服务的定位精度

	水平	高程
普通单天线	1.2m	2.5m
基站差分	10mm	20mm
卫星差分	0.15m（H30）	0.15m（H30）

（5）启动时间：冷启动<40s，热启动<20s。

（6）输入电压：3.3V DC。

（7）天线输入电压：15V DC。

（8）天线增益输入：10～40dB。

（9）工作温度：−40～+85℃。

（10）湿度：95%无冷凝。

（11）尺寸：152×71×16（mm）。

（12）质量：105g。

2.3.2　姿态测量

IMU 全称 Inertial Measurement Unit，如图 2.8 所示，即惯性测量单元。它由 3 个单轴的加速度计和 3 个单轴的陀螺仪组成，加速度计检测物体在载体坐标系中独立 3 轴的加速度信号，陀螺仪检测载体相对于导航坐标系的角速度信号。对这些信号进行处理之后，便可解算出物体的姿态。IMU 的优点是定位为全范围，更新频率高；缺点是误差会随时间累积。因此，IMU 通常与 GPS 共同使用，以在两次 GPS 定位数据之间进行位置修正。

图 2.8　IMU

2.3.3　雷达感知

1. 航海雷达

航海雷达广泛应用于大型船舶的船位测定、引航和避碰等。航海雷达的作用距离较长，距离和方位分辨率较高，速度测量准确，可以完成狭窄水道的导航和航行避让等任务；但是其体积较大，由于小型无人艇的空间有限，因此其安装稳定度不高。航海雷达受天气影响较大，雨天和雾天的目标发现距离可缩短 15%～20%，同时易受水面波浪影响。此外，航海雷达只能获取空间目标的二维信息，对环境感知任务而言，它很难判断目标的轮廓信息。由于航海雷达采用传统脉冲探测方式，存在检测盲区，因此无法发现近距离目标。

2．激光雷达

激光雷达具有隐蔽性好、抗有源干扰能力强、体积小、质量轻等优势，相比于其他类型的雷达传感器，其最大的优势是拥有较高的分辨率，能够真实还原环境中目标的三维信息。在水面场景中，目标的密集程度远远低于地面场景，并且没有车道线、指示灯等要求，更适合使用激光雷达。同时，激光雷达发射的激光束在水面反射的回波强度极低，基本不会对目标检测构成干扰，因此可以有效判断目标的距离和运动状态信息。但其在目标识别方面，由于激光点云的稀疏性，很难准确判断目标的类别。

3．超声波雷达

超声波雷达具有灵敏度高、抗干扰能力较强、对天气变化不敏感、体积小、成本低等优点，缺点是探测范围较小、分辨率低。

2.3.4 视觉感知

视觉传感器的分辨率高，能够获取目标的颜色与纹理信息，但无法获取目标的距离信息，实时性较差，易受水面光照、目标遮挡等的影响。

1．单目视觉

单目视觉指通过单个摄像头的图像实现三维空间的重建，进而完成测距。单目相机如图 2.9 所示。它的基本原理是先通过图像匹配进行目标检测，再用目标在图像中的大小估算目标的距离。利用它测距的前提是已知物体的真实大小及相机模型参数。单目视觉对计算资源的要求不高，系统结构相对简单，测距误差可以通过后期的算法调校得到有效处理。

图 2.9 单目相机

2．双目视觉

双目视觉模仿人眼观察事物的原理，使用两个摄像头同时采集同一空间的图像来实现对三维空间的重建。双目相机如图 2.10 所示。它的原理是先通过对两幅图像视差进行计算得到前方目标的距离，再使用目标检测算法对图像进行处理。双目视觉测距有两个难点，第一个难点是计算量非常大，对计算单元的性能要求很高；第二个难点是要求两个摄像头之间的误差很小。如果两个摄像头都有 5%左右的误差，那么后期调整算法的难度就会加大许多，并且不能保证确定性。

图 2.10　双目相机

3．红外视觉

红外线传感器是一种能够感应目标辐射的红外线，利用红外线的物理性质进行测量的传感器。它的工作原理是通过能够透过红外辐射的红外光学系统将视场内景物的红外辐射聚焦到红外探测器上，红外探测器将强弱不等的辐射信号转换成相应的电信号，经过放大和视频处理，形成可供人眼观察的视频图像。

2.4　无人艇信息监控中心

USV180 的信息监控中心主要包括航控界面、航线界面、电力界面、灯光界面、拍照功能、录像功能、文件列表、系统设置等主要模块。在使用 USV180 的信息监控中心时，需要连接通信基站 Wi-Fi 或船上自身 Wi-Fi（船只处于近距离时支持），当通信正常时，在航控界面，船只与信息监控中心之间的通信状态指示灯由红色变为绿色。通信异常与通信正常时的指示灯分别如图 2.11、图 2.12 所示。

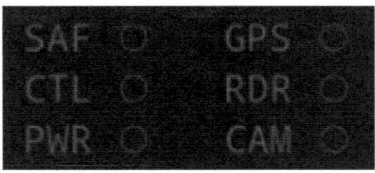

图 2.11　通信异常时的红色指示灯

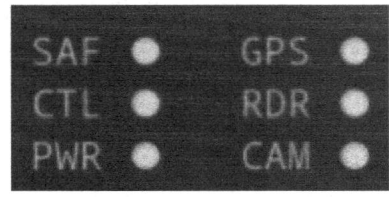

图 2.12　通信正常时的绿色指示灯

其中，SAF 表示安全系统，CTL 表示航控系统，PWR 表示配电板模块，GPS 表示 GPS 的状态（红色空心圆表示 GPS 信号异常，红色实心圆表示差分信号精度低，绿色实心圆表示 GPS 差分信号强），RDR 表示激光雷达的状态，CAM 表示摄像头的状态。

2.4.1 航控与航线界面

2.4.1.1 航控界面

USV180 的信息监控中心的航控界面主要包括智能无人艇航行视频监控、打开和关闭发动机电源、控制模式切换、安全策略显示、方向舵控制、油门大小控制、舷侧推控制、航速保持和航向保持、航行姿态显示等功能，如图 2.13 所示。

扫码看彩图

图 2.13　航控界面

1．航行视频监控

当信息监控中心与无人艇通信正常时，航控界面会显示无人艇上摄像头传回的实时画面，方便操控者实时了解无人艇的航行路线情况，保障无人艇安全航行。

2．打开和关闭发动机电源

当发动机电源处于关闭状态时，点击"打开发动机电源"按钮，可以向无人艇发送打开发动机电源指令，无人艇收到指令后将打开发动机电源。点击"关闭发动机电源"按钮，无人艇将关闭发动机电源。

3．控制模式切换

无人艇在航行时，可以在就绪、遥控、自动 3 种控制模式之间进行切换，如图 2.14 所示。信息监控中心支持通过发送指令给无人艇来改变无人艇航行时的控制模式。当无人艇处于就绪模式时，点击"遥控"按钮，可向无人艇发送遥控指令，从而将无人艇的控制模式改为遥控模式。此时，可以通过航控界面上的舵位和油门按钮遥控船只航行。

当点击"就绪"按钮时，油门和舵位将会处于零位，且不会响应任何遥控动作，系统处于就绪模式。当点击"自动"按钮时，系统将根据预设的航线和巡航速度进行完全自动航行，如果没有预设航线或巡航速度，则油门会处于零位。

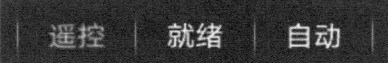

图 2.14　控制模式切换按钮

为保证无人艇安全航行，无人艇支持失联自动返航功能。"失联自动返航"按钮如图 2.15 所示。当无人艇与信息监控中心失去联系 20s 后，无人艇将会选择最近的一个导航点，按照预设的导航点依次反向航行到第一个导航点。无人艇在失联自动返航时的航速为 5km/h。当无人艇自动航行到航线的最后一个导航点或失联自动返航到第一个导航点时，会自动保持在导航点 5m 内的半径圆圈内。信息监控中心通过发送指令可以切换无人艇是否开启失联自动返航功能。当无人艇开启失联自动返航功能时，再次点击"失联自动返航"按钮，将取消开启失联自动返航功能。

图 2.15　"失联自动返航"按钮

4．安全策略显示

为保证无人艇安全航行，无人艇拥有一定的安全策略。无人艇航行时，会将安全策略信息发送给信息监控中心，信息监控中心显示无人艇当前的安全策略信息。

5．方向舵控制

无人艇航行时，当控制模式为遥控模式时，可以通过方向舵控制无人艇的航行方向。如图 2.16 所示，拖动方向舵上的圆形滑块，向无人艇下发转向指令，当松开手时，方向舵归零位，船只将直线航行。方向舵中间的数字表示下达的期望舵位指令值，绿色箭头指示的是实际舵位。

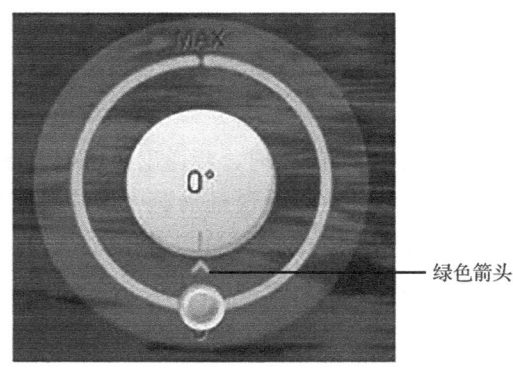

图 2.16　方向舵

6．油门大小控制

无人艇航行时，当控制模式为遥控模式时，可以通过油门推杆控制无人艇航行的油门大小。如图 2.17 所示，拖动油门推杆上的圆形滑块可改变无人艇左、右两个推进器的油门大小；当拖动左边或右边的方形滑块时，可改变对应一侧推进器的油门大小。油门推杆上面的白色数字百分比表示下达的期望油门百分比指令值，绿色箭头及数字指示的是实际油门百分比值。

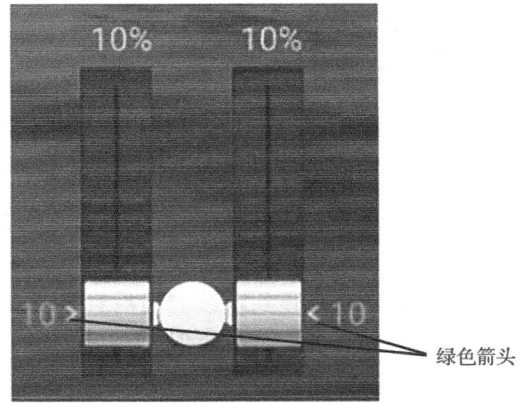

图 2.17　油门推杆

7．艉侧推控制

无人艇航行时，当控制模式为遥控模式时，可以通过艉侧推油门推杆控制无人艇艉侧推的油门大小。如图 2.18 所示，向左拖动艉侧推油门推杆中间的方形滑块，船只将向左转弯；向右拖动艉侧推油门推杆中间的方形滑块，船只将向右转弯；点击艉侧推油门推杆上方的按钮，艉侧推油门归零，船只将保持直线航行。

图 2.18　艉侧推

艉侧推油门推杆两边的数字百分比表示下达的期望艉侧推油门百分比指令值。

8．航速保持和航向保持

在自动模式下，当点击"航速保持"按钮时，会弹出航速保持设置控件，如图 2.19 所示，可以设置开启或关闭航速保持功能，并可以通过拖动速度条来调节航速的大小，界面下方会显示设置成功的速度值，如图 2.20 所示。航向保持与之相同。

图 2.19　航速保持设置控件

图 2.20　设置成功的速度值

9. 航行姿态显示

无人艇在航行过程中,航控界面会实时显示船只航行过程中的艏向角(航行方向)、横摇角度、纵摇角度等信息,分别如图 2.21～图 2.23 所示。

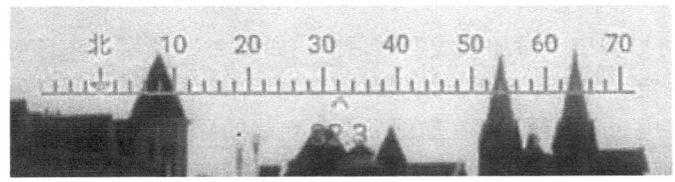

图 2.21　航行方向

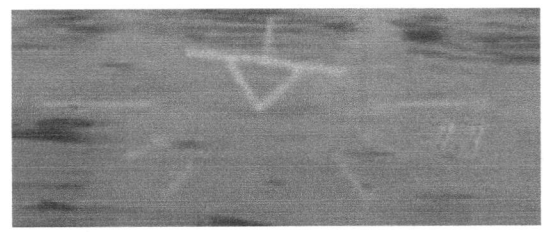

图 2.22　横摇角度

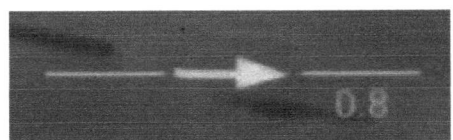

图 2.23　纵摇角度

2.4.1.2　航线界面

航线界面是信息监控中心的一个重要模块,其主要功能包括航线添加和删除、航线编辑、导航点添加和删除、导航点属性设置、航线上传、船上航线显示、航行数据显示等,如图 2.24 所示。

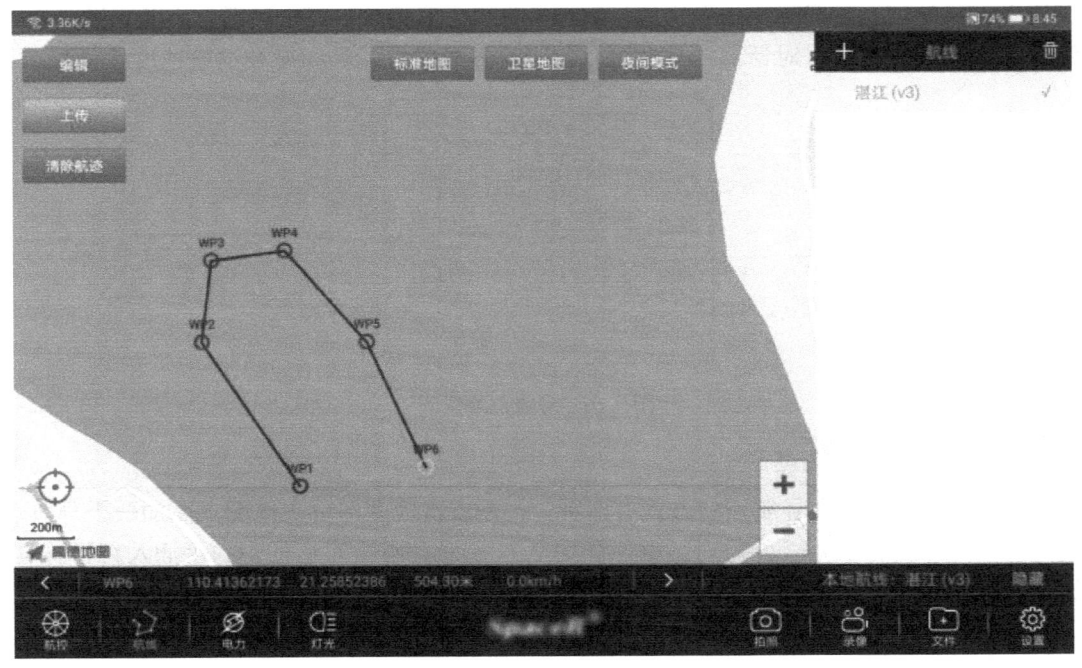

图 2.24　航线界面

1. 航线添加和删除

航线界面拥有航线操作面板，通过该面板可以实现展示航线列表、添加/删除航线。点击航线界面右下角的"扩展"按钮即可展开航线操作面板，当面板展开时，点击"隐藏"按钮可隐藏面板。

点击添加按钮可以弹出"添加航线"对话框，如图2.25所示。在该对话框中，可以设置航线名称，点击"确定"按钮即可将航线保存到数据库中。添加成功后，航线列表中将选中刚添加的航线。点击"编辑"按钮，可在航线界面对航线的导航点进行编辑，需要时，可以将航线上传到智能无人艇的航控系统中，为无人艇自主智能航行提供航行路径。

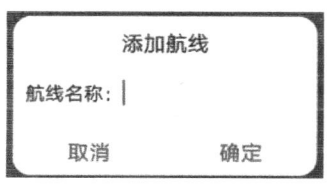

图 2.25 "添加航线"对话框

选中航线后，在航线操作面板中点击"删除"按钮，即可弹出"删除航线"对话框，点击"确定"按钮后，可从数据库中删除航线。

2. 航线编辑

选中航线后，点击"编辑"按钮即可对选中的航线（多个导航点组成航线）进行编辑，如图2.26所示。编辑操作包括拖动导航点的位置、添加和删除导航点、导航点属性设置等。在编辑状态下，可以用手拖动导航点，完成导航点的粗略设计。当需要精确设置导航点时，可以在选中该导航点的情况下点击选中的导航点，将弹出对话框，点击对话框中的"设置参数"按钮，弹出"设置参数"对话框，此时可以精确设置导航点的经纬度及巡航速度等信息。

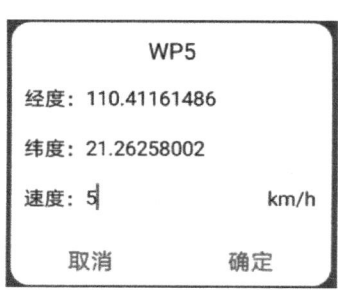

图 2.26 导航点编辑

3. 添加和删除导航点

在编辑状态下，添加导航点的方式有两种，一是点击地图即可在地图上添加一个导航点；二是点击已选中的导航点，弹出对话框，如图2.27所示。点击对话框中的"插入新导航点"按钮，将在选中的导航点前面插入一个新的导航点。若点击对话框中的"删除该导航点"按钮，则将弹出删除导航点对话框，点击"确定"按钮后即可删除该导航点。

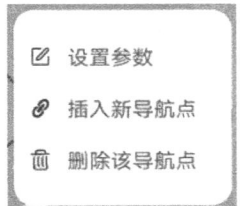

图 2.27　导航点操作对话框

4. 上传航线

添加和编辑的航线需要上传到智能无人艇的航控系统中，只有这样，才可以在无人艇自主智能航行时执行该航线。当信息监控中心和智能无人艇的航控系统保持网络连接时，点击"上传"按钮，即可将航线上传到智能无人艇的航控系统中。

5. 船上航线和航行轨迹实时显示

无人艇航行时会将船上航线上传到信息监控中心，航线界面将显示船上航线信息，以及船只的实时位置；航线界面地图上将实时显示船只的航行轨迹，为保证信息监控中心的性能，航线界面地图上最多只显示船只 2 个小时之内的航行轨迹，2 个小时以前的轨迹会被自动覆盖。点击航线界面地图上的"清除航行轨迹"按钮也可清除航线界面地图上显示的船只的航行轨迹。

6. 航行数据显示

点击航线界面右边的箭头按钮时，将展开航行数据显示面板，可以显示无人艇的航行参数、动力参数、控制参数等，如图 2.28 所示；点击"隐藏"按钮时，将隐藏航行数据显示面板。

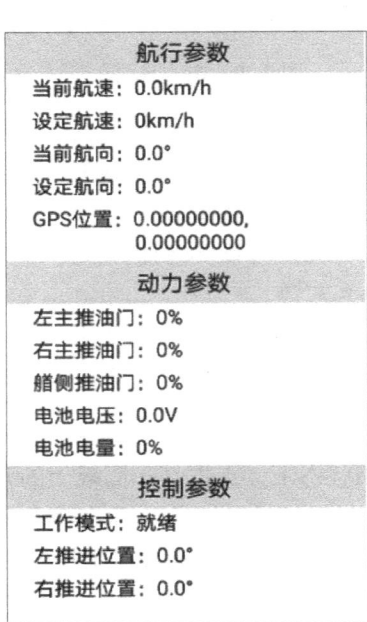

图 2.28　航行数据显示面板

2.4.2 电力与灯光界面

2.4.2.1 电力界面

电力界面显示无人艇上的电力拓扑图，并可在无人艇航行时实时显示船只左右主推和艏侧推的电压、电流、功率、油门大小等实时参数，还实时显示电池电压和剩余电量百分比，以及主推进开关和艏侧推开关的闭合状态，如图2.29所示。

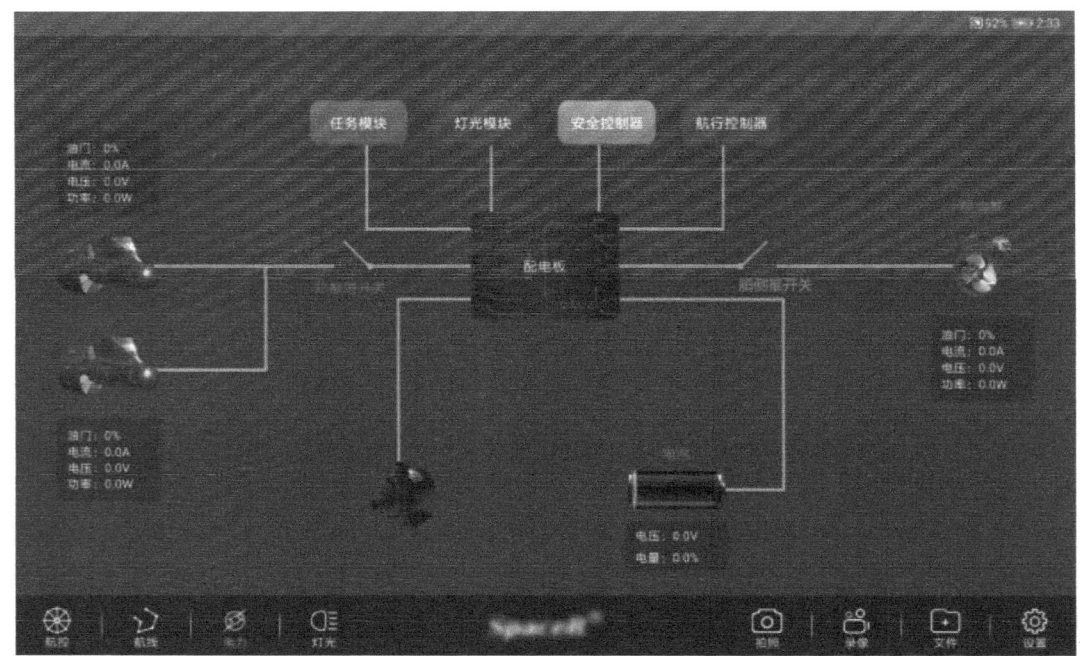

图 2.29　电力界面

当无人艇和信息监控中心通信正常时，点击主推进开关可以实现主推进开关的合闸和分闸，从而控制无人艇的航行和停止。不支持点击艏侧推开关实现艏侧推开关的合闸与分闸，只实时显示艏侧推开关的合闸与分闸状态。

此外，信息监控中心的电力界面还可以实时监控线路带电状态，当线路带电时，线路颜色为绿色；不带电时，线路颜色为灰色。

2.4.2.2 灯光界面

信息监控中心的灯光界面用于展示无人艇上左/右舷灯、环照灯和任务灯的开启与关闭状态，如图2.30所示，在灯光关闭状态下，点击灯光面板上的开关控制按钮即可向无人艇下发开启灯光的指令，从而远程控制灯光开启；在灯光开启状态下，点击灯光面板上的开关控制按钮即可向无人艇下发关闭灯光的指令，从而远程控制灯光关闭。

灯光开启时，灯光界面的船只图上会显示对应灯光亮起的效果，如图2.31所示。

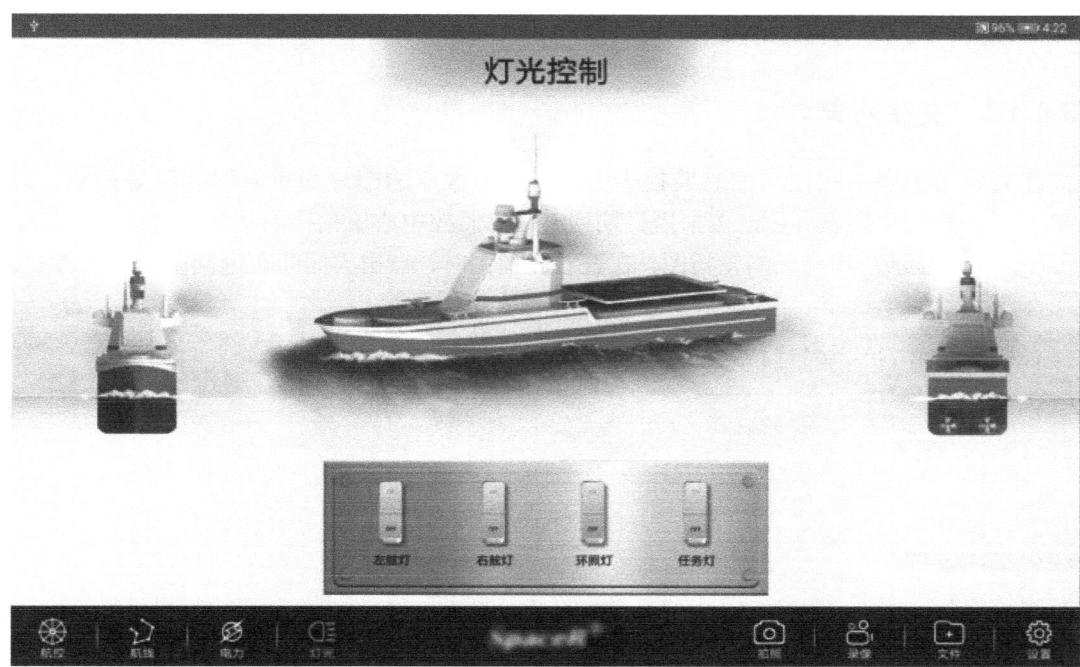

图 2.30 灯光界面

图 2.31 已亮起的左/右舷灯

2.4.3 拍照与录像界面

信息监控中心支持拍照截屏功能，可以截取无人艇航行过程中某一刻的状态。截取的图片保存在 USV/photo 目录中，在文件列表中也可以查看截取的图片列表。

信息监控中心支持录像功能，可以实时录取无人艇航行过程中的一切视频，由于录取的是高清视频，因此，为减小单个视频的大小，将视频分割，信息监控中心每分钟录取一个视频。录取的视频保存在 USV/video 目录中，在文件列表中也可以查看录取的视频列表。点击"录像"按钮即可开始录像，录像时，再次点击"录像"按钮，会停止录像。录像时，"录像"按钮上方会显示 REC 图标。

2.4.4 文件列表与系统设置

2.4.4.1 文件列表

文件列表用于展示在使用信息监控中心软件时,截取的图片和录取的视频等信息。如图 2.32 所示,在图片列表界面,按拍摄日期列出信息监控中心所拍摄的图片信息。点击其中一张图片,可以显示图片列表的轮播图,在查看轮播图时,点击界面即可返回图片列表界面。

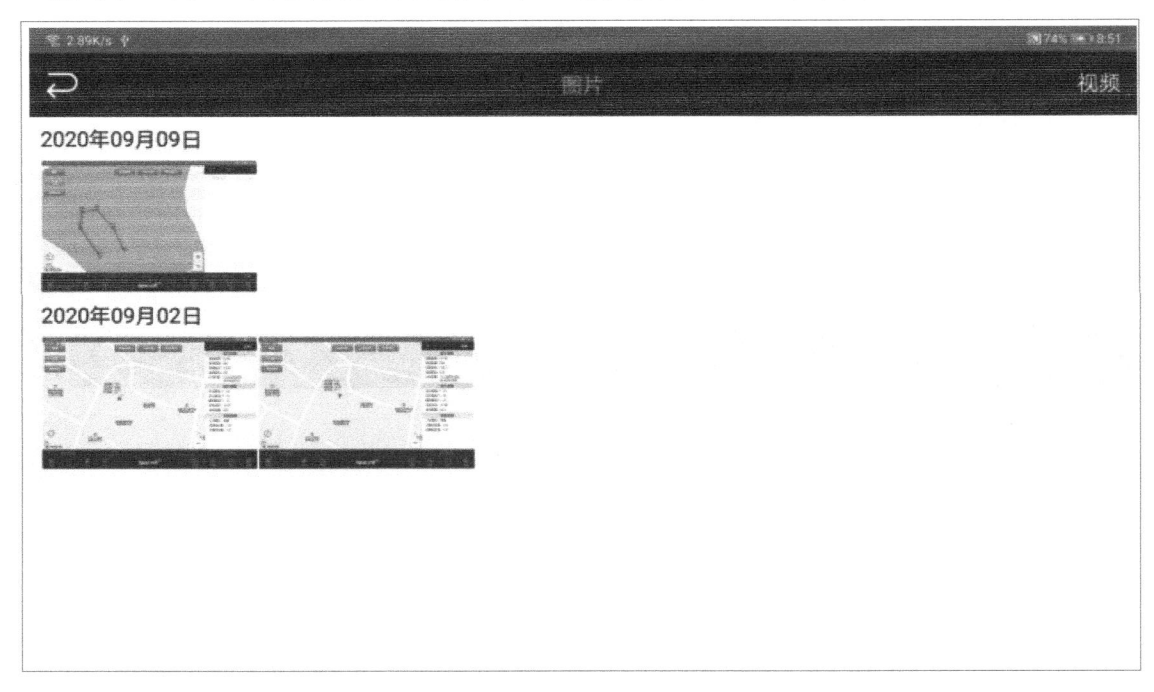

图 2.32 图片列表界面

在图片列表界面中,点击右上角的"视频"按钮即可切换到视频列表界面。在视频列表界面,按录像日期列出信息监控中心录取的视频信息。点击其中一个视频,可以播放该视频;长按其中一个视频,可以进行视频的删除操作。此时,界面上方会出现"删除"按钮,视频列表相应位置会出现选择框,点击"删除"按钮即可删除选中的视频。删除图片和删除视频的步骤相同。

2.4.4.2 系统设置

1. 网络设置

网络设置功能用于配置信息监控中心和安全控制器、航行控制器的 IP 地址与端口号,如图 2.33 所示。监控端设备名称用于设置信息监控中心的唯一名称。设置好正确的 IP 地址和端口号后,点击"应用"按钮即可将设置好的 IP 地址和端口号保存到数据库,下次运行时,信息监控中心将使用该配置连接无人艇上的安全控制系统和航控系统,以保持信息监控中心和无人艇通信正常。

图 2.33　网络设置

2. 单位设置

单位设置功能用于设置信息监控中心统一使用的距离单位和速度单位，如图 2.34 所示。当设置好距离单位和速度单位后，信息监控中心显示的距离都会以已设置的距离单位为单位，显示的速度都会以已设置的速度单位为单位。

图 2.34　单位设置

3. 校准设置

为保证无人艇在静水条件下可以正常直线航行，信息监控中心支持对无人艇进行方向校准，如图 2.35 所示。在静水条件下，当无人艇无法直线航行时，可以适当设置左、右主推进偏移量，以此来调节左、右主推进的差值，保证无人艇直线航行。

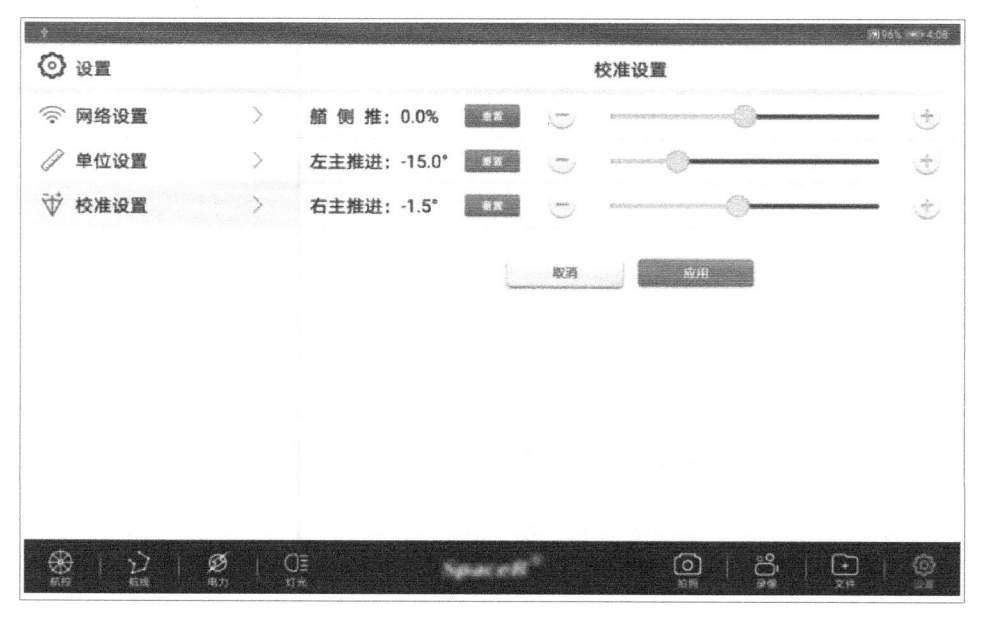

图 2.35　校准设置

2.5　其他无人艇简介

2.5.1　USV120

USV120 智能无人艇采用玻璃钢制造，它在保证安全稳定的前提下，尽量减轻质量，既轻便又灵活。USV120 的艇体采用双体艇结构设计，体型较宽，正常情况下可以搭载 20kg 的除艇体本身基本系统外的其他系统装置，艇尾采用双喷泵式结构作为驱动装置，最高航速可达 2m/s。艇体长 120cm，艇宽 80cm，高 60cm，自身质量为 60kg，如图 2.36 所示。它的体积较小，故可以方便地穿梭在近海海域、湖泊、河流、水塘等各种水域采集目标数据。

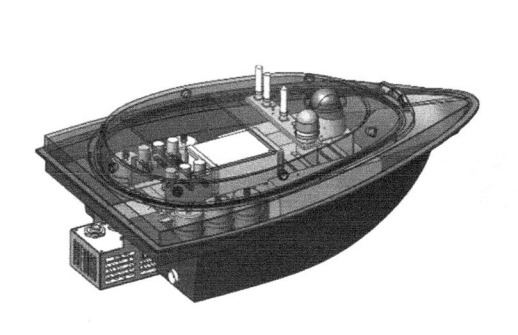

图 2.36　USV120 智能无人艇

USV120 集智能化、模块化和网络化于一体，在环境感知模块中，USV120 配置了视觉传感器和 16 线激光雷达。其中，视觉设备为海康威视生产的单目摄像头，编码传输协议为 RTSP，采用 H.264 格式。通过无人艇上的 NVIDIA TX2 嵌入式 GPU 板卡配置的 GStreamer 框架和 NVDEC 模块对传输数据进行硬件解码加速，完整解码和图像处理过程的速度达到 5FPS 以上。

2.5.2 USV100

USV100 艇体配置情况如表 2.2 所示，艇体采用玻璃钢制造，安全稳定且灵活轻便，适合在近海、湖泊等水域进行避障测试。

USV100 整体功能实现由 ROS 主控与航控 Pixhawk 两部分组成。其中，ROS 主控作为上层应用，用于实现算法及其他功能包的部署；航控 Pixhawk 作为底层，提供艇体的控制算法，通过解算实现对桨叶的正/反转控制。二者之间通过 MAVROS 进行数据通信。

表 2.2 USV100 艇体配置情况

SpaitLab-USV100 配置	设备名称
ROS 主控	Jetson Nano B01
激光雷达	镭神 M10
视觉相机	Intel® RealSense™ D455
通信	4G + Wi-Fi
航控系统	航控 Pixhawk + GPS

USV100 的上位机为地面站软件，可对 USV100 的航行轨迹、自身状态数据及视觉图像等信息进行实时监控；算法部署运行在 USV100 的 Nano 主控上，可通过 4G 模块对其进行远程控制；任务完成后可利用地面站软件或遥控设备完成对 USV100 的控制回收。USV100 的工作运行模式如图 2.37 所示。

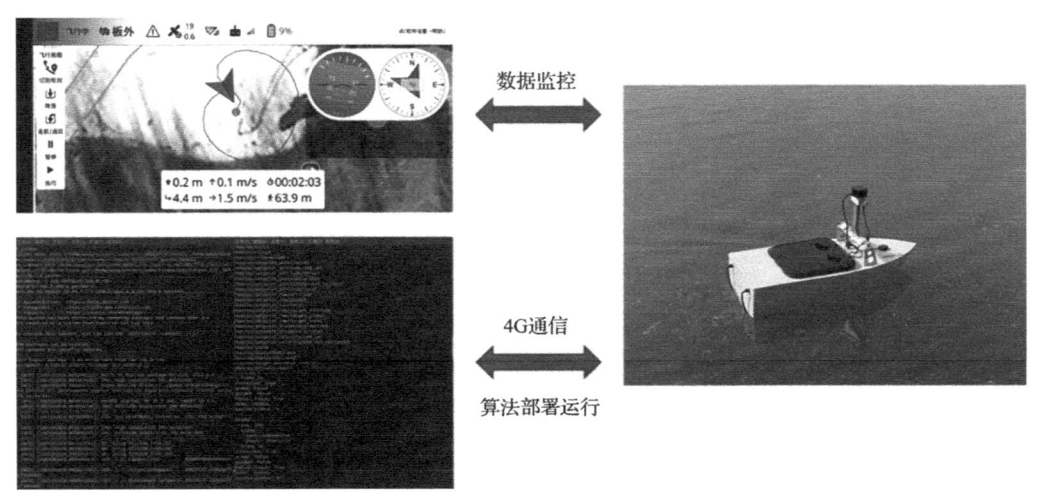

图 2.37 USV100 的工作运行模式

参考文献

[1] HEIDARSSON H K, SUKHATME G S. Obstacle detection and avoidance for an autonomous surface vehicle using a profiling sonar[C]//2011 IEEE International Conference on Robotics and Automation. IEEE, 2011.DOI:10.1109/ICRA.2011.5980509.

第3章

基于视觉的无人艇感知技术

目标检测是水面无人艇环境感知的重要组成部分，而环境感知则是其全自动驾驶的重要先决条件，水面无人艇水面目标检测近年来受到越来越多研究者的关注，但是这类算法在实际应用时往往存在很多挑战，如因海面广阔导致的小目标难以被有效检测，以及因水面反光、逆光等造成高光照场景，导致虚警、误警和漏报等。

目标检测作为无人艇的一个基础算法，可以为路径规划算法提供感知结果输入，完成多种高级任务。例如，在航行过程中，该算法检测和识别周围的障碍物、其他船只、岩石、浮标、浮木等，以避免碰撞和确保安全导航。在执行特定任务的过程中，如搜索和救援、海洋勘测、水下探测等，目标检测算法可以识别目标物，为路径规划提供目标。高效、准确的目标检测算法可以为无人艇自动航行的决策阶段提供高质量的输入，达到整个系统的高精度、高效率，是无人艇做出合理路径规划的先决条件。

为了达到良好的感知效果，解决现有算法的缺陷，本章针对水面小目标场景介绍一系列改进的水面感知算法。

（1）CRB-Net。CRB-Net 使用更深的主干网络来提取语义特征；利用 K-means 算法优化默认框生成策略；在特征融合阶段，采用双 SPP 结构极大地增加感受野，并引入注意力机制进行有效特征的反复提取和融合。

（2）在 CRB-Net 的基础上，针对水面高光照场景造成的检测性能下降问题，进一步介绍 ECRB-Net。该网络利用图像光学先验信息的内在分解增加训练样本的特征多样性，利用 ECRB-Layer 进行通道矩阵的生成及通道输入的自适应权重调整，并基于熵值法设计客观赋权平均的 Weighted-SWA 方法来提高模型的泛化性能。

（3）针对现有水面目标跟踪缺陷，介绍一种目标检测与跟踪的融合算法，对于目标检测算法的漏检问题与目标跟踪算法的漂移问题，采用目标检测与跟踪算法的流程融合方式，提高水面目标跟踪算法的准确性。

本章所介绍的所有算法均在无人艇视觉感知平台进行了部署和测试，验证了算法的工程应用价值。

3.1 现有水面目标检测算法

目标检测算法可以获取图像中障碍物的类别和位置,可以很好地保障无人艇的航行安全,也可以辅助执行打击、追踪等高级任务。因此,目标检测算法在无人艇中得到了非常广泛的应用。

针对水面目标检测,目前有许多工作针对水面图像特性进行了改进。Wijnhoven 等人提出了一个基于 HOG 的目标检测系统,用于在海事视频中寻找水面目标。Matsumoto 等人提出了一种 HOG-SVM 方法,用于检测来自船载相机的图像上的障碍物目标。董宇星等人设计了一种新算法,该算法在不考虑水面恶劣光学场景的前提下,先计算灰度直方图,从而确定海天线的位置;再利用一维最大熵阈值分割法进行目标检测。Szegedy 等人先检测海天线,再对待检测目标确定候选框,随后通过连续帧之间的相对关系来确定目标位置。很多学者为了分割出水面目标,尝试引入分形理论,但是海面上船只的尺度不一,远近不同,因此,船只检测的窗口需要进行自适应实时调整,这显然是不符合分形理论的固定滑动窗口的要求的。吴琦颖等人设计了一种迭代的线性低通滤波方法,可用于对低分辨率图像进行平滑滤波,从而突出目标,但是需要复杂的计算来确定迭代次数,实时性较差。2016 年,Kaido 等人将支持向量机和边缘检测应用于舰船的检测。Chae 等人设计了一种基于 ResNet 的表面物体快速检测方法,目标检测速度可以达到 32.4 帧/秒。Nan 等人为解决小尺度水面目标检测问题,提出了基于图像形态学和信息熵理论的目标检测方法。Wei 等人利用小波变换进行船舶检测,他们先利用多分辨率小波确定海天线的位置,然后合成待检测目标信息。王贵槐等人利用 SSD 对内河船舶进行检测,准确率高达 90%。Tang 等人提出了基于感兴趣区域预选网络的 H-YOLO 算法来实现船舶的检测,该方法的原理是根据船舶与背景之间的色相、饱和度、值(HSV)差异,从图像中区分出可疑区域。2019 年,Anetal 等人提出了一种改进的基于 RBox 的水面目标检测框架,以获得检测的召回正确率和精度。2020 年,Li 等人提出了一种水面检测方法 YOLOv3-2SMA,可以在动态水环境中实现实时、高精度的目标检测。Sr 等人提出了一种算法——利用改进的 YOLO 和多特征舰船检测方法对水面目标进行检测,采用 MDS(Multi-Dimensional Scaling)方法对 SIFT 特征进行降维,并利用随机样本一致性(Random Sample Consensus,RANSAC)优化 SIFT 特征匹配,有效消除不匹配现象。Jie 等人改进了 YOLOv3,用于探测内河航道的船只,改进后方法的 mAP 和 FPS 分别提高了约 5%与 2%。

对于水面目标跟踪任务,目前也已经有了较多的研究成果。Fu 等人构建了以 ResNet34 为主干网络的 Fast R-CNN 检测算法,用于对水面目标进行检测,获得了较好的检测性能。Yang 等人提出了一个基于 CNN 的水面目标检测和跟踪定位系统,利用 Faster R-CNN 模型来检测目标位置,并使用 KFC 算法在视频序列中连续跟踪该目标。陈欣佳等人使用 SSD 模型执行快速水面目标检测任务,并借助相关滤波方法进行快速跟踪。Yang 等人使用 YOLOv3 实现了实时水面无人艇检测,通过卡尔曼滤波器将外观特征与运动状态估计相结合,实现了一种基于数据关联的多目标跟踪方法。王飞等人基于 YOLOv3 开发了在海雾气象条件下,对海上船只进行实时检测的深度学习算法。王孟月借助 DenseNet 改进 YOLOv3 的骨干网络,以提高特征传播效率、促进有效特征重用及提高网络性能。

上述水面目标检测算法采用基于深度学习的目标检测算法,实现了对水面舰艇及其他目标较好的检测效果。但这些算法使用的仍旧为通用的目标检测算法框架，很少对水面目标检测的特殊环境进行针对性的算法设计，因此，某些特殊情况，如由目标距离较远导致的目标过小问题，舰船在图像中的长宽比尺度极端问题，以及水面大量的镜面反射造成的高光照场景问题均会对检测算法造成较大的不利影响，导致检测精度降低，甚至导致漏检与误检，危害无人艇的航行安全。

基于对实际数据的分析及算法原理的研究，本章提出水面高效实时小目标检测算法和水面高光照场景下的小目标检测算法，并在此基础上提出水面无人艇检测与跟踪融合算法，实现了对水面目标的精准、高效的检测与跟踪。

3.2 水面高效实时小目标检测

水域面积广阔，水面无人艇在实际航行过程中需要检测、识别大量小目标物体（低于32像素×32像素或小于原始图像长、宽的10%），作为其视觉感知系统的输出，但目前已有的神经网络对小目标的检测效果亟待提升。针对上述问题，研究者通常从以下角度对已有算法进行改进。

1. 骨干网络

目前，主流目标检测算法的骨干网络大多是 VGG-16、GoogLeNet、ResNet50 及 ResNet101 等基础网络或其变种，其主要作用是对原始图像进行不同维度、不同层次的特征提取，但是针对图像中的小目标，随着下采样的增多，目标特征会消失，故所提取的特征信息是不全面的。为了解决该问题，研究者需要从骨干网络底层不断地进行改进和提升，从而适应图像小目标的检测需求。

2. 增加视觉感受野

通过增加特征层的感受野可以提高上下文语义信息的有效性。目前，人体姿态估计领域已经将增加感受野作为一种主流的效能提升方法，通过在模型中加入感受野可以增强其远距离的空间信息感知能力。小目标在图像中所反映的特征信息有限，增加感受野能够使网络学习到更多特征信息，最终增强对小目标的识别能力。

3. 特征融合

特征融合会带来巨大的计算资源消耗，但近年来的硬件计算平台有了长足的发展，特征融合的限制大大降低，且其优势逐渐体现出来。在目标检测中，通常利用各种形式的特征金字塔对特征层进行进一步的采样和堆叠，最终输出更为有效的特征层，这些有效的特征层中往往包含了更多的小目标信息，能够极大地提高检测精度。

4. 级联卷积神经网络

复杂的神经网络往往可以提取出更加抽象的高层次语义信息，分析高层次语义信息往往可以更好地找出小目标的特征，因此，网络级联可以从更多层次对网络特征进行提升。

5. 模型训练方式

水面环境平坦广阔，小目标占有极大的比例，而目前多数算法更多时候是为了通用数据集而设计的，训练集中缺乏小目标，导致神经网络对于小目标的学习效果较差，在实际部署验证阶段，网络难以对现实世界存在的小目标进行准确的检测。

针对水面存在大量待检测小目标的难点，本节基于 CSPResNet 设计了一种新的特征提取网络。该网络可以提取高层次语义信息；利用 K-means 算法优化训练样本默认框生成策略；通过双 SPP 结构极大地增加感受野；并通过在特征金字塔结构中引入注意力机制来进行有效特征的自适应融合；使用 YOLO Head 对最终获得的特征进行回归预测，得到目标检测结果。

3.2.1 算法结构

3.2.1.1 整体网络结构

图 3.1 所示为 CRB-Net 的网络结构，它由骨干网络、特征融合、分类回归部分构成。

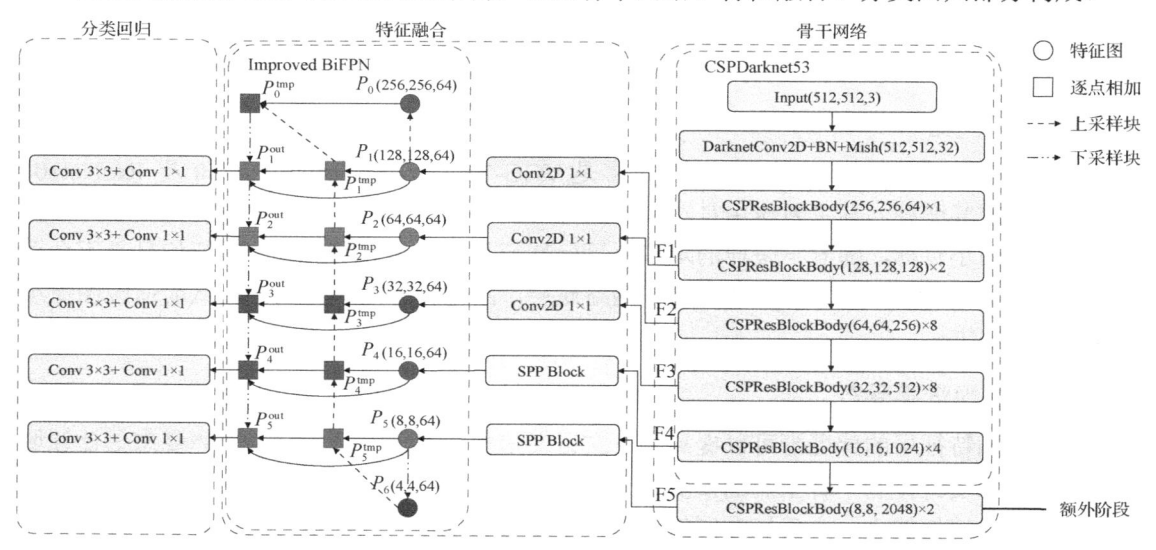

图 3.1 CRB-Net 的网络结构

骨干网络部分：使用 CSPResBlockBody 获得 5 个输出特征层（语义特征层），每个特征层中的特征点设置为 3 个锚点，每个检测层的每个检测帧基于不同的锚帧进行偏移。每个锚点的宽度和高度需要根据待检测物体的形状特征来获得。此外，使用 K-means 算法对锚帧的初始值进行优化可以使锚更适合水面场景，同时显著减少训练时间。

特征融合部分：使用两个 SPP Block 来增加 F4 和 F5 特征层的感受野，分离出最显著的上下文特征。融合具有不同分辨率的特征的一种常见方法是将它们的分辨率调整为相同大小后相加。然而，不同的输入对融合过程的贡献是不相等的，为了解决这一问题，这里设计了一种引入注意力机制的特征金字塔结构。

分类回归部分：将语义融合后的特征层送入 5 个 YOLO Head 中，得到预测结果。

3.2.1.2 ResBlock_Body

骨干网络部分是通过 CSPResNet 的不断堆叠，进而大幅度加深网络来提取 F1～F5 这 5 个语义特征层的。值得注意的是，DarknetConv2D_BN_Mish 卷积块中采用了 Mish 激活函数。

CSPResNet 实际上是一个残差网络结构，如图 3.2（a）所示，其本质是 CSPNet 在 ResNet 上的应用。它将如图 3.2（b）所示的 ResNet 残差块的堆叠进行了拆分。CSPNet 的网络结构可大致分为左、右两部分：右半部分继续按照原思路进行残差块的不断堆叠；而左半部分则经过少量处理直接连接到输出，如同一个大残差边。该结构加强了 CNN 的学习能力，使其在轻量化的同时保持足够的准确性；将计算量均匀分布在 CNN 的每一层，有效提升每个计算单元的利用率，从而减少不必要的算力消耗。

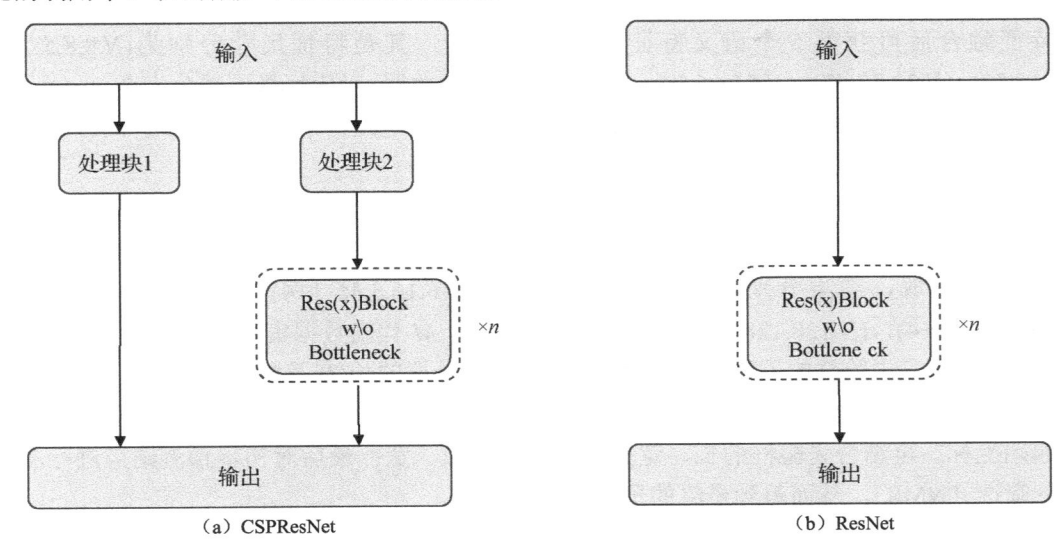

图 3.2 残差网络

3.2.1.3 SPP 结构

传统 SPP（Spatial Pyramid Pooling）模块输出的特征向量是一维的，无法在全卷积网络（Fully Convolutional Network，FCN）中应用。

因此，CRB-Net 采用改进后的 SPP 结构，将最大池化的池化内核设为 $k \times k$，其中 $k = \{1, 5, 9, 13\}$，stride = 1。在骨干网络的最后两个特征层 F4 和 F5 中经历 3 次 DarknetConv2D_BN_Leaky 卷积后，分别用 4 个不同尺度的最大池化进行处理。在这种设计下，一个相对较大的 $k \times k$ 最大池化有效地增加了骨干特征的感受野，分离出最显著的上下文特征。

3.2.1.4 特征金字塔

CRB-Net 引入点注意力机制，设计了一种改进的 BiFPN。它融合了双向跨尺度连接和快速归一化融合。选取 1.35 作为 BiFPN 宽度缩放因子最优值。为了更好地说明融合过程，这里选择 P_2 作为例子来描述融合的特征。

$$P_2^{\text{tmp}} = \text{Conv}(\frac{\omega_1 P_2^{\text{in}} + \omega_2 \text{resize}(P_3^{\text{in}})}{\omega_1 + \omega_2 + \beta}) \quad (3.1)$$

$$P_2^{\text{out}} = \text{Conv}(\frac{\omega_1' P_2^{\text{in}} + \omega_2' p_2^{\text{tmp}} + \omega_3' \text{resize}(P_1^{\text{out}})}{\omega_1' + \omega_2' + \omega_3' + \beta}) \quad (3.2)$$

其中，ω_i 是每个输入的贡献的自适应权值，其取值为 0~1；β=0.0001 用于避免数值不稳定性；P_2^{tmp} 是中间特征；P_2^{out} 是这一层的最终输出。值得注意的是，为了改善融合效果，每次卷积后都采用批量归一化和 Mish 激活。

3.2.1.5 特征预测

特征融合后可获得 5 个语义特征层的预测结果，其是特征尺寸分别为(N,8,8,57)，(N,16,16,57)，(N,32,32,57)，(N,64,64,57)，(N,128,128,57)的数据，对应每幅图被分为 8×8、16×16、32×32、64×64、128×128 个网格上 3 个预测框的位置。但是此结果需要进一步解码，只有这样才可以得到最终图像中待检测目标的目标框。

YOLO Head 的 5 个语义特征层分别将整幅图像分为 8×8、16×16、32×32、64×64、128×128 的网格，各网格点负责检测自身周围区域。预测结果与 3 个预测框的位置相互对应，对其进行尺度缩放，结果分别为(N,8,8,3,M+1+4)，(N,16,16,3,M+1+4)，(N,32,32,3,M+1+4)，(N,64,64,3,M+1+4)，(N,128,128,3,M+1+4)。M+1+4 中的 M 代表数据集有多少个类别，1 代表分类结果，4 代表先验框的偏移 x_offset、y_offset，先验框的长/宽及置信度。

解码过程如下：先将该网格点的坐标加上先验框的 x 轴和 y 轴的偏移，其结果便是预测框的起始坐标；再结合先验框的长、宽算出预测框的长、宽；最后对初步预测结果进行非极大抑制筛选（NMS），从而得到最终的预测结果。

3.2.1.6 其他训练策略

（1）K-means：为了找到最优的聚类效果，选择多组不同数量的聚类进行实验比较。实验表明，当集群的数量达到 15 时，avg IoU 的增加几乎停止（avg IoU 的计算方法是指通过计算每个训练集的 IoU 标签和获得的聚类中心，以最大的 IoU 作为这个标签的价值，平均所有的标签值）。考虑到模型过拟合的风险随着聚类数量的增加而增大，最终选择 15 个聚类中心。

（2）Cutmix：首先从数据集中选出两幅图像，然后对一幅图像的某一部分进行裁剪并叠加到另一幅图像上，作为新的输入图像放入网络中进行训练。

（3）CmBN：当计算 t 时刻的批归一化统计量时，所有计算都是在一批数据内部进行的。这样做是为了减少内存消耗，提高训练速度。

（4）CIoU：综合考虑目标与锚框之间的距离、重叠率、尺度及奖罚项，这样，在算法回归时，可以更加稳定地预测目标框。CIoU 如下：

$$\text{CIoU} = \text{IoU} - \frac{\rho^2(b, b^{\text{gt}})}{c^2} - \alpha v \quad (3.3)$$

其中，$\rho^2(b,b^{gt})$ 代表预测框和真实框的中心点之间的欧几里得距离；c 代表能够同时包含预测框和真实框的最小闭包区域的对角线距离；α 和 v 分别如下：

$$\alpha = \frac{v}{1-\text{IoU}+v} \tag{3.4}$$

$$v = \frac{4}{\pi^2}\left(\arctan\frac{w^{gt}}{h^{gt}} - \arctan\frac{w}{h}\right)^2 \tag{3.5}$$

利用 1-CIoU 就可以得到相应的 Loss 了，即

$$\text{Loss}_{\text{CIoU}} = 1 - \text{IoU} + \frac{\rho^2(b,b^{gt})}{c^2} + \alpha v \tag{3.6}$$

（5）NMS：把所有检测结果按照分值从高到低排序，保留最高分数的检测框，删除其余检测框。

此外，本算法在测试过程中还尝试了其他数据增强方法，如 Mosaic 数据增强、Label Smoothing 等，但效果没有显著改善，因此最终将其舍弃。

3.2.2 数据集构建

数据集是提供给算法训练、优化、验证的数据来源集合。一个优秀的数据集应该包含尽可能多的真实图像，在标注过程中，尽可能少地带有个人偏见。本章介绍的 WSODD 相比于其他水面目标检测数据集，其包含的实例种类更加丰富，实例数量更多，图像的拍摄环境、拍摄时间及拍摄时的天气条件更加多样。

3.2.2.1 图像获取

WSODD 数据集中的所有图像都是在 2020 年 7 月 16 日至 9 月 10 日期间，使用工业级 4G 高清布控球拍摄的，环境温度为 20~35℃。

为了丰富数据集中的水面环境，尽可能准确地反映真实世界，本实验选取了由 3 种水面环境构成的 5 个水域，分别是渤海（辽宁大连，海洋）、黄海（山东烟台，海洋）、南海子湖（北京，湖泊）、玄武湖（江苏南京，湖泊）、长江（江苏南京，河流）。

为了丰富数据集中的天气条件，每种水面环境都是在不同的天气条件下拍摄的，如晴天、多云和雾天。

为了丰富数据集的光照条件，在不同光照条件下，即分别在正午（强光）、黄昏（微光）、夜晚（暗光）对水面目标进行拍摄。

图 3.3 展示了 WSODD 数据集中的一些典型环境场景。可以发现，图像中不仅显示了大量的水面障碍物信息，还包含周边海域、陆地和港口的相关信息，更接近实际的水面目标检测应用。

图 3.3　WSODD 数据集中的典型环境场景

3.2.2.2　类别选择

WSODD 数据集选取水面上 14 种常见的物体进行识别，分别是 bridge、ship、boat、ball、rubbish、rock、buoy、platform、habor、mast、tree、animal、grass、person。图 3.4 对数据集中的每个类别分别展示了两幅图像。

图 3.4　WSODD 数据集中各类别的典型图像

选择目标类别的核心标准是它们在真实水面环境中是否常见。WSODD 数据集的目标类别划分相对宽泛，如船舶类别包括大型军舰（ship）和客船（boat）。与此同时，其他研究人员可以直接基于该数据集测试方法，或者对现有类别进行更详细的分类。表 3.1 列出了 WSODD 数据集中各类别相关图像和实例的数量。

表 3.1　WSODD 数据集中各类别相关图像和实例的数量

类别	相关图像/幅	相关实例/个
bridge	1827	2014
ship	1832	3423
boat	4325	8179
ball	652	2609
rubbish	461	669
rock	696	1540
buoy	153	167
platform	480	614
harbor	1211	1224
mast	177	354
tree	72	219
animal	50	94
grass	103	110
person	357	695
总计	7467	21911

3.2.2.3　图像标注

WSODD 数据集以 PASCAL VOC 的格式进行标注，标注结果保存在 XML 文件中。但是考虑到很多研究人员都是基于 COCO 格式标注文件进行实验的，该数据集也提供将 VOC 文件转换为 COCO 文件的代码文件。当其他研究人员希望使用 COCO 格式标注文件时，可以使用该代码文件将 VOC 格式的标注信息转换成 COCO 格式的标注信息。

值得注意的是，本节的研究重点是针对水面数据集进行标注，而不包括陆地对象。所有的标注，包括被忽略的对象，都由专人进行检查，以确保更详细的标注。

3.2.2.4　数据统计

WSODD 数据集各水面环境图像统计如图 3.5 所示。其中，海洋环境图像有 1772 幅，湖泊环境图像有 4114 幅，河流环境图像有 1581 幅，分别约占 WSODD 数据集的 24%、55%和 21%。需要注意的是，WSODD 数据集中的大型军舰（ship）仅存在于海洋环境图像和河流环境图像中，因为玄武湖和南海子湖的面积较小，所以无法容纳大型军舰；平台类别只存在于海洋图像环境中，在拍摄过程中可以发现，在近海海域有很多这样的平台用于海洋养殖和海水质量检测，但在河流和湖泊中没有发现这样的物体；相反，草类别只存在于河流环境图像和湖泊环境图像中，而不存在于海洋环境图像中，海洋环境图像中没有发现大面积的草，一个可能的原因是海浪的冲击会破坏草的生长。

图 3.6 描述了各天气条件下的图像数量。大部分图像（4918 幅，约占 WSODD 数据集的 66%）是在晴天拍摄的，而占比最小的图像（589 张，约占 WSODD 数据集的 8%）是在雾天拍摄的。

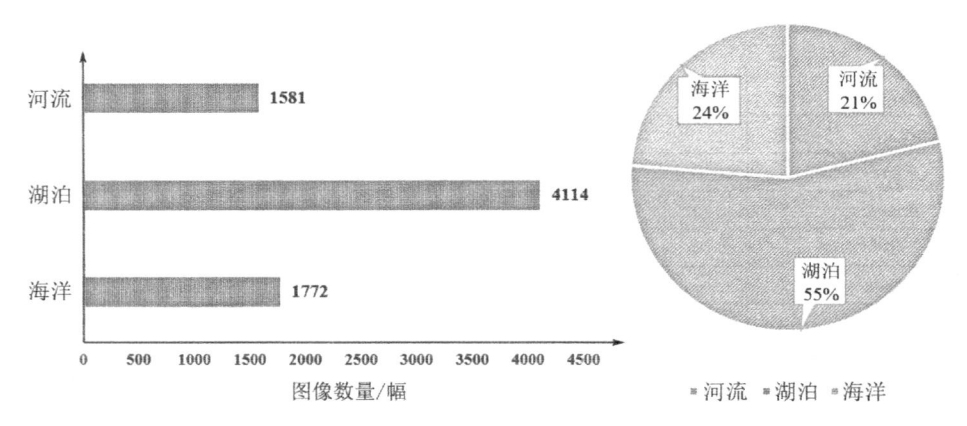

图 3.5　WSODD 数据集各水面环境图像统计

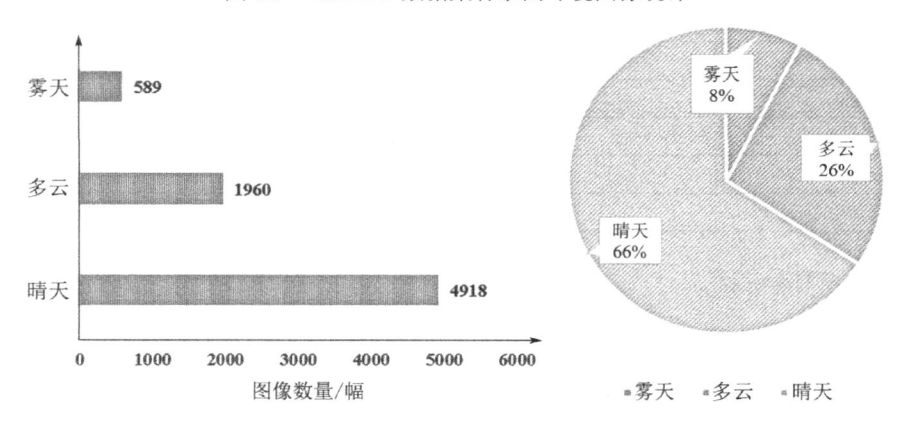

图 3.6　WSODD 数据集各天气条件图像统计

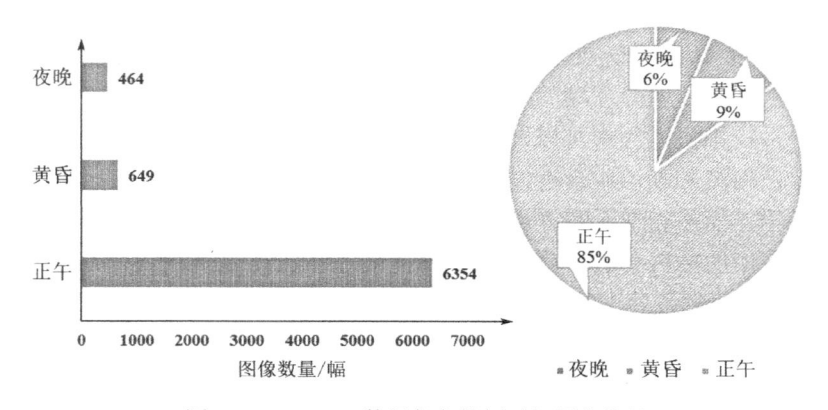

WSODD 数据集各拍摄时间图像统计如图 3.7 所示。其中，大部分图像（6354 幅，约占 WSODD 数据集的 85%）是在正午收集的。此外，在正午拍摄的每幅图像的平均实例数为 3.15 个。在黄昏拍摄的每幅图像的平均实例数与正午时接近，为 3.24 个。然而，在夜晚拍摄的每幅图像的平均实例数为 1.19 个。造成这种巨大差异的主要原因有两个。一是在夜晚继续移动的物体（如船只）的数量很少；二是夜晚光线太暗，很多存在的物体无法被发现，特别是远离拍摄地点的物体或很小的物体。

图 3.7　WSODD 数据集各拍摄时间图像统计

一些实例可能只占图像的 0.01%，而其他实例所占图像的比例则可能超过 40%。实例占比的巨大差异使得检测任务更加具有挑战性，因为模型必须足够灵活，以便处理非常小和非常大的目标对象。图 3.8 描述了实例在其所在图像中的占比的统计信息。

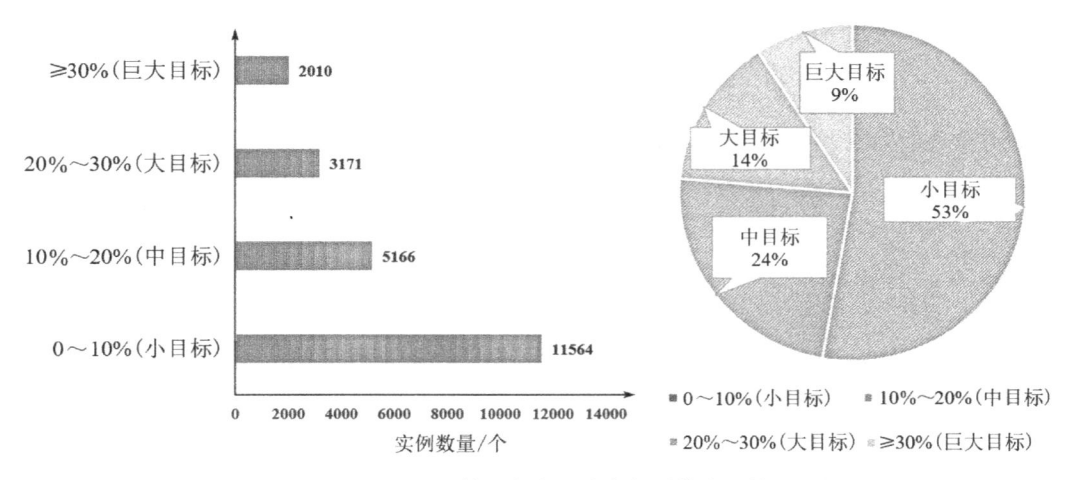

图 3.8 WSODD 数据集各尺寸实例图像占比统计

3.2.3 实验与分析

3.2.3.1 衡量指标

TP（True Positive）表示应为正样本并被判为正样本，TN（True Negative）表示应为负样本并被判为负样本，FP（False Positive）表示应为负样本而被判为正样本；FN（False Negative）表示应为正样本而被判为负样本，如图 3.9 所示。

本章采用 FPS、IoU、AP、mAP 等指标对算法的检测结果进行评价。

（1）FPS（Frames Per Second）：检测算法每秒检测的图像数量。它可以评估模型的实时性能，其值越大，模型的实时性能越好。

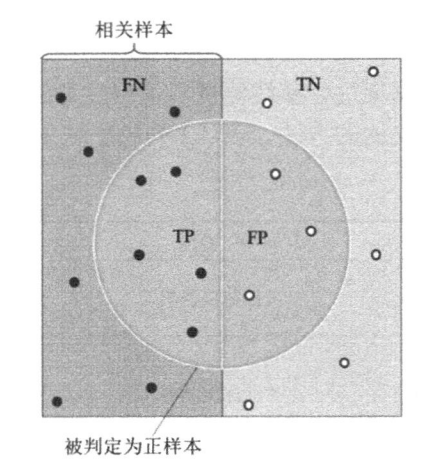

图 3.9 检测结果评价指标

（2）AP_{50}：IoU 为 0.5 时的 AP。

（3）IoU（Intersection over Union）：交集面积除以并集面积，衡量的是两个区域的重叠程度，如式（3.7）所示。如果 IoU 超过 0.5，则认为检测成功，记录为 TP；如果 IoU 没有超过 0.5，则记录为 FP；如果未检测到，则记录为 FN。

$$IoU = \frac{检测结果 \cap 标注框}{检测结果 \cup 标注框} = \frac{TP}{TP+FP+FN} \tag{3.7}$$

（4）AP（Average Precision）：指定类别准确率的平均值，是 PR 曲线下方的面积，如式（3.8）所示。AP 的值越大，表明分类器对某一类别的检测效果越好。

$$\mathrm{AP} = \sum_{0}^{1}(r_{n+1} - r_n)p_{\mathrm{interp}}(r_{n+1}) \qquad (3.8)$$

其中，$p_{\mathrm{interp}}(r_{n+1})$ 的计算方式如下：

$$p_{\mathrm{interp}}(r_{n+1}) = \max_{\tilde{r}:\tilde{r} \geq r_{n+1}} P \qquad (3.9)$$

其中，P 代表在召回率下的最高准确率。准确率 P 和召回率 R 可分别由式（3.10）与式（3.11）得出：

$$P = \frac{\mathrm{TP}}{\mathrm{TP} + \mathrm{FP}} \qquad (3.10)$$

$$R = \frac{\mathrm{TP}}{\mathrm{TP} + \mathrm{FN}} \qquad (3.11)$$

（5）mAP（mean Average Precision）：所有类别的平均准确率的平均值，可以用来衡量分类器对所有类别的检测效果。

3.2.3.2 实施细节

实验平台的操作系统是 Ubuntu 16.04，使用的 GPU 是 Nvidia Titan-RTX，拥有 24GB 内存；算法的依赖包是 Python v3.6.10、Torch v1.2.0 和 Torchvision v0.4.0。

除 CRB-Net 外，本节选取 2 种传统目标检测算法和 14 种基于深度神经网络的算法对数据集进行基线测试。值得注意的是，YOLOv3-2SMA 和 ShipYOLO 是两种专门用于水面目标检测的方法。表 3.2 列出了这 16 种目标检测算法及其骨干网络。

表 3.2 16 种目标检测算法及其骨干网络

类型	算法	骨干网络
传统机器学习	DPM	—
	RANSAC-SVM	—
深度学习 （二阶段目标检测算法）	Faster R-CNN	VGG-16
	Mask R-CNN	ResNet-101
	Cascade R-CNN	ResNet-101
	TridentNet	ResNet-101-DCN
深度学习 （一阶段目标检测算法）	SSD	VGG-16
	RetinaNet	ResNet-50
	YOLOv3	Darknet-53
	RFBNet	VGG-16
	M2Det	VGG-16
	CenterNet	ResNet-50
	EfficientDet	EfficientNet
	YOLOv4	CSPDarknet-53
深度学习 （水面目标检测专用算法）	YOLOv3-2SMA	Darknet-53
	ShipYOLO	CSPDarknet-53

其中，DPM 和 RANSAC-SVM 的参数设置分别与其原始论文相同，CRB-Net 的超参数设置与文献相同。对于其他深度学习算法，将学习率设置为 0.00001，冲量设置为 0.90，学习率衰减率设置为 0.0005。由于 GPU 性能的限制，将 TridentNet 的批数据数量设置为 2，Cascade R-CNN 的批数据数量设置为 4，Faster R-CNN 的批数据数量设置为 8，其他算法的批数据数量设置为 16。此外，这些算法的其他超参数设置与其原始论文完全相同。在实验中，原始图像的像素大小均被调整为 512×512。

为了对不同的算法进行公平的比较，除基于传统机器学习的检测器（DPM 和 RANSAC-SVM）外，其他 14 种基于深度学习的检测器都采用以下方案：CutMix、CIoU-Loss、CmBN 和 NMS。为了保证训练数据和测试数据的分布近似匹配，在 WSODD 数据集中随机选取 70% 的原始图像作为训练集，30% 的原始图像作为测试集。在实验中，使用的数据集标注格式与 PSCAL VOC 相同。

3.2.3.3 实验结果

图 3.10 显示了 CRB-Net 对 WSODD 数据集中部分图像的检测效果。为进行全方位展示，选取了不同场景（天气条件、拍摄时间和水面环境）下的检测结果。图 3.10（a）显示了 CRB-Net 在不同场景中的有效性，而图 3.10（b）则表明该算法需要进一步改进和提升。

（a）较好的检测效果　　　　　　　　（b）较差的检测效果

图 3.10　CRB-Net 对 WSODD 数据集中部分图像的检测效果

表 3.3 列出了 WSODD 数据集的基准测试结果（IoU=0.5）。可以看出，传统机器学习算法不仅在检测精度上存在问题，还在检测速度上存在问题。深度学习的一阶段检测算法的检测速度比二阶段检测算法的检测速度快很多；此外，CRB-Net 在所有基线测试算法中的检测精度最高，检测速度也相对较快。

表 3.3　17 种算法在 WSODD 数据集上的基准测试结果

算法	FPS	mAP	boat	ship	ball	bridge	rock	person	rubbish	mast	buoy	platform	harbor	tree	grass	animal
										AP$_{50}$						
DPM	42.16	21.9%	9%	28%	12%	34%	17%	27%	29%	14%	29%	32%	40%	19%	15%	2%
RANSAC-SVM	43.51	27.1%	11%	49%	6%	32%	33%	29%	34%	7%	41%	31%	27%	36%	23%	20%
Faster R-CNN	19.42	32.3%	1%	73%	19%	70%	14%	13%	24%	14%	29%	44%	53%	50%	14%	4%
Mask R-CNN	17.79	35.7%	7%	79%	18%	88%	27%	16%	40%	22%	28%	42%	61%	46%	17%	8%
Cascade R-CNN	29.56	41.1%	6%	82%	22%	91%	31%	19%	42%	34%	31%	37%	67%	63%	38%	12%
TridentNet	10.16	62.2%	51%	77%	37%	93%	47%	57%	48%	57%	66%	71%	77%	70%	58%	62%
SSD	43.02	41.5%	41%	78%	7%	79%	28%	13%	28%	20%	31%	47%	64%	72%	29%	45%
RetinaNet	33.84	27.9%	54%	73%	12%	62%	26%	18%	20%	7%	17%	28%	31%	26%	4%	11%
YOLOv3	45.34	56.1%	0	83%	25%	95%	40%	59%	45%	60%	56%	65%	89%	71%	49%	48%
RFBNet	44.61	35.7%	45%	69%	6%	77%	24%	12%	24%	15%	35%	36%	56%	25%	14%	62%
M2Det	40.63	39.3%	0	73%	5%	83%	22%	22%	25%	28%	39%	46%	74%	74%	20%	39%
CenterNet	43.42	53.5%	70%	85%	19%	93%	44%	12%	44%	20%	46%	61%	82%	73%	48%	53%
EfficientDet	30.83	31.3%	50%	75%	14%	49%	26%	20%	21%	16%	30%	41%	25%	58%	12%	0
YOLOv4	46.25	57.2%	0	85%	39%	94%	51%	61%	46%	60%	60%	62%	83%	65%	51%	45%
YOLOv3-2SMA	50.46	56.9%	0	84%	25%	92%	47%	62%	46%	57%	55%	69%	88%	73%	44%	54%
ShipYOLO	49.81	58.4%	0	87%	41%	93%	52%	66%	45%	63%	59%	71%	78%	59%	57%	56%
CRB-Net	43.76	65.0%	0	90%	69%	96%	70%	71%	49%	49%	59%	75%	88%	72%	47%	74%

注：后 14 列展示了不同算法在 WSODD 中 14 个类别的检测精度（AP$_{50}$）。前两种算法属于传统机器学习算法，第 3~6 种算法属于深度学习中的二阶段目标检测算法，第 7~14 种算法属于深度学习中的一阶段目标检测通用算法，第 15~16 种算法属于深度学习中的一阶段检测水面专用算法。

可以发现，ball 类别的检测效果较差，可能是因为这些图像中的障碍物大多是小目标，小目标在图像中所占的像素少，可用的语义特征不足，表征能力弱；此外，水面对光线的强反射也会在一定程度上影响检测效果。boat 类别的 AP_{50} 较低（特别是 Faster R-CNN、YOLOv3、YOLOv4、M2Det、YOLOv3-2SMA、Ship YOLO 和 CRB-Net），可能是因为 WSODD 数据集中将帆船、独木舟、快艇和游船等全部视为 boat 类别，使得深度神经网络难以提取该类特征。Faster R-CNN、Mask R-CNN 和 EfficientDet 算法对 animal 类别的检测效果较差，这可能是由于该类别的实例数量较少，导致深度神经网络的拟合效果较差。

为了深入研究不同大小物体的检测性能，选取表 3.3 中 mAP>40%的 9 种算法进行进一步探究。在实验中，将在原始图像中所占比例小于 10%的实例标记为小目标，mAP(Small)表示 IoU 为 0.5 时小目标的平均检测精度。同样，mAP(Medium)、mAP(Large)和 mAP(VeryLarge)分别表示 IoU 为 0.5 时的中目标（10%～20%）、大目标（20%～30%）和巨大目标（≥30%）的平均检测精度。表 3.4 展示了各尺寸目标的检测结果。可以看出，与其他算法相比，CRB-Net 对中、小目标的检测精度更高。

表 3.4 各尺寸目标的检测效果

算法	FPS	mAP (Small)	mAP (Medium)	mAP (Large)	mAP (VeryLarge)
Cascade R-CNN	29.51	12.1%	17.9%	31.9%	50.3%
TridentNet	9.83	24.9%	25.6%	49.1%	50.8%
SSD	43.42	15.6%	18.7%	28.4%	53.7%
YOLOv3	44.17	23.9%	26.2%	42.2%	56.5%
CenterNet	42.98	10.1%	24.2%	30.3%	43.3%
YOLOv4	45.64	24.2%	25.4%	42.7%	59.2%
YOLOv3-2SMA	49.86	24.0%	25.7%	40.2%	57.9%
Ship YOLO	49.27	24.7%	25.4%	41.9%	60.7%
CRB-Net	44.11	29.1%	28.6%	42.4%	57.7%

此外，这里还探索了算法对各分辨率输入图像的检测效果。随着输入图像分辨率的提升，检测精度也越来越高。当输入图像的分辨率从 512×512（单位为像素）提高到 1024×1024（单位为像素）后，所有算法的检测精度均提升了 3%以上。这种提升主要来自小目标，这意味着更高的分辨率对小目标的检测识别非常有效。然而，在高分辨率图像中，检测目标会带来更大的计算开销。因此，为高分辨率图像设计高效检测算法仍然是今后的研究方向。

值得注意的是，在该数据集上测试的这些基准算法的性能远低于其原始论文。这可能是由于更高的图像分辨率、更大的计算维度，以及相关性更弱的对象类别造成的，也正是由于这些因素，WSODD 数据集更具有挑战性。

3.2.3.4 结果分析

传统的目标检测算法的检测精度低、实时性差,深度学习的出现引领了目标检测的新趋势。通过对15种深度学习基准算法进行实验可以得出结论:一阶段目标检测算法在检测速度上有很大的优势,在检测精度上也有很大的进步,可以实现更好的实时目标检测。在水面无人艇的自动驾驶过程中,目标检测必须具有良好的实时性,只有这样才能满足其信息感知和决策需求。因此,一阶段目标检测算法将成为该领域的主流方法。

由于WSODD数据集中的boat类别包含多种不同形状的小船,因此,为了探究该类别的检测效果较差的原因,对boat类别进行进一步的分类细化,并使用上述网络进行再训练和重新检测,发现检测精度有了很大的提高。虽然该类别的原始检测精度较低,但其在检测领域仍具有重要意义。首先,研究人员可在此类别基础上进行更详细的划分,以便于进一步的检测研究;其次,也是对算法在检测包含多个相关性较弱的子类别的大类别的考验。

本章提出的CRB-Net在保持良好的实时性的同时,显著提高了检测精度。但该算法在弱相关类别的检测识别方面的效果较差,需要进一步改进。

3.2.3.5 跨数据集交叉验证

跨数据集交叉验证是评估数据集和检测算法泛化性能的有效途径。由于boat-types-recognition数据集包含比较多的常见水面障碍,因此选择该数据集进行交叉验证。

需要注意的是,boat-types-recognition数据集是手动标注的,因为它的官方网站没有提供相关标注。在标注过程中,数据集中的目标物体被分为9类:buoy、cruise ship、ferry boat、freight boat、gondola、inflatable boat、kayak、paper boat、sailboat。

之后随机选取其中70%的原始图像作为训练集,30%的原始图像作为测试集,并选择DPM、Faster R-CNN、CenterNet、YOLOv4、YOLOv3-2SMA、ShipYOLO和CRB-Net这7种算法在该数据集上进行评估。这里的参数设置与3.1节的参数设置完全相同。

实验结果如表3.5所示。实际上,boat-types-recognition数据集主要由三大类物体组成:小船(gondola、inflatable boat、kayak、paper boat、sailboat)、轮船(cruise ship、ferry boat、freight boat)和浮标(buoy)。buoy、freight boat和inflatable boat的图像都少于40幅,因此检测精度较低。相比之下,WSODD数据集包含更多的目标类别,每个类别也包含更多的图像和场景。

表 3.5 跨数据集交叉验证结果

算法	FPS	mAP	AP_{50}								
			buoy	cruise ship	ferry boat	freight boat	gondola	inflatable boat	kayak	paper boat	sail boat
DPM	42.74	38.1%	17%	46%	10%	15%	73%	22%	39%	48%	73%
Faster R-CNN	21.14	44.8%	31%	78%	11%	0	80%	26%	41%	56%	81%
CenterNet	43.44	37.4%	11%	82%	11%	4%	74%	3%	52%	13%	86%

续表

算法	FPS	mAP	AP$_{50}$								
			buoy	cruise Ship	ferry boat	freight boat	gondola	inflatable boat	kayak	paper boat	sail boat
YOLOv4	47.46	49.4%	14%	90%	6%	8%	80%	12%	66%	74%	86%
YOLOv3-2SMA	49.97	48.1%	14%	89%	3%	11%	83%	7%	65%	79%	82%
ShipYOLO	49.56	47.8%	12%	87%	12%	6%	76%	22%	68%	68%	79%
CRB-Net	44.44	53.5%	8%	92%	21%	8%	79%	25%	76%	82%	90%

注：boat-types-recognition 数据集中的数据来源除了实地拍摄图像，还包含部分动画图像及手绘图像。

在所有算法中，CRB-Net 在保持较好的实时性的同时兼具了最高的检测精度。证明该算法具有良好的泛化性能，可以应用于不同的数据集和场景。

3.3 水面高光照场景下的目标检测

水面成像易受光照、灯光等环境因素的影响，由此造成反光、逆光等高光照场景。此外，反光和逆光位置也会随着水面波动及光视觉传感器的移动而不断变化，使得目标检测算法极易出现漏检和虚警，严重降低了目标检测精度。杂散光的存在掩盖了目标的原有特征，因此，如何更好地利用图像中的先验信息来挖掘目标的深层语义特征是一个重要的解决思路。基于深度学习的目标检测算法需要在一定数量的训练样本中更有效地提取目标特征，因此，如何在不增加计算成本的情况下保持网络设计的灵活性是一大亟待解决的难题。

针对水面高光照场景下的目标检测难点，本节在 3.2 节介绍的 CRB-Net 的基础上，进一步设计了 ECRB-Net。该网络在保持良好的检测速度的同时显著提高了检测精度。相比于 CRB-Net，其主要进行了 3 处改进。首先，基于 Retinex 理论进行了原始图像的内在信息分解，实现共享目标内容的数据扩增；然后，设计了 ECRB-Layer，对原始图像、反射图像和阴影图像进行进一步处理，形成合适的矩阵，并将矩阵输入网络；最后，提出了基于熵值法进行网络模型自适应平均，从而使其收敛到最优解边界区域的 Weighted-SWA 方法。

3.3.1 算法模型及原理分析

3.3.1.1 整体网络框架

本节设计了具有内在先验信息的 ECRB-Net，从而可以更好地提取对象的特征。ECRB-Net 框架如图 3.11 所示。首先，它使用无监督的单输入本征图像分解网络将原始图像分解为相应的本征图像；然后，为了消除原始图像和固有图像之间的数据分布差异，需要对数据进行预处理，将其调整为合适的矩阵，并将其输入深度神经网络（在训练过程中，根据原始图像及分解出的两幅图像在目标检测中的重要性，自动调整网络参数）；最后，通过基于熵值法的加权理论来确定最优网络模型。ECRB-Net 采用端到端的网络结构，保证了网络运行的速度，预测结果包括待检测物体的类别和坐标。

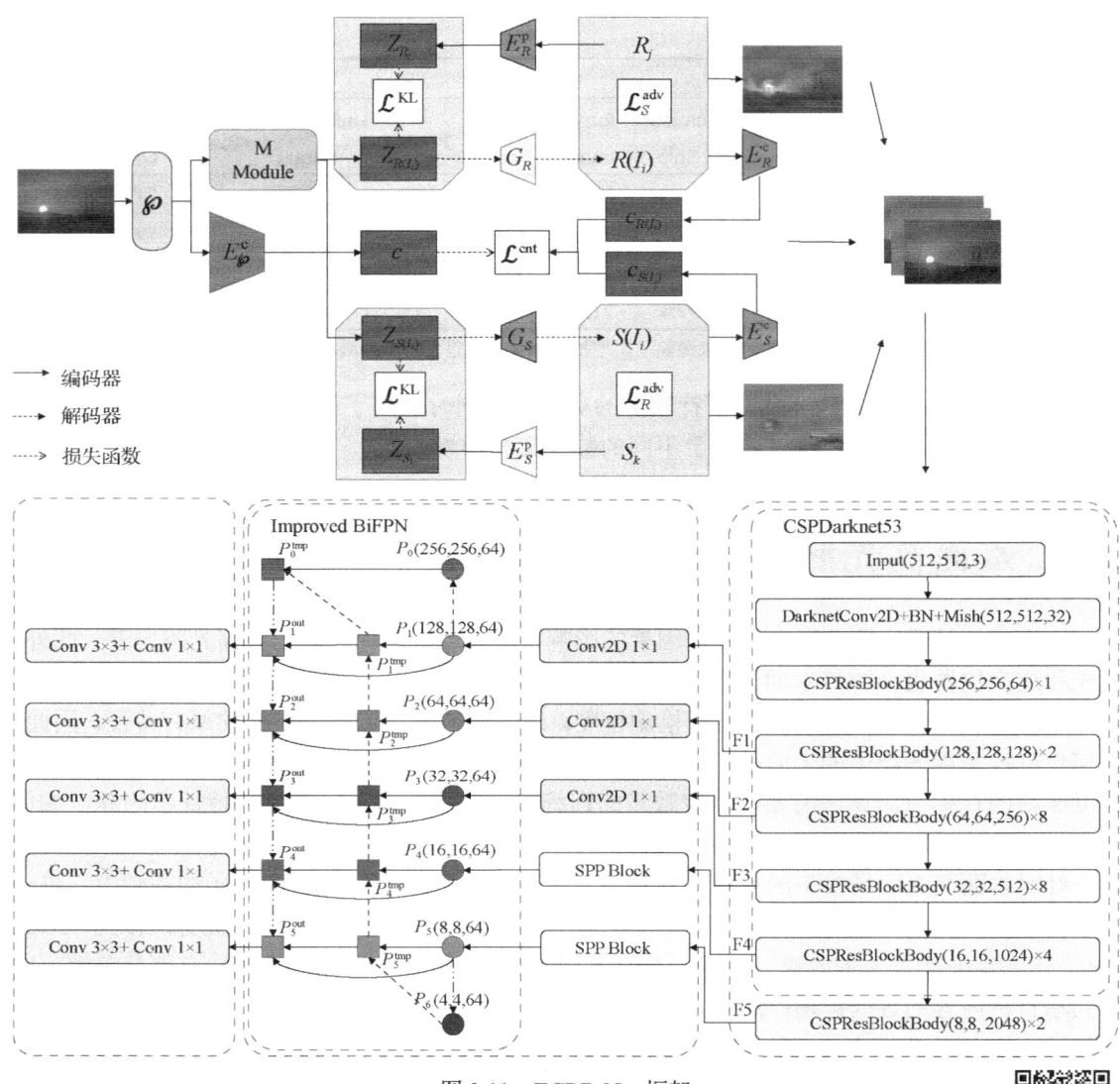

图 3.11　ECRB-Net 框架

3.3.1.2　高光照图像内在分解

根据 Retinex 理论，原始图像可由反射图像（R）和阴影图像（S）组成，即

$$I = R \times S \tag{3.12}$$

但是，在式（3.12）中，未知量是已知量的 2 倍，因此，传统方法将物理先验知识作为额外的约束进行实验，而最近的研究则倾向于使用深度神经网络来直接学习这些先验知识。

与高级视觉任务不同，当用作图像内在分解时，监督学习算法在很大程度上依赖高质量的真实图像。然而，现有的数据集要么太小，要么与真实图像相差太远，限制了监督学习算法的性能。在本节中，旨在探索单幅图像的无监督分解，关键思想是原始图像、反射图像和阴影图像共享相同的目标物体，均可反映场景中目标物体的特性。因此，可考虑从原始图像中分解出反射图像和阴影图像，在进行图像风格迁移的同时保留图像中的目标物体。基于这样的思想，实际上可以使用无监督学习算法对每组图像收集 3 个未标记的、不相关的样本，以此来学习原始图像、反射图像和阴影图像的风格，并利用自编码器和生成对抗网络将原始图像转换为所需的风格，同时保留底层内容。该方法将图像从一个域迁移到另两个具有显式物理意义的域。

本节提出了一种新型的基于内在先验知识的数据增强方法，它采用无监督单输入内在图像分解网络进行原始图像的分解。该方法并不是简单地扩展数据集，而是丰富了给定样本的检测特征。需要注意的是，这一部分的权重是在 ShapeNet 数据集上训练得到的。该方法可以提取对象的特征并以一定的方式表达。图 3.12 所示为图像内在分解示例，表明自编码器能够出色地完成图像的内在分解。不同类型的训练样本使网络模型感知到不同的语义特征，训练样本越具有代表性，就越有可能对特征进行深度表征，这比数量更有意义。

图 3.12　图像内在分解示例

扫码看彩图

在本节中，旨在解决无监督学习图像内在分解问题。假设这里收集了未标记的和不相关的样本，并以此来学习每个样本的外观风格。例如，可以通过提供一组未标记的反射图像 $\{R_j \in \mathcal{R}\}$ 来学习反射特征，即边际分布 $p(R_j)$；通过提供一组未标记的阴影图像 $\{S_k \in \mathcal{S}\}$ 来学习阴影特征，即边际分布 $p(S_k)$；通过提供一组未标记的原始图像 $\{I_i \in \mathcal{I}\}$ 来学习原始图像特征，即边际分布 $p(I_i)$。这样便可从边际分布中推断出 I_i 的 $R(I_i)$、$S(I_i)$。为了使任务易于处理，这里做以下三大假设。

1. 域内容恒常

原始图像、反射图像、阴影图像均是对于给定物体的外在表现形式。如图 3.13 所示，这些图像中物体的属性是可以被编码的，也是可以被某些域共享的。按照风格迁移理论，这些共享的物体属性可以被称为内容（Content），记作 $c \in C$。此外，假定可以从 3 个域对内容进行编码。

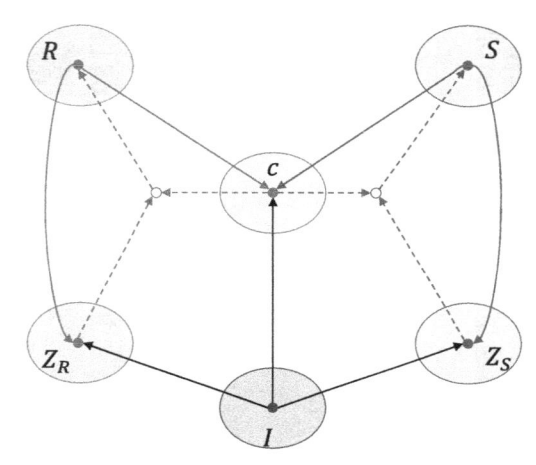

图 3.13　不同域之间的内容转换

在图 3.13 中，I 为原始图像的定义域，S 为阴影图像的定义域，R 为反射图像的定义域。对于本节中的无监督学习算法，一组编码器对每个域的内容进行编码并映射到潜在空间 C，另外一组编码器会对域依赖的先验空间 Z_R 和 Z_S 分别进行特征编码。之后，图像风格将会从编码器（见图 3.13 中的实线箭头）转移到生成器（见图 3.13 中的虚线箭头）。

2. 反射图像与阴影图像相互独立

反射图像会受到光照强度和方向的非线性干扰，而阴影图像则是通过平均深度和均方深度来估计物体本身的纹理特征的。因此，为了分解这两个分量，可以假设它们的先验信息是相互独立并且可以分别学习的。如图 3.13 所示，反射图像的潜在先验信息表示为 $z_R \in Z_R$，可以从反射域和原始图像域对其进行编码。同样，阴影图像的潜在先验信息也可以表示为 $z_S \in Z_S$。

3. 潜在码可逆

潜在码可逆假设被广泛应用在图像风格迁移中。具体来说，它假设一幅图像可以被编码成潜在码，同时潜在码可以被解码成图像。这使得研究人员能够在域之间进行风格和内容的传输。

该分解网络结构如图 3.11 上半部分所示。

1）内容共享结构

首先使用编码器 E_I^c 提取输入图像 I_i 的内容码；然后让 c 分别通过生成器 G_R 和 G_S 生成分解层 $R(I_i)$ 与 $S(I_i)$；接着分别使用 E_R^c、E_S^c 提取 $R(I_i)$ 的内容码 $c_{R(I_i)}$ 和 $S(I_i)$ 的内容码 $c_{S(I_i)}$；最后应用内容一致性 $\mathcal{L}^{cnt}$ 来约束输入图像 I_i 及其预测 $R(I_i)$ 和 $S(I_i)$ 之间的内容码，使内容编码器 E_I^c、E_R^c 和 E_S^c 能够正常工作，如式（3.13）所示。

$$\mathcal{L}^{cnt} = \left| c_{R(I_i)} - c \right|_1 + \left| c_{S(I_i)} - c \right|_1 \tag{3.13}$$

其中，$|\cdot|_1$ 是 L_1 的距离。

2）映射模块

为了从先验码 I_i 中推断出 $Z_R(I_i)$ 和 $Z_S(I_i)$，设计了映射模块（M Module）。首先提取原始图像的先验码 Z_{I_i}；然后设计 Z_{I_i} 的一个分解映射 f_{dcp} 来推断 $Z_R(I_i)$ 和 $Z_S(I_i)$；最后使用 Kullback-Leibler Divergence（KLD）和从 Z_R 采样的真实先验信息 Z_{R_j} 将 $Z_R(I_i)$ 约束在反射先验域 Z_R 中，KLD 损耗的定义如式（3.14）所示。$Z_S(I_i)$ 以类似的方式生成和约束。

$$\mathcal{L}^{KL} = \mathbb{E}[\log p(\hat{z}) - \log q(z)] \tag{3.14}$$

其中，先验码 $\hat{z}$ 是从映射模块中提取的，其真实先验码 z 是从其原始图像中提取的。这是两个先验域 Z_R 和 Z_S，因此，总的 KLD 损耗为

$$\mathcal{L}_t^{KL} = \mathbb{E}\left[\log p\left(Z_{R(I_i)}\right) - \log q\left(Z_{R_j}\right)\right] + \mathbb{E}\left[\log p\left(Z_{S(I_i)}\right) - \log q\left(Z_{S_k}\right)\right] \tag{3.15}$$

3）自编码器

这里设计了 3 个自编码器（Auto-Encoders）。图 3.14（a）显示了原始图像流的自编码器的实现细节，反射图像和阴影图像的自编码器以类似的方式实现。遵循最近的图像到图像的转换方法，使用双向重构约束，在图像→潜在码→图像和潜在码→图像→潜在码两个方向上进行重构。

图像重构损失：给定一个从数据分布中采样的图像，可以在编码和解码后对其进行重构，图像重构损失如式（3.16）所示。

$$\mathcal{L}^{img} = \sum_{x \in \{I_i\} \text{ or } \{R_j\} \text{ or } \{S_k\}} \left| G\left(E^c(x), E^p(x)\right) - x \right|_1 \tag{3.16}$$

先验码重构损失：给定一个在分解时从潜在分布中采样的先验码，能够在解码和编码后重构它。与适用于约束两个样本分布的式（3.13）不同，原始图像和重构图像的先验码约束应相同。此处使用 L_1 来表示 $\mathcal{L}^{pri}$，如式（3.17）所示。

$$\mathcal{L}^{pri} = \left| E_I^p\left(G_I\left(c_{I_i}, z_{I_i}\right)\right) - z_{I_i} \right|_1 + \left| E_R^p\left(G_R\left(c_{R_j}, z_{R_j}\right)\right) - z_{R_j} \right|_1 + \left| E_S^p\left(G_S\left(c_{S_k}, z_{S_k}\right)\right) - z_{S_k} \right|_1$$

$$\tag{3.17}$$

为了使分解后的图像在目标区域内与原始图像难以区分，使用 GANs 将生成图像的分布与目标数据分布进行匹配。对抗损失定义如式（3.18）及式（3.19）所示。

$$\mathcal{L}_R^{\text{adv}} = \log\left(1 - D_R\left(R(I_i)\right)\right) + \log D_R\left(R_j\right) \tag{3.18}$$

$$\mathcal{L}_S^{\text{adv}} = \log\left(1 - D_S\left(S(I_i)\right)\right) + \log D_S\left(S_k\right) \tag{3.19}$$

总的对抗损失为

$$\mathcal{L}_1^{\text{adv}} = \mathcal{L}_R^{\text{adv}} + \mathcal{L}_S^{\text{adv}} \tag{3.20}$$

（a）原始图像的自编码器　　　　（b）生成器的结构

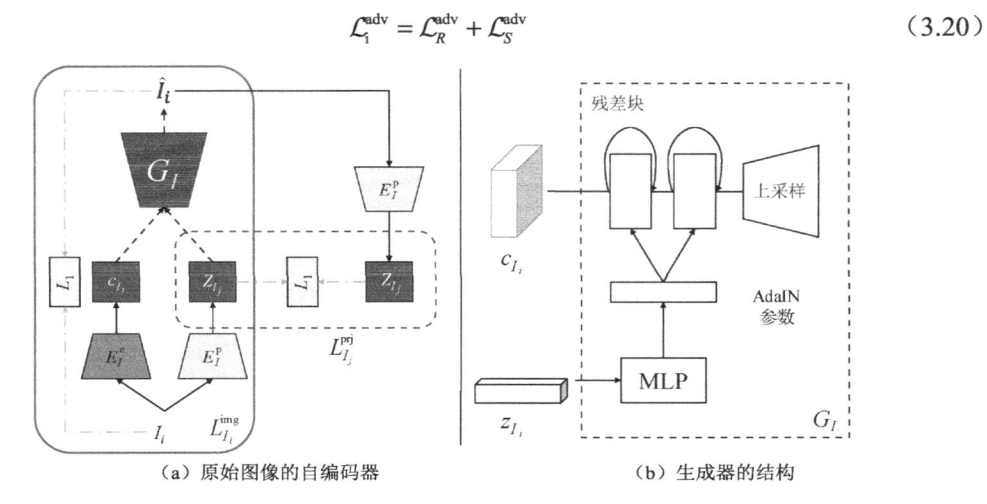

图 3.14　自编码器

此外，式（3.12）意味着图像 I_i 等于 $R(I_i)$ 和 $S(I_i)$ 的像素积，因此，用如式（3.21）所示的物理损失可以规范所提出的方法。

$$\mathcal{L}^{\text{phy}} = \left| I_i - R(I_i) \odot S(I_i) \right|_1 \tag{3.21}$$

4）总损失

通过使用 GAN 方案，联合训练编码器 E、解码器 G、映射函数 f 和鉴别器 D，以优化不同损失项的加权和，如式（3.22）所示。

$$\min_{E,G,f} \max_{D}(E,G,f,D) = \mathcal{L}_1^{\text{adv}} + \lambda_1 \mathcal{L}^{\text{cnt}} + \lambda_2 \mathcal{L}^{\text{KL}} + \lambda_3 \mathcal{L}^{\text{img}} + \lambda_4 \mathcal{L}^{\text{pri}} + \lambda_5 \mathcal{L}^{\text{phy}} \tag{3.22}$$

其中，$\lambda_1 \sim \lambda_5$ 为权重值，用来衡量不同损失项的重要性。

3.3.1.3　ECRB-Layer

ECRB-Layer 模拟了人类视觉的工作过程。它负责对原始图像、反射图像和阴影图像进行进一步处理，形成合适的矩阵，并将矩阵输入网络。图像集合被限制为 512×512×9 的矩阵，ECRB-Layer 的 3 幅输出图像具有相同的分割位置，如图 3.15 所示，包含了物体本身的特征，包括物体纹理信息和反射光强度。

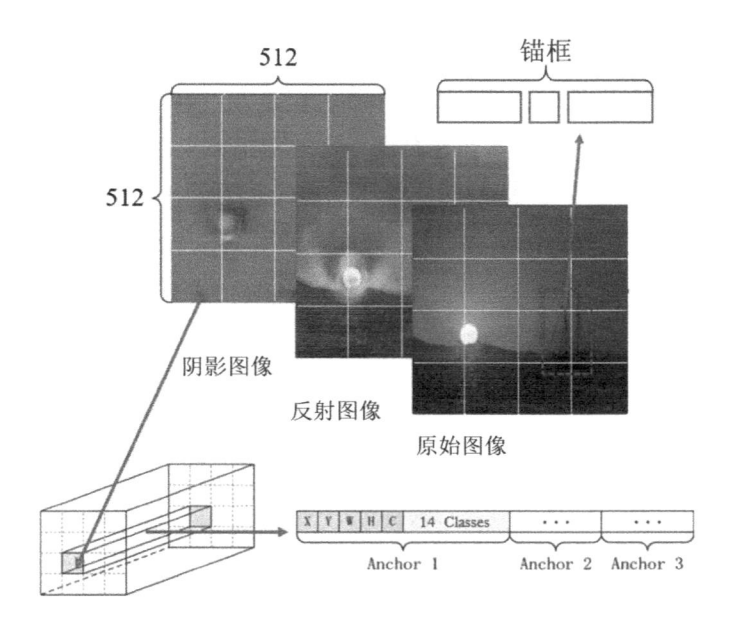

图 3.15 ECRB-Layer 的执行过程

为了便于理解，在图 3.15 中将原始图像、反射图像和阴影图像划分为 4×4 的网格，同一位置的网格负责识别附近的物体。

该部分可以对 3 个通道的输入进行自适应权重调整。由于原始图像和本征图像对特征的解释角度不同，因此它们在训练过程中所起的作用也不同。为了更好地实现这一部分，采用通道注意力机制来调整主体的权重响应。

3.3.1.4　Weighted-SWA

熵这一概念源于物理学的热力学领域。信息熵描述信息源各可能事件发生的不确定性，不确定性越大，熵越大，系统趋向于无序。因此，在综合评价主体时，信息熵可用作各指标的客观赋权。

熵值法可用于对多主体进行客观赋权，通过预估各主体的变化程度得出主体对整体的贡献程度，变化程度大的主体对应的权重也更大，有 m 个样本，n 项指标，形成原始指标数据矩阵 $\boldsymbol{X}=\left(x_{ij}\right)_{m\times n}$，对于某项指标 x_j，指标值的差距越大，该主体在综合评价中所占的比重越大。在信息论中，信息熵的公式为 $H(x)=-\sum_{i=1}^{n}p(x_i)\ln p(x_j)$，表示系统的有序程度，有序程度越高，信息熵越小，信息效用值越小。

本节提出的 Weighted-SWA 便基于熵值法进行网络模型自适应加权平均，其详细步骤如下。

1. 网络模型性能评估

当训练过程中的损失函数基本不呈现下降趋势时，继续采用周期式学习速率额外训练一段时间，获取额外 m 个网络模型，并分别对其在数据集上进行 n 个待检测类别的性能评估。

2. 各指标数据标准化

原始指标 x_{ij} 通常可分为正向指标和负向指标,但是在目标检测额外训练的网络模型对于数据集中各类别的检测效果方面,不存在负向指标,故这里只探讨正向指标。对于理想值的获取,可以通过原始数据,把极值作为理想值,即令 $M_j = \max\limits_{j} x_{ij}$,$m_j = \min\limits_{j} x_{ij}$,定义 $x_{ij}*$ 为对于理想值的接近度,则 $x_{ij}* = (x_{ij} - m_j)/(M_j - m_j)$,采用 Z-Score 进行标准化处理:

$$Z_{ij} = \frac{x_{ij} - \overline{x_j}}{s_j}$$

其中,s_j 为标准差:

$$s_j = \sqrt{\frac{1}{m}\left[(x_{1j} - \overline{x_j})^2 + (x_{2j} - \overline{x_j})^2 + \cdots + (x_{mj} - \overline{x_j})^2\right]}$$

3. 计算指标信息熵和信息效用值

第 j 项指标的信息熵为

$$e_j = -K \sum_{i=1}^{m} Z_{ij} \ln Z_{ij}$$

其中,K 为正数。对于一个信息完全无序的系统,其信息熵最大。此时,Z_{ij} 对于给定的 j 全部相同,即 $Z_{ij} = \frac{1}{m}$。此时,e_j 取最大值,即 $e_j = -K \sum_{i=1}^{m} \frac{1}{m} \ln \frac{1}{m} = K \ln m$。

某项指标的信息效用值取决于该指标的信息熵 e_j 与 1 之间的差值,即 $d_j = 1 - e_j$。

4. 计算指标权重和综合评价值

某项指标的信息效用值越大,其对于评价的重要性就越大。第 j 项指标的权重为 $w_j = \dfrac{d_j}{\sum\limits_{j=1}^{n} d_j}$,第 i 个样本的综合评价值为 $f_i = \sum\limits_{j=1}^{n} w_j x_{ij}*$。

5. 确定最终网络模型

根据综合评价值对 m 个网络模型的内部参数进行加权合成,从而确定最终网络模型。

3.3.2 数据集构建

3.3.2.1 图像获取

由于缺乏水面高光照场景下的数据集,因此本节从 WSODD 数据集中选取 433 幅不同水面环境下的高光照图像,从 boat-types-recognition 数据集中选取 127 幅高光照水面图像,并且从网上公开照片中选取 417 幅包含水面常见目标的高光照图像,组成包含 977 幅图像的自建水面高光照数据集,用于算法的测试验证。图 3.16 展示了自建水面高光照数据集中的一些典型场景。

图 3.16 自建水面高光照数据集中的一些典型场景

扫码看彩图

3.3.2.2 类别选择

由于该数据集规模较小,包含的目标类别较 WSODD 数据集更少,因此选取包含水面上 6 种常见的物体进行识别,分别是 boat(小船)、ship(轮船)、ball(球)、bridge(桥)、harbor(港口)、animal(动物)。表 3.6 列出了自建水面高光照数据集中各类别的图像和实例的数量。与 WSODD 数据集的类别划分方式类似,该数据集的目标类别划分也相对宽泛。例如,boat 类别包括橡皮艇、独木舟和帆船等。

表 3.6 自建水面高光照数据集各类别相关图像和实例数量统计

类别	相关图像数量/幅	相关实例数量/个
boat	317	677
ship	467	868
ball	170	210
bridge	69	69
harbor	70	77
animal	198	237
总计	977	2138

3.3.2.3 图像标注

该数据集以与 PASCAL VOC 相同的格式进行标注,标注结果保存在 XML 文件中。同时,也可使用 3.2.2.3 节中的格式转化文件将 VOC 文件转换为 COCO 文件。

3.3.3 实验与分析

3.3.3.1 衡量指标

本节仍然采用 FPS、mAP、AP_{50} 等进行算法性能的衡量。

3.3.3.2 实施细节

实验平台的操作系统是 Ubuntu 16.04,使用的 GPU 是 Nvidia Titan-RTX,拥有 24GB 内存;算法的依赖包是 Python v3.6.10、Torch v1.2.0 和 Torchvision v0.4.0。

3.3.1.2 节中的编码器与生成器的具体实施细节如下。

分布式先验编码器 E^p 由多个对输入图像进行下采样的跨卷积层组成,之后是全局平均池化层和全连接层。内容编码器 E^c 包括一些跨卷积层和残差块,对输入进行下采样。所有卷积层之后都是正则化处理。

通过多层感知器(MLP)实现分布先验映射函数 f_{dcp},以 Z_{I_i} 为输入、输出 $Z_R(I_i)$ 和 $Z_S(I_i)$ 的堆叠结果。

该生成器根据图像的内容特征和先验分布信息进行图像重构。它对内容特征进行了几层反采样和卷积处理。受近期一些无监督图像风格迁移算法使用归一化层中的仿射变换参数来表示图像风格的影响,本生成器使用图像风格来表示图像的内在先验分布信息。为此,在残差块的每一卷积层后都进行自适应实例归一化(AdaIN)。AdaIN 的参数是由 MLP 根据先验分布动态生成的,如式(3.23)所示。

$$\mathrm{AdaIN}(m,\gamma,\beta) = \gamma\left(\frac{m-\mu(m)}{\sigma(m)}\right)+\beta \quad (3.23)$$

其中,m 是前一卷积层的激活量;μ 和 σ 分别是通道均值与标准差;γ 和 β 是由 MLP 产生的参数。

这里使用多尺度鉴别器来引导生成器在不同尺度下生成高质量图像,包括正确的全局结构和真实的细节。这里使用 LSGAN 作为目标。

损失函数的权重设置如下:在总目标函数式(3.22)中,令 $\lambda_1 \sim \lambda_4$ 分别为 10.0、0.1、10.0、0.1;根据 $\mathcal{L}^{phy}$ 的起始值和收敛性,将 λ_5 设为 5.0。

3.3.3.3 实验结果

除所设计的 CRB-Net 之外,另外选取 10 种基于深度学习的检测算法对所建立的水面高光照数据集进行基线测试。其中,SSD、RetinaNet、YOLOv3、RFBNet、M2Det、CenterNet、

EfficientDet、YOLOv4 这 8 种算法是流行的通用一阶段目标检测算法，而 Ship YOLO 和 YOLOv3-2SMA 是针对水面目标检测设计的专用算法。图 3.17 展示了 CRB-Net 及 ECRB-Net 对部分典型水面高光照图像的检测效果。

（a）CRB-Net 对部分典型水面高光照图像的检测效果

（b）ECRB-Net 对部分典型水面高光照图像的检测效果

图 3.17 CRB-Net 及 ECRB-Net 对部分典型水面高光照图像的检测效果

在图 3.17（a）中，检测置信度普遍偏低，且第 3 列无法检测；在图 3.17（b）中，第 3 列的上面图像的检测结果漏报了 ball，下面图像漏报了小目标 ship。

表 3.7 列出了 12 种算法在自建水面高光照数据集上的基准测试结果（IoU=0.5）。从表 3.7 中可以看出，相比于其他算法，ECRB-Net 在自建水面高光照数据集上取得了最高的平均检测精度，达到了 70.3%，比水面目标检测专用算法 YOLOv3-2SMA 提升了 10.1%，比通用目标检测算法 RetinaNet 提升了 22.3%。与此同时，ECRB-Net 的检测速度可达 44.11 帧/秒，其推理速度保证了模型的实际应用价值。

从类别方面对 ECRB-Net 进行性能分析可以发现，该算法对于 boat、ball 和 bridge 这 3 个类别的提升效果最为显著，但是对于 animal 类别的提升效果较差。boat 和 bridge 类别的大多数实例为大、中目标，特征相对明显，因此改进后的算法能更好地学习到其类别特征。ball 类别的实例数量虽少，但是其语义特征较为单一，因此改进后的算法也较容易学到其类别特征。但是 animal 类别包括水面的鸭子、鹅等不同物种，类别特征较为复杂，且数据集中该类别绝大多数为小目标，语义特征不明显，因此改进后的算法对其提升效果有限。

表 3.7　12 种算法在自建水面高光照数据集上的性能表现

算法	FPS/（帧/秒）	mAP	AP_{50}					
			boat	ship	ball	bridge	harbor	animal
SSD	43.44	53.8%	68%	57%	64%	72%	15%	47%
RetinaNet	34.22	48.0%	51%	50%	48%	57%	17%	65%
YOLOv3	45.81	55.3%	67%	65%	51%	65%	25%	59%
RFBNet	44.97	49.7%	42%	56%	61%	71%	16%	52%
M2Det	41.11	53.5%	53%	62%	61%	74%	14%	57%
CenterNet	44.09	55.2%	59%	65%	51%	80%	10%	66%
EfficientDet	29.11	50.0%	45%	68%	55%	78%	12%	42%
YOLOv4	46.07	56.2%	51%	57%	60%	82%	32%	55%
YOLOv3-2SMA	50.19	60.2%	63%	77%	61%	87%	17%	56%
ShipYOLO	50.09	54.1%	50%	56%	77%	69%	24%	48%
CRB-Net	44.20	60.0%	60%	70%	78%	92%	20%	40%
ECRB-Net	44.11	70.3%	78%	74%	82%	100%	28%	60%

值得注意的是，水面高光照图像内在分解仅在模型训练时起作用，而当使用已经最终确定的网络模型进行目标检测的推理运算时则无效。因此，内在分解的引入并不会使模型的检测速度减慢。

3.3.3.4　消融实验

为了验证本章所提出的水面高光照图像内在分解数据增强的有效性及泛化性，对表 3.7 中除 ECRB-Net 外的 mAP>55% 的 5 种算法（YOLOv3、CenterNet、YOLOv4、YOLOv3-2SMA、CRB-Net）进行实验，着重对比在原始算法中加入内在分解前后的效果。实验结果如表 3.8 所示，可以看出，内在分解对于水面高光照场景下的各目标检测算法均有较为显著的提升效果，CRB-Net 的检测性能得到的提升最大（7.4%），提升最小的为 YOLOv3-2SMA，仅提升了 5.5%。

表 3.8　内在分解数据增强有效性验证

算法	原始算法		原始算法+内在分解	
	FPS/（帧/秒）	mAP	FPS	mAP
YOLOv3	45.81	55.3%	45.87	62.9%
CenterNet	44.09	55.2%	44.30	61.3%
YOLOv4	46.07	56.2%	46.88	62.2%
YOLOv3-2SMA	50.19	60.2%	49.87	65.7%
CRB-Net	44.20	60.0%	44.17	67.4%

为了验证所提出的 Weighted-SWA 的有效性及其相较于 SWA 的提升效果，同样选取 YOLOv3、CenterNet、YOLOv4、YOLOv3-2SMA、CRB-Net 这 5 种算法进行实验验证。当损失函数基本不变时，额外训练 36 轮，以步长为 3 抽取其中的 12 个网络模型，进行 SWA 调整和 Weighted-SWA 调整。实验结果如表 3.9 所示，可以看出，SWA 和 Weighted-SWA 对 5 种原始算法均有不同程度的提升效果，但是后者的提升效果更显著。在各算法于水面高光照目标检测数据集平均检测精度的对比测试中，相较于 SWA，Weighted-SWA 最小提升了 0.7%（CenterNet）的平均检测精度，最大提升了 1.5%（YOLOv3）。

表 3.9 Weighted-SWA 有效性验证

算法	原始算法	原始算法+SWA	原始算法+Weighted-SWA
	mAP	mAP	mAP
YOLOv3	31.0%	55.3%	56.8%
CenterNet	31.0%	55.2%	55.9%
YOLOv4	31.8%	56.2%	57.3%
YOLOv3-2SMA	35.8%	60.2%	61.2%
CRB-Net	35.7%	60.0%	61.3%

此外，为探究 ECRB-Net 的各关键部分对深度神经网络检测效果的贡献度，在本章所提出的自建水面高光照数据集上进行了如表 3.10 所示的定量分析。实验结果表明，数据增强给网络性能带来的改善最显著，为 7.4%；改进的 BiFPN 和 BackBone 对提高检测器的性能也有很大的作用。

表 3.10 ECRB-Net 各关键部分的性能表现

+ 2 SPP		√	√	√	√	√	√
+ Improved BiFPN			√	√	√	√	√
+ K-means				√	√	√	√
+ Intrinsic Decomposition					√	√	√
+Weighted-SWA						√	√
BackBone-->CSPDarknet53							√
mAP	49.2%	51.9%	58.1%	60.0%	67.4%	70.3%	67.1%

3.4 水面目标跟踪

目标跟踪任务的定义与目标检测的定义有一定的区别。首先是算法的输入，目标检测的输入是一幅图像；而目标跟踪的输入是图像序列，且需要预先在第一帧中输入跟踪目标的位置，因此跟踪任务中的信息来源多于检测任务中的信息来源。其次，目标检测的输出是图像中感兴趣目标的位置和分类信息；跟踪算法虽然也能输出目标的位置信息，但没有分类信息。此外，跟踪算法针对的目标只能是首帧图像中出现过的一个具体目标，而不是某几种特定类别的目标。

受限于水面环境的特点，目标检测在处理连续帧时，经常会出现漏检问题；而目标跟踪算法受到边界效应的影响，会产生漂移问题。本章从算法和水面环境特殊性的角度分析漏检和漂移出现的原因。并针对以上问题，从检测、跟踪算法共同处理视频的角度设计一种融合算法，整合目标检测和跟踪的输出结果，使两者提取到的信息充分互补，显著减少漏检和漂移的出现。

3.4.1　相关滤波理论

跟踪算法针对的是一段视频中出现的目标，找到其在每一帧中的位置，并判断当前帧中的目标是否和过去帧中出现的目标相同。因此，跟踪任务可以采用模板匹配的方法来完成。

相关滤波算法是目前最通用的跟踪框架，它将首帧图像中的目标作为训练样本，通过训练分类器对后续帧进行预测。分类器可以将图像表示为目标和背景两个类别。针对二分类问题，相关滤波算法的建模如下：给定分类器前一帧的目标特征作为训练样本集(x_i, y_i)，其中，x_i为第i组样本中跟踪目标的特征向量；y_i为标签，代表前景或背景，将其作为模板训练滤波器，寻找后一帧中对模板响应最大的位置。其中滤波器的训练可简单视为一个线性回归问题，其函数为

$$f(x_i) = w^T x_i \tag{3.24}$$

其中，w是滤波器的参数矩阵，在式中表示特征的权重系数。

目标函数通过滤波器的输出与标签y之间的均方误差来表示，采用2范数的形式表示为

$$\theta = \|xw - y\|^2 \tag{3.25}$$

其中，x为训练样本的输入值；y为样本的输出结果。该问题求解的是w，使滤波器的输出与样本标签之间的误差θ最小，如式（3.26）所示。

$$\arg\min_w \|xw - y\|^2 \tag{3.26}$$

这个问题的解析解为

$$w = (x^H x)^{-1} x^T y \tag{3.27}$$

最小二乘法的鲁棒性较差，如果样本有接近共线的情况，则得到的滤波器的系数可能在数值上不够稳定，尤其在对光照敏感的水面环境下，跟踪容易受到影响。因此引入岭回归，建立输入样本特征向量x_i和输出标签y_i之间的映射关系。岭回归目标函数为

$$\arg\min_w \sum_i (f(x_i) - y_i)^2 + \lambda \|w\|^2 \tag{3.28}$$

其中，λ（$\lambda \geq 0$）是正则化参数，用于控制惩罚项的权重。

岭回归是对最小二乘法的补充，通过在回归函数中加入L2范数正则项作为对于所求系数的惩罚来避免过拟合问题。目标函数越小，误差越小，因此，在正则项的约束下，w趋向于取更小的值，从而达到减小方差的目的，保证了算法的稳定性。从贝叶斯的角度来说，等同于给系数增加了一个先验信息。岭回归中正则项的加入使回归损失了无偏性，在处理特征时放弃了部分特征信息，但是换取到了数值的稳定性，保证了分类器的鲁棒性，使回归与实际

结果更加接近，适用于不同的水面环境。对式（3.28），可通过令导函数为 0 的方式解得 w，如式（3.29）所示。

$$w = (x^H x + \lambda I)^{-1} x^T y \tag{3.29}$$

其中，I 为单位矩阵。

3.4.2 跟踪算法的基本流程与尺度自适应改进

3.4.2.1 跟踪算法的基本流程

跟踪算法框架如图 3.18 所示，包括分类器训练和检测匹配两个阶段。在分类器训练阶段，根据视频序列里首帧目标的位置和大小对图像进行分块，提取梯度直方图特征，对图像进行建模；通过循环矩阵实现数据增强，利用核函数求解滤波器参数，经过 Cosine 窗函数后做傅里叶变换（FFT）即可求得分类器模板。进入下一帧的检测匹配阶段，提取梯度直方图特征后，经过 Cosine 窗函数做傅里叶变换，与前一帧训练得到的分类器模板做卷积，经傅里叶反变换（IFFT）后可得到输出响应图，最大响应位置就是目标所在位置。匹配完成后，利用目标更新后的位置信息训练并更新分类器模板，重复此过程即可实现目标位置的跟踪。

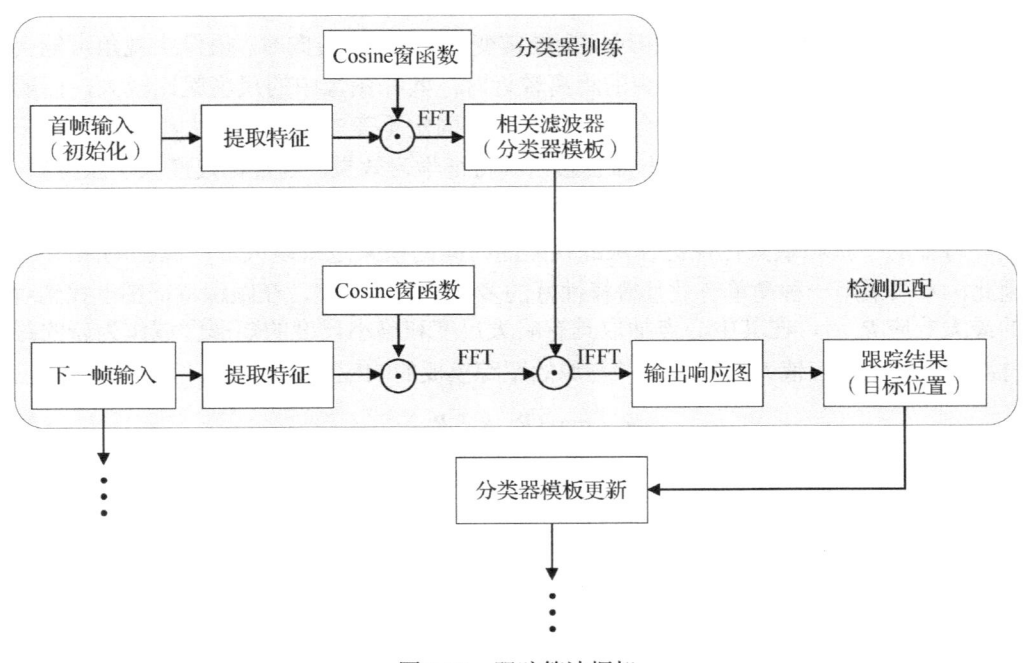

图 3.18 跟踪算法框架

3.4.2.2 分类器模板更新

分类器模板更新的过程与首帧初始化阶段的分类器模板训练有一些差别，训练得到的滤波器参数 α 不会直接作为分类器参数。若将训练后的模板直接作为分类器的训练结果，则会导致算法对当前帧过于敏感，相当于抛弃了除当前帧以外的时间相关性。此时，若当前帧中存在一些噪声或干扰，则会使分类器学到这些信息，在下一帧进行预测时也会把噪声和干扰信息视为目标，影响算法的鲁棒性，导致预测不准确。

针对此问题，采用线性插值的方法在分类器模板更新时结合之前帧的信息。对于第 t 帧图像，KCF算法根据其上一帧训练的模型 (α_{t-1}, x_{t-1}) 和当前帧训练的模型 (α'_t, x'_t) 对分类器模板进行更新，最终得到外观模型 x_t 和分类器系数 α_t：

$$\begin{cases} \alpha_t = (1-\eta)\alpha_{t-1} + \eta\alpha'_t \\ x_t = (1-\eta)x_{t-1} + \eta x'_t \end{cases} \quad (3.30)$$

其中，η 为学习率，实验中取固定值 0.125。该操作使滤波器保留了目标在过去帧中体现的特征，改善了算法的鲁棒性。

由于跟踪算法中边界效应的存在，学习率参数过大或过小都会对算法有负面影响。当学习率过大时，以取极限 $\eta=1$ 为例，算法只学习到当前帧的信息而不考虑与过去帧的关联性；若学习率过小，则会导致当前帧的权重变小，难以学习到目标随时间变化而产生的特征变化。因此，仅通过一个学习率参数，难以保证算法的跟踪效果。针对此问题，3.4.3节将通过检测跟踪融合后的更新策略来减小边界效应的影响。

3.4.2.3 尺度自适应

船艇目标在航行过程中，视角和尺度会经常变化。例如，转向时，摄像头视角可能会由正对船头变成船的侧面；船距离摄像头的距离较近时，其在图像中的尺度就比较大，而船航行到较远处时，其在图像中的尺度就会变小，此时，固定不变的跟踪模板大小显然无法满足精度要求。而且，跟踪模板过大或过小都会影响其特征学习效果，当目标尺度大于跟踪模板时，跟踪模板会受到水天背景噪声的干扰；当目标尺度小于跟踪模板时，跟踪模板获取的特征就会缺失。特征的干扰和缺失往往会使跟踪误差随时间的积累越来越大，严重影响跟踪效果。

因此，本书采用一种简单有效且鲁棒性好的多尺度跟踪方案，在跟踪特征图上找到对跟踪模板的最大响应 R_0 后，在其中心点抽取具有略大尺度和略小尺度的矩形区域作为新的跟踪模板，再次计算得到响应值 R_{+1}、R_{-1}，并与原始跟踪模板的响应值进行对比，得到最大响应 R：

$$R = \max(R_0, R_{+1}, R_{-1}) \quad (3.31)$$

其中，新的跟踪模板的尺度变为原始跟踪模板的 0.05。最终得到最大响应所用的跟踪模板会作为最终跟踪算法的输出，同时参与跟踪模板的更新。该尺度自适应模块能够改善算法的鲁棒性。

3.4.3 检测跟踪融合算法设计

3.4.3.1 船艇目标检测与跟踪的局限性

目标检测算法在处理视频时，由于一些目标尺寸较小，因此很容易出现漏检问题，如图3.19所示。

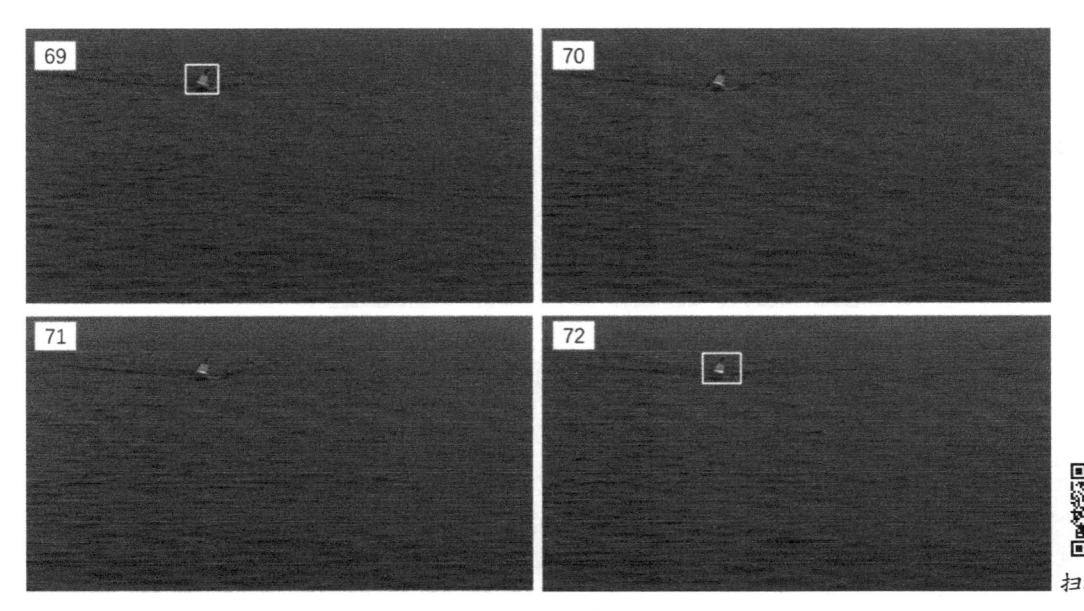

图 3.19 漏检

从图 3.19 中可以看出，在连续的 4 帧图像中，只有第一帧和最后一帧检测出了目标。在该视频中，1s 的时间内就包含了 20 帧图像，即每隔 0.05s 就会有新的图像输入。在如此高的采样频率下，人眼几乎看不出目标在图像中的变化情况，但是检测算法在连续 4 帧图像中只检测出了两个目标，漏检率达到了 50%。这样的漏检率显然不能达到要求。

经过分析，目标检测算法漏检的原因主要有以下 3 个。

（1）目标检测任务没有利用视频帧之间的关系。目标检测算法的任务是对单帧图像中出现的目标进行分类和定位，只提取和分析一帧图像的特征。而目标一般会在连续多帧图像中一直存在，检测到的相邻帧图像的特征也能够作为参考依据，而这部分特征在目标检测过程中没有被利用。因此，即使在相邻帧图像中检测到了目标，也难以利用不同帧图像中的信息来修正误检。

（2）船艇目标在图像中的尺度比较小。目标检测算法在公开数据集上的检测精度能够达到 80% 左右，远高于此处的检测精度（50%），船艇距离摄像头比较远，导致其尺度较小，分辨率不足，算法难以提取到足够多的特征用于分析，从而影响识别效果。

（3）水面环境下的图像质量有限。公开数据集中存在的目标大都是清晰的，而水面上的目标更容易受到光线、波浪的影响，使图像质量不佳。这种图像质量上的影响是人眼难以捕捉到的，但是对算法而言，帧间微小的变化也会导致不同的结果。

针对漏检问题，理论上只需提升检测算法输入图像的分辨率就能够提升算法的检测精度。例如，当从 300×300（单位为像素）的分辨率转为 600×600（单位为像素）的分辨率时，算法更容易提取到高分辨率信息，降低对水面小目标的漏检率，但是这种方法会使深度学习算法的计算量大大增加，牺牲实时性。因此，本书并没有使用上述方法，而是引入了目标跟踪，从时间关联性角度改善算法的检测精度。

基于相关滤波的目标跟踪的局限性体现在漂移方面，而漂移问题产生的主要原因是边界效应，如图 3.20 所示。

图 3.20　跟踪漂移

在目标跟踪算法中，边界效应出现的原因有以下 2 个。

（1）模板式的跟踪算法在目标形状发生显著变化时难以跟上。相关滤波算法通过 FHOG 特征来描述前景和背景，训练模板匹配图像中的最大响应位置。目标在发生快速形变时，FHOG 特征也会随之快速变化，而跟踪算法的分类器模板更新是由当前帧和过去多帧一起决定的，虽然当前帧学习到了特征的变化，但是过去帧中仍然保留了形变前的特征，导致跟踪框无法跟上目标的变化。

（2）水面环境下包含大量的相似背景噪声，加剧了跟踪漂移。跟踪过程中不可避免地会引入噪声，若当前帧的跟踪模板学习到了背景，则算法在下一帧就会对背景产生更大的响应。而水面上的背景是比较相似的，因此，跟踪模板可能会快速偏离目标所在区域，造成漂移。由漂移产生的误差会随着时间的积累而增加。在图 3.20 中，第 77 帧仅有微小的漂移，而第 156 帧的漂移则十分明显。

针对边界效应的解决方法往往会牺牲实时性，本章引入目标跟踪算法，在间隔一定帧数后，通过检测算法对跟踪模板进行修正来缓解漂移问题（边界效应）。该方法在缓解边界效应的同时，几乎不影响算法的实时性。

3.4.3.2　检测跟踪融合算法框架

检测跟踪融合算法框架如图 3.21 所示。首先在视频输入时通过检测算法识别首帧图像中存在的目标，并将其输入跟踪算法进行初始化；然后在接下来的 40 帧视频序列中，采用相关滤波跟踪算法对已检测的目标进行持续追踪，由于相关滤波跟踪算法利用到了帧间关系，因此，只要前一帧的目标被检测出来，算法就能在后续视频中发现目标，从而降低漏检率。在 40 帧视频序列后，跟踪算法容易产生漂移，此时再次调用检测算法，将其与跟踪算法提取的特征进行融合分析，输出最优值，对目标跟踪模板进行更新或重新初始化。在此阶段中，若发现过去帧中未出现过的目标,则把它加入跟踪算法的初始化模板中。重复此过程,即可完成对水面船艇目标的持续检测和跟踪。由于检测跟踪融合算法中的大部分帧只调用了参数较少的相关滤波跟踪算法,避免使用基于深度学习的目标检测产生过多的卷积计算,因此其融合后也具有较好的实时性,并且节省了计算资源,使其在嵌入式板卡上也能够部署。

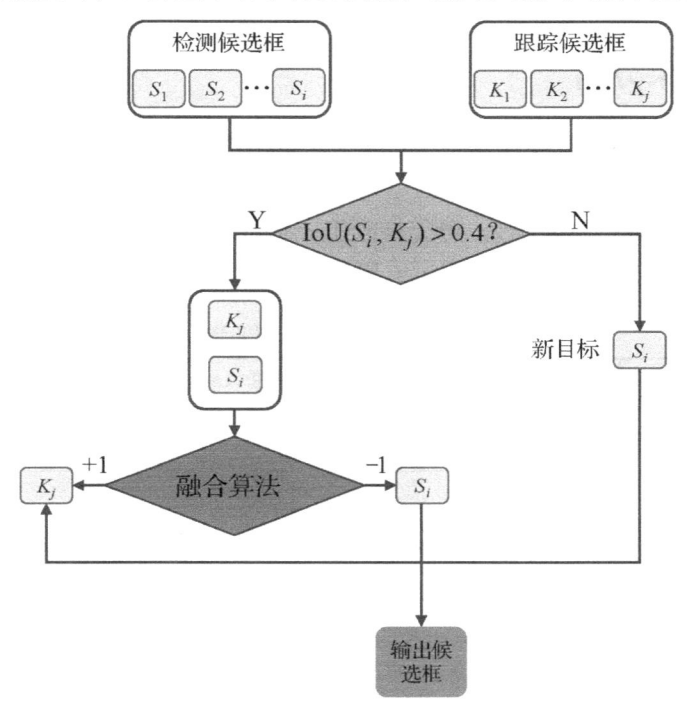

图 3.21 检测跟踪融合算法框架

在跟踪算法的理论分析部分介绍了学习率参数 η 对跟踪模板更新起到的关键作用,在融合检测和跟踪算法后,也需要将融合结果输入跟踪算法中来更新跟踪模板。学习率越大,跟踪模板参数与当前帧出现的目标的相关性就越强;学习率越小,更倾向于参考过去帧中的跟踪模板。由于检测算法在不发生漏检时,对单一图像进行分析后的输出都是比较准的,因此,当跟踪框和检测框的重合度较低时,大部分情况是跟踪算法出现了严重的漂移,需要重新初始化。但是也存在跟踪算法的效果优于检测算法的效果的情况,此时,跟踪框没有产生漂移且利用时间关联性的特征使算法的鲁棒性更好,采用较小的学习率更新跟踪模板会使跟踪效果更好。因此需要针对不同情况设计跟踪算法的跟踪模板更新策略。

融合后的检测和跟踪结果会出现 3 种情况,跟踪策略也分为 3 种。

(1) 跟踪算法的效果优于检测算法的效果,或者检测框和跟踪框的重合度高于 80%,此时使用过去帧中积累的跟踪模板信息可以使算法的鲁棒性更好,取学习率 $\eta=0.125$,使跟踪算法更注重过去帧中的跟踪模板。

(2) 跟踪算法的效果比检测算法的效果差,且跟踪框和检测框的重合度低于 80%,此时认为跟踪出现了明显漂移,需要舍弃过去帧中跟踪模板的信息,使学习率 $\eta=1$,重新初始化跟踪模板。

（3）目标尺度较小，即像素面积小于 50×50，此时，无论检测算法的效果好还是跟踪算法的效果好，只要采用学习率 $\eta=0.125$ 的跟踪模板更新策略，就能保持较高的精度。

上述跟踪模板更新策略能够尽可能多地使用到过去帧中提取到的鲁棒性较好的特征，当这些特征不足以应对目标的变化时，将其清除，以减小边界效应的影响。

3.4.4 实验结果分析

为了验证算法的有效性，使用实验室自主研制的 3 种无人艇作为待测目标对算法进行测试，包括 USV120、USV180 和 USV320。3 种无人艇均具备传感器系统、控制与决策系统、通信系统、电源模块和岸基控制台，可支持人工控制，也能够在无人操作条件下于水面上完成自主导航、侦察巡逻等任务。实验用无人艇参数如表 3.11 所示。

表 3.11 实验用无人艇参数

型号	长度/m	最高航速/(m/s)	动力
USV120	1.2	2	电池/双喷泵
USV180	1.8	5	电池/螺旋桨
USV320	3.2	12.5	柴油机/螺旋桨

在视频数据的采集上，设计编/解码模块，对视频进行处理。通过摄像头采集水面图像，采用实时流传输协议（Real Time Streaming Protocol），编码采用 H.264 格式；视频解码硬件使用嵌入式 GPU Jetson TX2 板卡，并搭建 Gstreamer+OpenCV 硬解码架构。其中，硬解码是指用硬件芯片来解码的过程，它虽然不如软解码直观且设置较为复杂，但可以极大降低 CPU 的占用率且解码速度较快。视频解码完成后，通过本书提出的算法进行检测和跟踪，将结果传入工控机进行决策和分析，同时将视频流和检测结果通过 4G 网络或无线 Wi-Fi 上传至控制台。视觉感知系统框图如图 3.22 所示。

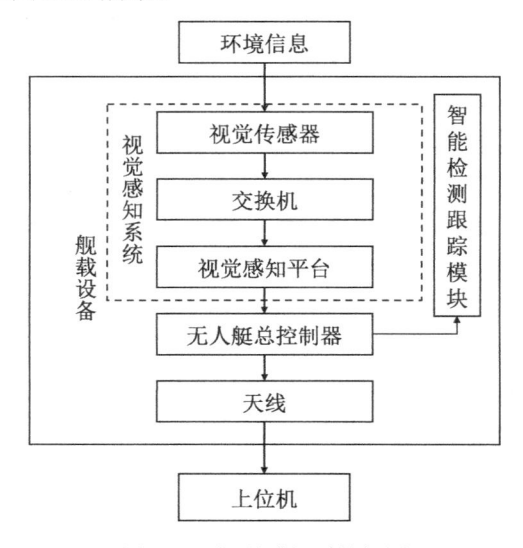

图 3.22 视觉感知系统框图

参考文献

[1] 赵永强，饶元，董世鹏，等. 深度学习目标检测方法综述[J]. 中国图象图形学报，2020,25(04):629-654.

[2] HE K, ZHANG X, REN S, et al. Spatial pyramid pooling in deep convolutional networks for visual recognition[J]. IEEE transactions on pattern analysis and machine intelligence, 2015, 37(9): 1904-1916.

[3] WANG C Y, LIAO H Y M, WU Y H, et al. CSPNet: A new backbone that can enhance learning capability of CNN[C]// Proceedings of the IEEE/CVF conference on computer vision and pattern recognition workshops. 2020: 390-391.

[4] TAN M, LE Q. EfficientNet: Rethinking model scaling for convolutional neural networks[C]//International conference on machine learning. PMLR, 2019: 6105-6114.

[5] KRISHNA K, MURTY M N. Genetic K-means algorithm[J]. IEEE Transactions on Systems, Man, and Cybernetics, Part B (Cybernetics), 1999, 29(3): 433-439.

[6] YUN S, HAN D, OH S J, et al. CutMix: Regularization strategy to train strong classifiers with localizable features[C]//Proceedings of the IEEE/CVF international conference on computer vision. 2019: 6023-6032.

[7] YAO Z, CAO Y, ZHENG S, et al. Cross-iteration batch normalization[C]//Proceedings of the IEEE/CVF Conference on Computer Vision and Pattern Recognition. 2021: 12331-12340.

[8] ZHENG Z, WANG P, LIU W, et al. Distance-IoU loss: Faster and better learning for bounding box regression[C]//Proceedings of the AAAI Conference on Artificial Intelligence. 2020, 34(07): 12993-13000.

[9] BODLA N, SINGH B, CHELLAPPA R, et al. Soft-NMS--improving object detection with one line of code[C]//Proceedings of the IEEE international conference on computer vision. 2017: 5561-5569.

[10] BOCHKOVSKIY A, WANG C Y, LIAO H Y M. YOLOv4: Optimal speed and accuracy of object detection[J]. arXiv preprint arXiv:2004.10934, 2020.

[11] SZEGEDY C, VANHOUCKE V, IOFFE S, et al. Rethinking the inception architecture for computer vision[C]//Proceedings of the IEEE conference on computer vision and pattern recognition. 2016: 2818-2826.

[12] EVERINGHAM M, VAN GOOL L, WILLIAMS C K I, et al. The pascal visual object classes (voc) challenge[J]. International journal of computer vision, 2010, 88(2): 303-338.

[13] LIN T Y, MAIRE M, BELONGIE S, et al. Microsoft coco: Common objects in context[C]//European conference on computer vision. Springer, Cham, 2014: 740-755.

[14] LI J, XIA C, CHEN X. A benchmark dataset and saliency-guided stacked auto-encoders for video-based salient object detection[J]. IEEE Transactions on Image Processing, 2017, 27(1): 349-364.

[15] FELZENSZWALB P F, GIRSHICK R B, MCALLESTER D, et al. Object detection with discriminatively trained part-based models[J]. IEEE transactions on pattern analysis and machine intelligence, 2010, 32(9): 1627-1645.

[16] DEBNATH S, BANERJEE A, NAMBOODIRI V P. Adapting RANSAC SVM to Detect Outliers for Robust Classification[C]//BMVC. 2015: 168.1-168.11.

[17] REN S, HE K, GIRSHICK R, et al. Faster R-CNN: Towards real-time object detection with region proposal networks[J]. Advances in neural information processing systems, 2015, 28.

[18] HE K, GKIOXARI G, DOLLÁR P, et al. Mask R-CNN[C]//Proceedings of the IEEE international conference on computer vision. 2017: 2961-2969.

[19] CAI Z, VASCONCELOS N. Cascade R-CNN: Delving into high quality object detection[C]//Proceedings of the IEEE conference on computer vision and pattern recognition. 2018: 6154-6162.

[20] LI Y, CHEN Y, WANG N, et al. Scale-Aware trident networks for object detection[C]//Proceedings of the IEEE/CVF International Conference on Computer Vision. 2019: 6054-6063.

[21] LIU W, ANGUELOV D, ERHAN D, et al. SSD: Single shot multibox detector[C]//European conference on computer vision. Springer, Cham, 2016: 21-37.

[22] LIN T Y, GOYAL P, GIRSHICK R, et al. Focal loss for dense object detection[C]//Proceedings of the IEEE international conference on computer vision. 2017: 2980-2988.

[23] REDMON J, FARHADI A. YOLOv3: An incremental improvement[J]. arXiv preprint arXiv:1804.02767, 2018.

[24] LIU S, HUANG D. Receptive field block net for accurate and fast object detection[C]//Proceedings of the European conference on computer vision (ECCV). 2018: 385-400.

[25] LIU S, HUANG D. Receptive field block net for accurate and fast object detection[C]//Proceedings of the European conference on computer vision (ECCV). 2018: 385-400.

[26] DUAN K, BAI S, XIE L, et al. CenterNet: Keypoint triplets for object detection[C]//Proceedings of the IEEE/CVF international conference on computer vision. 2019: 6569-6578.

[27] TAN M, PANG R, LE Q V. EfficientDet: Scalable and efficient object detection[C]//Proceedings of the IEEE/CVF conference on computer vision and pattern recognition. 2020: 10781-10790.

[28] LI X, TIAN M, KONG S, et al. A modified YOLOv3 detection method for vision-based water surface garbage capture robot[J]. International Journal of Advanced Robotic Systems, 2020, 17(3): 1729881420932715.

[29] HAN X, ZHAO L, NING Y, et al. Ship YOLO: An enhanced model for ship detection[J]. Journal of Advanced Transportation, 2021, 2021.

[30] CHEN G, WANG H, CHEN K, et al. A survey of the four pillars for small object detection: Multiscale representation, contextual information, super-resolution, and region proposal[J]. IEEE Transactions on systems, man, and cybernetics: systems, 2020.

[31] LI J, XIA C, CHEN X. A benchmark dataset and saliency-guided stacked auto-encoders for video-based salient object detection[J]. IEEE Transactions on Image Processing, 2017, 27(1): 349-364.

[32] 苏洁, 沈文成. 改进熵值法问题的初探[J]. 现代商业, 2007(26):187-188.

[33] LIU Y, LI Y, YOU S, et al. Unsupervised learning for intrinsic image decomposition from a single image[C]//Proceedings of the IEEE/CVF Conference on Computer Vision and Pattern Recognition. 2020: 3248-3257.

[34] HUANG X, LIU M Y, BELONGIE S, et al. Multimodal unsupervised image-to-image translation[C]//Proceedings of the European conference on computer vision (ECCV). 2018: 172-189.

[35] LEE H Y, TSENG H Y, HUANG J B, et al. Diverse image-to-image translation via disentangled representations[C]//Proceedings of the European conference on computer vision (ECCV). 2018: 35-51.

[36] ULYANOV D, VEDALDI A, LEMPITSKY V. Instance normalization: The missing ingredient for fast stylization[J]. arXiv preprint arXiv:1607.08022, 2016.

[37] HUANG X, BELONGIE S. Arbitrary style transfer in real-time with adaptive instance normalization[C]//Proceedings of the IEEE international conference on computer vision. 2017: 1501-1510.

[38] WANG T C, LIU M Y, ZHU J Y, et al. High-resolution image synthesis and semantic manipulation with conditional GANs[C]//Proceedings of the IEEE conference on computer vision and pattern recognition. 2018: 8798-8807.

[39] MAO X, LI Q, XIE H, et al. Least squares generative adversarial networks[C]//Proceedings of the IEEE international conference on computer vision. 2017: 2794-2802.

[40] CHI J N, FU P, WANG D S, et al. A detection method of infrared image small target based on order morphology transformation and image entropy difference[C]//2005 International Conference on Machine Learning and Cybernetics. IEEE, 2005, 8: 5111-5116.

[41] WANG H, WEI Z, WANG S, et al. A vision-based obstacle detection system for unmanned surface vehicle[C]//2011 IEEE 5th International Conference on Robotics, Automation and Mechatronics (RAM). IEEE, 2011: 364-369.

[42] 王贵槐, 谢朔, 初秀民, 等. 基于深度学习的水面无人船前方船只图像识别方法[J]. 船舶工程, 2018, 40(4):5.DOI:CNKI:SUN:CANB.0.2018-04-006.

[43] TANG G, LIU S, FUJINO I, et al. H-YOLO: A single-shot ship detection approach based on region of interest preselected network[J]. Remote Sensing, 2020, 12(24): 4192.

[44] AN Q, PAN Z, LIU L, et al. DRBox-v2: An improved detector with rotatable boxes for target detection in SAR images[J]. IEEE Transactions on Geoscience and Remote Sensing, 2019, 57(11): 8333-8349.

[45] LI X, TIAN M, KONG S, et al. A modified YOLOv3 detection method for vision-based water surface garbage capture robot[J]. International Journal of Advanced Robotic Systems, 2020, 17(3): 1729881420932715.

[46] ZHANG Y, SHU S J, HU L, et al. A ship target tracking algorithm based on deep learning and multiple features[C]//Twelfth International Conference on Machine Vision (ICMV 2019). SPIE, 2020, 11433: 19-26.

[47] JIE Y, LEONIDAS L A, MUMTAZ F, et al. Ship detection and tracking in inland waterways using improved YOLOv3 and Deep SORT[J]. Symmetry, 2021, 13(2): 308.

[48] PIZER S M, AMBURN E P, AUSTIN J D, et al. Adaptive histogram equalization and its variations[J]. Computer vision, graphics, and image processing, 1987, 39(3): 355-368.

[49] IBRAHIM H, KONG N S P. Brightness preserving dynamic histogram equalization for image contrast enhancement[J]. IEEE Transactions on Consumer Electronics, 2007, 53(4): 1752-1758.

[50] LEE C, LEE C, KIM C S. Contrast enhancement based on layered difference representation of 2D histograms[J]. IEEE transactions on image processing, 2013, 22(12): 5372-5384.

[51] HUANG S C, CHENG F C, CHIU Y S. Efficient contrast enhancement using adaptive gamma correction with weighting distribution[J]. IEEE transactions on image processing, 2012, 22(3): 1032-1041.

[52] CELIK T, TJAHJADI T. Contextual and variational contrast enhancement[J]. IEEE Transactions on Image Processing, 2011, 20(12): 3431-3441.

[53] 丁鹏，张叶，贾平，等. 基于多尺度多特征视觉显著性的海面舰船检测[J]. 光学精密工程, 2017, 25(9):8.DOI:10.3788/OPE.20172509.2461.

[54] LAND E H. The retinex theory of color vision[J]. Scientific american, 1977, 237(6): 108-129.

第 4 章

基于激光雷达的无人艇感知技术

随着自动化技术的不断进步和水面无人艇应用领域的不断拓展，基于激光雷达的无人艇感知技术正逐渐崭露头角。无人艇的自主性和卓越的机动性使其成为执行各种水面任务的理想选择，包括海洋勘测、水下资源管理、环境监测及应急救援等。然而，要实现高效的任务执行，对水面环境的准确感知和目标检测至关重要。本章着眼于基于激光雷达的无人艇感知技术，以解决水面目标检测的重要挑战。

本章首先介绍基于 3D 激光雷达的水面目标检测算法，针对激光雷达采集到的 3D 点云数据，使用一个端到端的两阶段点云目标检测网络——VoxelNet 来验证激光雷达与视觉传感器融合后对目标检测效果的影响。为了获得更鲁棒的单一模型，对预训练模型进行差分学习率微调，从而为后续的融合任务奠定坚实的基础。

其次，针对激光雷达与视觉传感器获取的数据具有不同类型和特点的问题，介绍激光雷达与视觉传感器融合技术及其实施流程，以及视觉传感器空间标定和激光雷达与视觉传感器联合标定，并对两种标定方案进行实验验证与分析。

最后，验证 DBSCAN-VoxelNet 算法对水面波浪杂波的抑制效果。实验结果表明，该算法不仅可以抑制水面波浪杂波，还可以将检测的平均精度（mAP）提升 5.6%，证明融合技术在复杂水面环境下的应用前景。

4.1 基于 3D 激光雷达的水面目标检测算法

4.1.1 点云目标检测网络 VoxelNet 算法设计

在目标检测技术的发展过程中，它主要分为两种类型，其一是单阶段检测算法，其二是两阶段检测算法。水面目标较为稀疏，存在多种小目标，更适合使用两阶段检测算法。VoxelNet 是一个端到端的两阶段点云目标检测网络，可以直接处理稀疏的三维水面点云数据，并自动提取对应的目标特征，避免由于手工特征提取而造成的信息瓶颈问题。为降低计算量级，采用哈希表数据结构实现点云的高效查询，最终完成水面目标的高精度多尺度检测。VoxelNet 主要包含 3 个功能模块，分别是特征学习层、卷积中间层和区域推荐层，算法描述如算法 4.1 所示。

算法 4.1 VoxelNet 水面目标检测算法

输入：
  V：点云集合，包含水面点云的 (x, y, z) 坐标和反射强度 r
方法：
1. 将点云划分为 voxel 形式
2. 对于每个 voxel，若其所含点云数据大于 T，则随机采样 T 个点云数据
3. For V 中的每个 voxel：
4.   多层 VEF 扩充 voxel 内的每个点云特征为 $\hat{p}_i$
5. $\hat{p}_i$ 经过全连接网络映射至特征子空间，得到 voxel 的局部聚合特征 $\tilde{f} \in \mathbf{R}^m$
6. $\tilde{f}$ 与逐点特征进行连接，得到输出特征集合 f_i^{out}
7. 输出特征集合的集合 V_{out} 并表示为稀疏张量
8. 卷积中间层以稀疏张量构建高分辨率特征映射
9. 经过 RPN 输出 3D Box

输出：
  水面目标三维检测结果

4.1.1.1 算法主体网络结构与实现

对输入点云数据进行处理的网络即算法的主体结构。通过对水面点云数据进行体素分割、点云分组、随机采样、多层体素特征编码（Stacked Voxel Feature Encoding，S-VFE）和稀疏张量表示等完成对原始点云数据的自动特征学习，随后将其输入卷积中间层完成更高维度的特征映射，从而用于第二阶段区域推荐框的生成，进行最终的检测和分类。在网络的映射过程中，一般都包含有批归一化层和激活层等来保证输入、输出的一致性与规范化。

4.1.1.2 RPN

RPN（区域推荐网络）是用于目标检测的优化算法，该网络与检测网络共享全图像的卷积特征，可以同时在每个位置预测目标边界和目标分数，生成高质量的预测区域。RPN 主要由 3 部分构成，在 RPN 的头部，会基于输入的特征图和滑动窗口生成固定的参考框；在 RPN 的中部，为实现最终检测精度的提升，网络通过边框的分类分支（cls）及回归分支（reg）分别同地面真值框进行比较和计算；在 RPN 的尾部，对中部的计算结果进行综合，剔除越界的和重复的参考框，输出预测区域框。在 PRN 之后，预测区域就会成为该帧数据的目标检测感兴趣区域（Region of Interest，RoI）。

IoU 的值能够有效地判断网络性能，一般情况下，该值无法从网络中直接获得，因此，使

用概率值来获得 IoU 的近似值，其定义式如式（4.1）所示。其中，$V=\{1,2,\cdots,N\}$ 是水面目标训练集中将要输入点云数据的集合；$\boldsymbol{X}$ 是网络输出；$\boldsymbol{Y}\in\{0,1\}^V$ 是水面点云的标定情况，0 表示该点云为水面背景，1 表示该点云为检测目标点云。

$$\text{IoU} = \frac{I(\boldsymbol{X})}{U(\boldsymbol{X})}$$
$$I(\boldsymbol{X}) = \sum_{v\in V} \boldsymbol{X}_v \cdot \boldsymbol{Y}_v \quad (4.1)$$
$$U(\boldsymbol{X}) = \sum_{v\in V} (\boldsymbol{X}_v + \boldsymbol{Y}_v - \boldsymbol{X}_v \cdot \boldsymbol{Y}_v)$$

在网络训练过程中，地面真值框会表明输入数据结构，不断迭代 IoU 较高的参考框，进行修正，从而使分类和回归两类结构都能够获得正确的区分。因此，经过 RPN 的数据通过分类分支和回归分支的处理后，就会得到较强的监督学习信息。VoxelNet 中的 RPN 结构如图 4.1 所示，它包含 3 个卷积块，每个卷积块的第一层都通过步长为 2 的卷积操作将特征图下采样为原来的 1/2，随后是一系列步长为 1 的卷积操作。

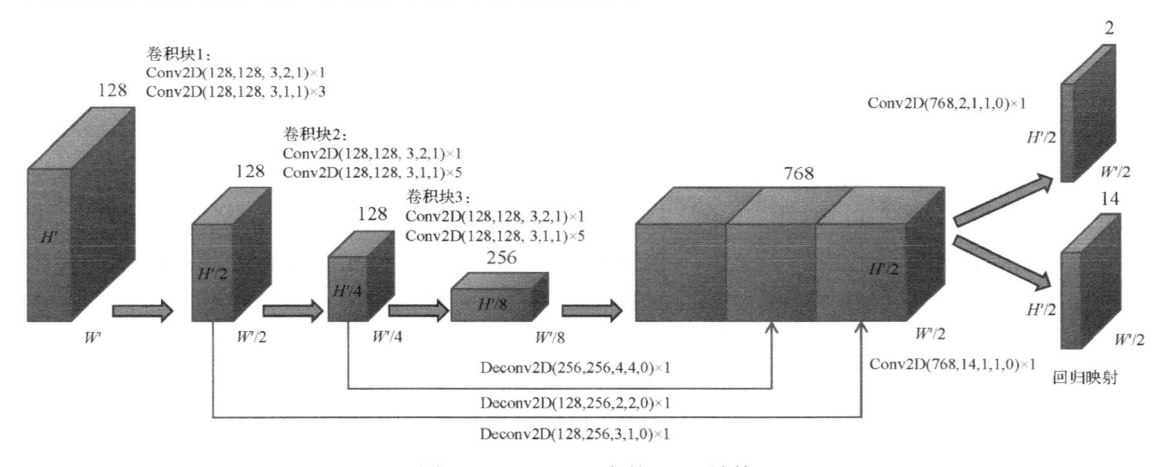

图 4.1　VoxelNet 中的 RPN 结构

在每个卷积层中，都包含 BN 和 ReLU 操作，用于将输出上采样到固定大小并串联构造高分辨率特征图，该特征图最终通过两种二维卷积被映射到概率评分图和回归图上。

4.1.1.3　损失函数训练策略

损失函数在神经网络的训练中占据了关键性的地位，它的作用是评估模型的真实值与预测值之间的差异，通过将结果反馈至网络可以有效地指明模型优化的方向。在机器学习领域中，除了损失函数，还有代价函数（Cost Function）和目标函数（Objective Function）。实际上，损失函数表示的是单个训练样本的损失，而代价函数则是针对整个训练集而言的。也就是说，损失函数是代价函数的一个组成部分，能够在模型训练的过程中清晰地表明单个样本相对于真实值的偏移程度。在此基础上的目标函数不仅仅能够用于机器学习，它表示的是在任意一个任务中，期望被优化的函数。损失函数和代价函数都是目标函数的一种类型。

本书使用损失函数来描述真实值与预测值之间的差异。定义 $\{a_i^{pos}\}_{i=1,2,\cdots,N_{pos}}$ 为 N_{pos} 个正样本集合；$\{a_j^{neg}\}_{j=1,2,\cdots,N_{neg}}$ 为 N_{neg} 个负样本集合；$(x_c^g, y_c^g, z_c^g, l^g, w^g, h^g, \theta^g)$ 为一个真实的 3D 标注框，其中，(x_c^g, y_c^g, z_c^g) 是标注框的中心坐标，l^g、w^g、h^g 分别是其长、宽、高；θ^g 是绕 Z 轴的偏航角，相应地，用 $(x_c^a, y_c^a, z_c^a, l^a, w^a, h^a, \theta^a)$ 表示正样本框。

真实的 3D 标注框与正样本框的残差向量可表示为 $\boldsymbol{u}^* = (\Delta x, \Delta y, \Delta z, \Delta l, \Delta w, \Delta h, \Delta \theta) \in \mathbf{R}^7$，其中各个变量按照式（4.2）计算得到。

$$\Delta x = \frac{x_c^g - x_c^a}{d^a}, \quad \Delta y = \frac{y_c^g - y_c^a}{d^a}, \quad \Delta z = \frac{z_c^g - z_c^a}{d^a}$$

$$\Delta l = \log(\frac{l^g}{l^a}), \quad \Delta w = \log(\frac{w^g}{w^a}), \quad \Delta h = \log(\frac{h^g}{h^a}) \quad (4.2)$$

$$\Delta \theta = \theta^g - \theta^a$$

其中，$d^a = \sqrt{(l^a)^2 + (w^a)^2}$ 为正样本框的对角线长度，利用 d^a 实现对 Δx、Δy、Δz 的归一化以便直接估计预测的 3D 标注框。由此，定义损失函数为

$$L = \alpha \frac{1}{N_{pos}} \sum_i L_{cls}(P_i^{pos}, 1) + \beta \frac{1}{N_{neg}} \sum_j L_{cls}(P_j^{neg}, 1) + \frac{1}{N_{pos}} \sum_i L_{reg}(u_i, \boldsymbol{u}_i^*) \quad (4.3)$$

其中，P_i^{pos} 和 P_j^{neg} 分别是正样本与负样本的 Softmax 输出；u_i 和 $\boldsymbol{u}_i^*$ 分别是正样本回归输出及其残差向量（损失函数的前两项是正样本和负样本的交叉熵分类损失）；α 和 β 是用于衡量损失函数的影响的权重；L_{reg} 是用 Smooth L1 函数表示的回归损失。

在水面目标检测任务中，正、负样本分布不平衡，因此设计 α 和 β 两个权重因子，使得网络从正、负样本中学习到的特征在合理范围内，优化模型训练过程，从而提高算法的泛化性能。

4.1.2 算法评价指标

对水面目标检测算法而言，它不仅需要在训练过程中表现出良好的检测性能，还需要能够用于真实的水面环境获取周边环境信息，因此，选择合适的评价指标来评价算法的泛化性能对于模型评估至关重要。在目标检测领域，一般用准确率（Precision）和召回率（Recall）评价预测结果的质量；用 mAP 评价模型的好坏程度，即泛化性能。

4.1.2.1 准确率与召回率

在水面目标检测任务中，采集到的水面样本存在样本不均衡问题，在这种情况下，准确率和召回率是更为有效的评价指标。在二分类问题中，根据样本的预测和真实结果组合情况，可以将结果分为 4 个类别：一是正样本预测为真（TP），二是正样本预测为假（FN），三是负样本预测为真（FP），四是负样本预测为假（TN）。针对实际样本，准确率表示实际为正样本且被预测为正样本的概率。准确率和召回率的数学表达式分别如式（4.4）与式（4.5）所示。

$$\text{Precision} = \frac{TP}{TP + FP} \tag{4.4}$$

$$\text{Recall} = \frac{TP}{TP + FN} \tag{4.5}$$

准确率和召回率对模型评估的侧重方向略有不同，准确率越高，表征结果越可信；而召回率则表征模型对所有真实值的预测能力，因此，召回率更适合评价安全相关领域任务。在激光雷达水面目标检测任务中，召回率高说明真实目标被全部发现的可能性大，船舶能更顺利地感知真实环境，安全可靠地执行航行任务。但在一般情况下，模型的准确率和召回率之间是存在反比关系的，目标检测是根据预设的置信度高低来保留最终的推荐框的，当置信度较低时，最终输出的推荐框增多，召回率升高，但过多的推荐框也会导致误检，使准确率降低；当置信度较高时，最终输出的推荐框更接近真实目标，此时，准确率提高，但推荐框减少带来的漏检问题会降低召回率。因此，准确率和召回率都受到置信度的影响，很难准确判断模型的泛化性能，在此基础上，诞生了目标检测领域更为权威的评价指标——mAP。

4.1.2.2　PR 曲线与 mAP

在准确率和召回率之上，为了抑制目标检测结果受到置信度阈值的干扰，首先诞生了 PR 曲线，它对模型的预测结果按照置信度高低进行排序，以样本召回率为横轴，准确率为纵轴，当模型更接近(Recall=1,Precision=1)时，模型越理想。PR 曲线的横轴表示模型对样本正例的覆盖能力，纵轴表示模型正确识别的正样本数目，这样，PR 曲线就可以在模型的准确率和召回率之间进行权衡。

PR 曲线与横轴围成的面积就是 AP 值，虽然它适用于二分类检测模型的评价，但当将其用于多分类检测任务时，可以将任务转化为多个二分类任务，从而可以得到每个类别的 AP 值，对所有类别的 AP 值取平均即可得到 mAP。实际上，它的物理含义为将正样本预测为真的概率大于将负样本预测为真的概率，它更能反映模型的全局性能。由以上分析可知，可以通过 mAP 来评价基于 3D 激光雷达的水面目标检测算法的性能。

4.1.3　面向水面环境算法的优化及验证

4.1.3.1　水面与地面环境分析

水面环境相比于地面环境，其没有交通信号灯、车道线等因素的干扰，目标密集程度远远低于地面环境，更适宜进行激光雷达检测，如图 4.2 所示。

尽管如此，水面依然存在波浪、航行颠簸等影响因素，需要对算法做出针对性的处理以改进模型的水面检测性能。通过在同一水域的测试发现，当天气条件较好，水面平静时，激光雷达的点云回波几乎不会产生水面的噪声点；而在波浪条件下，水面会产生波浪点云回波，影响目标检测效果。两种情况下的测试结果如图 4.3 所示。其中，右侧为激光雷达点云的回波示意图，左侧为对应的水面环境。因此，为排除水面波浪点云对目标检测的干扰，需要针对性地对算法做出改进，滤除无效的杂波点云数据。

（a）地面点云

（b）水面点云

图 4.2　不同环境下的激光雷达点云

（a）平静的水面环境

（b）存在波浪的水面环境

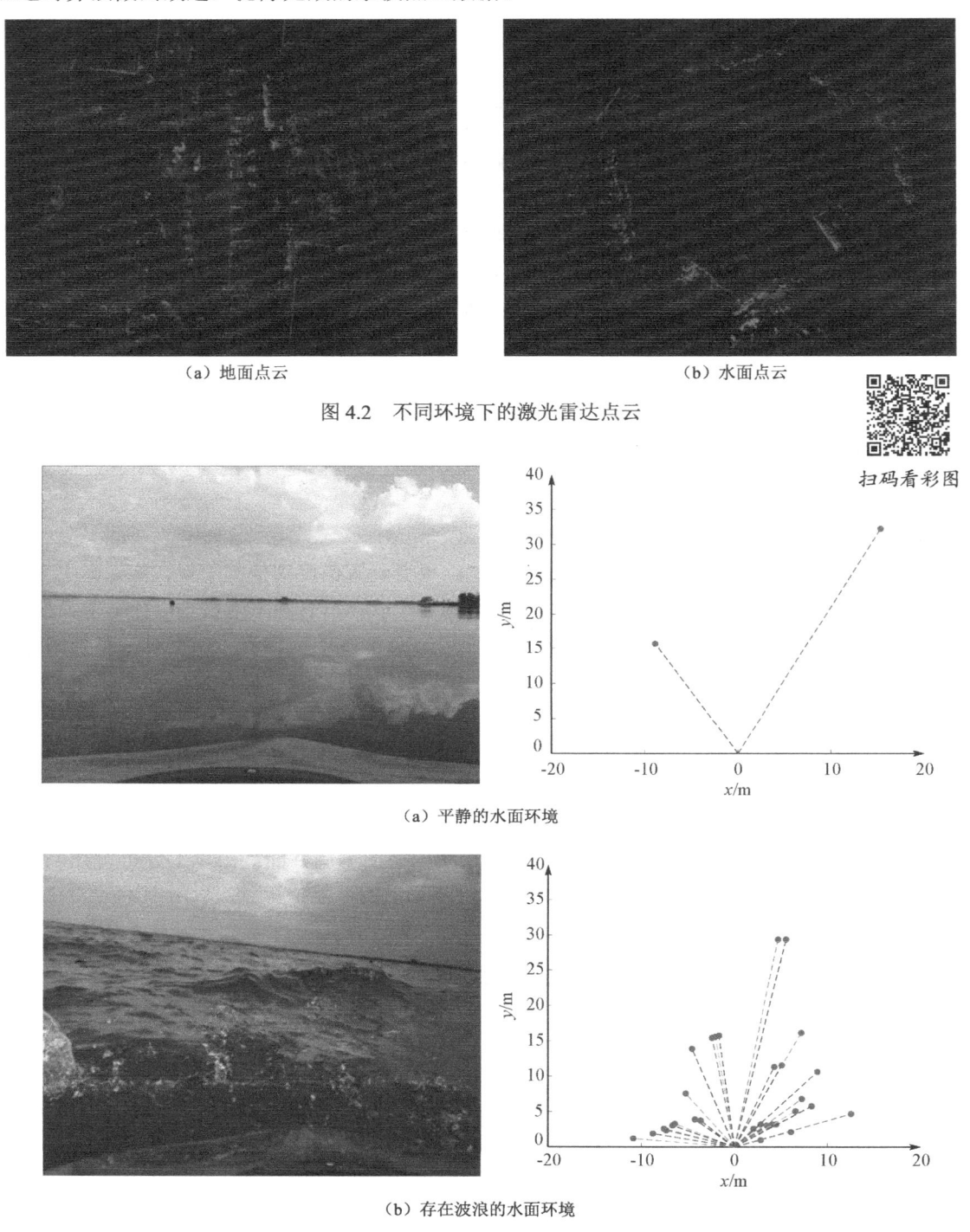

图 4.3　平静水面与波浪条件下的水面点云测试结果

4.1.3.2 基于 DBSCAN 的水面波浪杂波抑制

一般情况下，当水面出现波浪时，整个水域范围内都会产生波浪点云杂波，范围极大。由于激光雷达射线呈放射状扫描的特性，近距离的波浪会被更多的扫描线探测到，产生的点云回波间距较近；而远距离的波浪由激光雷达获取的数据信息量较少，产生的点云回波间距较远。虽然是同一类水面波浪杂波，但它们的类内间距各不相同，无法采用基于距离的聚类方法进行确定和滤除。因此，本书采用 DBSCAN（Density-Based Spatial Clustering of Applications with Noise，基于密度的聚类）方法确定波浪点云数据，并对聚类结果进行滤除。

DBSCAN 将簇定义为密度相连的点的最大集合，能够把具有足够高密度的区域划分为簇，并可在噪声的空间数据库中发现任意形状的聚类。在水面目标检测算法中，无法得到具体的波浪点云数量，但其类内点云之间的密度相对均匀。同时，在激光雷达扫描水面时，会产生零星的异常值干扰，通过聚类算法也可以对异常点云进行筛选和滤除。相比于 K-means 等常规聚类算法，DBSCAN 在聚类时并不强行要求预先设定类别的个数，因此，它对于波浪噪声未知的水面目标检测更加适用，其具体实现过程如算法 4.2 所示。

算法 4.2 水面点云的 DBSCAN 滤波算法

输入：
  D：一个包含 n 个对象的点云数据集
  ε：半径参数
  minpts：邻域密度阈值

方法：
1. 标记所有点云数据为 unvisited
2. Do
3. 随机选择一个 unvisited 对象 p
4. 标记 p 为 visited
5. If p 的 ε 邻域至少有 minpts 个对象：
6.   创建一个新簇 C，并把 p 添加到 C 中
7.   For p 的 ε 邻域中的每个点 t：
8.   If t 是 unvisited：
9.   标记 t 为 visited
10.   If t 的 ε 邻域至少有 minpts 个对象：
11.   把这些对象都添加到 p 的 ε 邻域中
12.   把 t 添加到 C 中
13.   End for
14.   输出 C
15. Else：
16.   标记 p 为噪声

输出：
  基于密度的点云聚类集合

在 DBSCAN 算法的实现过程中，有两个关键参数，分别是邻域范围 ε 与邻域内的样本数量，算法检查样本邻域范围内所有的样本数量是否大于 minpts，若大于 minpts，则创建一个以该样本为核心的簇，之后，算法会迭代更新或合并簇，直到所有点都无法再添加到一个新的簇中。针对水面波浪场景，激光雷达扫描不同距离的波浪时产生的点云回波密集程度不同，因此，为了避免对聚类目标的过分割和欠分割，需要算法根据实际情况，按照不同的距离设置参数阈值，如式（4.6）所示。

$$\begin{cases} \varepsilon = 2d\sigma \\ \text{minpts} = 3 \end{cases} \quad (4.6)$$

其中，d 为目标与激光雷达之间的直线距离；σ 为激光雷达的水平分辨率；minpts 的值根据经验和多次实验的结果确定。

湖泊、水库中的波浪高度比海洋中的波浪高度低，其一般随着风的出现而立即产生，也能随着风的停止而迅速消失，波高为 0~0.1m，因此，对聚类结果范围进行计算，设置波高阈值为 0.1m，将该范围内的点云滤除即可去除水面波浪杂波。DBSCAN 聚类如图 4.4 所示。

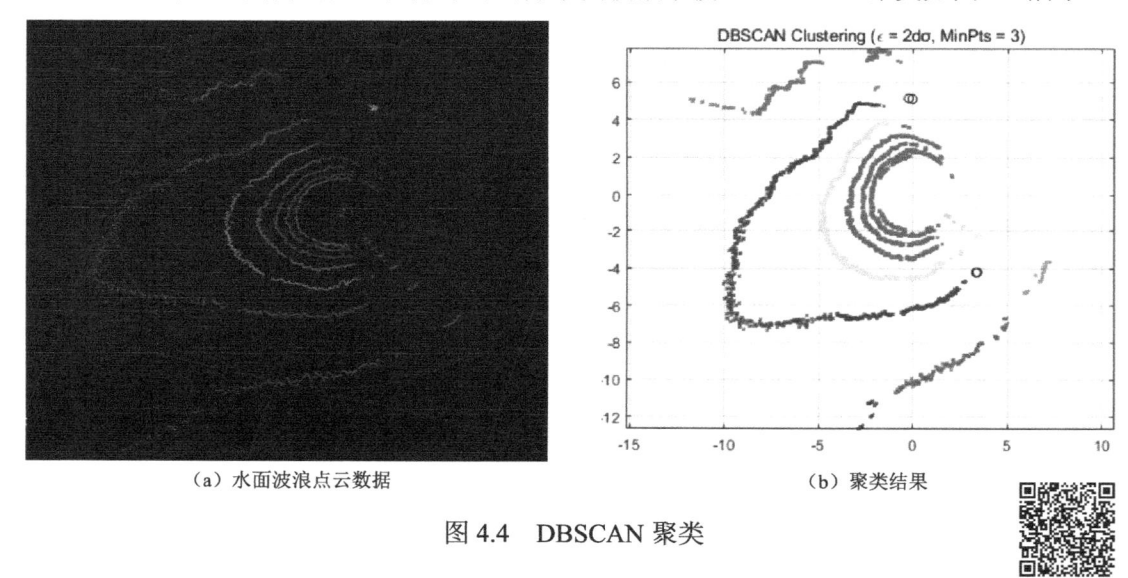

（a）水面波浪点云数据　　　　　　　　　（b）聚类结果

图 4.4　DBSCAN 聚类

扫码看彩图

4.2　多传感器融合方案及实现

无人艇上搭载的多类传感器都有其的优势与应用，在不同场景下发挥着不同的作用，获取的信息各不相同。对无人艇水面目标检测任务而言，在某些场景下，无法通过增加单一传感器来解决环境感知问题，主要的解决方案是依靠激光雷达与视觉传感器。其中，视觉传感器相比于激光雷达能够获得更多的场景语义和目标的颜色、纹理等信息，从而取得更精确的检测结果；但其抗干扰性能较差，在夜晚、雨雪、雾霾等能见度较差的场景下，激光雷达通过测量点云回波能够取得更好的效果，同时能够获得目标的距离等运动状态信息。由此可见，这两类传感器的数据可以有效弥补单一传感器的不足，增强无人艇自主航行的能力。

4.2.1 传感器数据融合方案设计

4.2.1.1 传感器数据融合技术基础分析

从生物学的角度来看,传感器融合类似于人脑接收多种不同途径的信息,通过对这些多源信息的整合和统一处理来获取对客观世界的认知。而计算机则通过对多传感器数据的综合来获得对目标的一致性解释与描述。对水面无人艇来说,这可以有效地提高感知系统的容错率与稳定性,从而为后续的路径规划和避障决策提供更充分的目标信息。传感器数据融合的具体过程如下。

(1)通过对多类传感器的独立观测来采集记录数据。

(2)对各类传感器的原始数据进行预处理,如对 RGB 图像、点云数据构建数据集、进行畸变校准、去除杂波干扰等。

(3)对已经处理好的数据集进行目标特征学习和检测,获取感兴趣的目标信息。

(4)按照融合结构对多传感器数据进行关联。

(5)通过优化算法获得同一目标的信息描述。

根据不同传感器数据融合层次的不同,一般将融合划分为低层级融合和高层级融合两种,前者包括数据级融合和特征级融合,而后者则是指决策级融合。在此基础上,演变出了混合式融合,需要根据实际情况设计融合网络,灵活完成处理信息工作。

数据级融合是底层的融合方法,它直接对多类传感器的原始数据进行融合,增加目标的细节信息,如目标边缘、纹理、颜色等像素点的提取。这种融合方法的处理时间随着传感器数量的增多而急剧增加,数据通信过程中也存在不稳定因素,不利于实时运算,并且只能用于同类传感器的数据融合,无法处理异构数据。特征级融合是指对多类传感器数据独立进行特征学习和提取后,对其特征向量进行融合的过程,这种方法对各种异构数据进行压缩和提取,在不损失目标信息的情况下精简内存容量,提升计算速度,但会损失一部分细节特征,可能导致检测精度下降。决策级融合是一种较高语义层次上的融合,可以在各类传感器独立检测的基础上对最终的检测结果进行优化与融合。3 种融合方法的对比如表 4.1 所示。

表 4.1　3 种融合方法的对比

指标	数据级融合	特征级融合	决策级融合
处理信息量	最大	中等	最小
信息量损失	最小	中等	最大
抗干扰性能	最差	中等	最好
容错性能	最差	中等	最好
融合前处理	最小	中等	最大
融合性能	最好	中等	最差
对传感器的依赖程度	最大	中等	最小

对无人艇水面目标检测任务来说,需要保证感知系统的高可靠性,即在任意一个传感器出现故障的情况下,依然有环境检测信息提供给决策系统,使无人艇完成自主航行任务,因

此，该任务更适合采用决策级融合方法，即先对各类传感器获得的数据进行局部处理，再对检测结果进行融合分析。

4.2.1.2 数据融合流程实施

激光雷达与视觉传感器获取的是不同类型和特点的数据形式，二者属于异类传感器，这些信息之间可能相互补充，也可能存在一些冗余和矛盾。在传感器数据融合过程中，需要根据各类传感器的性能特点与差异去除冗余，对各类传感器获取的有效目标信息进行对齐与合并。

在融合与合并的过程中，需要解决的关键问题主要包括以下两个：一是数据关联，对不同传感器来说，数据关联主要是指时间域和空间域上的关联，激光雷达和视觉传感器各自有不同的检测频率，时间关联要做的就是把两类传感器的数据统一于一个时间轴上，而空间关联需要完成的则是确定两类传感器来源于同一目标的数据；二是传感器校准，由于每个传感器采集的数据都在各自的坐标系框架之内，因此，在传感器数据融合过程中，所有传感器采集的数据都需要变换到同一个坐标系中，对于由此导致的时空配准误差，必须采取相应的补偿措施。

在实际的水面目标检测任务中，目标在激光雷达与视觉传感器之间的坐标转换可以通过传感器空间标定来实现。每个传感器都可以独立输出探测到的数据。第 2 章已经实现了基于激光雷达的目标检测，与此同时，近年来基于视觉传感器的目标检测方案也层出不穷。本书主要利用 SSD 视觉检测算法输出目标信息。对这两类传感器而言，其扫描的每一帧信息都会输出一个探测到的目标列表，包含目标类别、空间位置和存在概率等信息，因此，可以采用决策级融合方法对激光雷达和视觉图像的两种目标列表进行 D-S 证据理论融合，将分类信息作为融合的关键元素，使得融合能够通过被检测对象的不同类别假设的证据分布信息提高检测准确率，降低误检率。

4.2.1.3 多层多模态融合 3D 目标检测框架

根据融合多模态传感器数据的方式，将现有的图像与雷达点云融合的网络大致分为以下 3 类：①前融合网络；②后融合网络；③深度融合网络。具体而言，前融合网络通常利用单独的感知算法来处理多模态原始传感器数据，可以看作一种数据级融合。这类算法需要多模态数据的精确对齐，如果原始传感器数据在早期没有很好地配准或某类传感器出现了故障，则由此造成的特征错位将导致检测性能严重下降。目前比较典型的前融合网络有 PointPainting 和 PI-RCNN。尽管前融合网络实现了图像语义向点云空间的传递，但它也将一个模态中的噪声传递到了另一个模态中，这种噪声与点云中的物体形状特征对齐和组合会明显破坏某些物体的点云空间特征的突出性。后融合网络仅在决策层融合已处理的特征，因为点云和图像之间的空间与模式差异在这一阶段被大大减小，所以有时也被归类为决策级融合，但是它对原始数据信息融合的影响不大，如何合理地利用两种模态生成方案的置信度也是一大难点。深度融合网络一般比较灵活且复杂，网络构造各不相同：有类似于 Frustum-PointNets 这类两阶段级联式的融合，也有类似于 MV3D、AVOD 这类并联式的特征融合，这些方法都利用原始信息和高级语义信息，但是目前来看大都运算量大，检测指标也不是很理想。

综上，这里总结出目前多模态融合的 3D 目标检测算法表现不佳的主要原因与挑战：图像视角与激光点云视角的错位、异构数据格式差异等带来的特征不匹配。目前，大多数 3D 目标检测网络都会将点云数据压缩或投影到鸟瞰图上进行后续处理，这样可以避免在主视角投影下产生的深度模糊现象，以达到更好的检测效果。显然，激光雷达可以很容易地完成到鸟瞰图的投影，但是在主视角下的图像信息由于深度模糊特性而很难做到这一点。另外，目前的融合算法中为了融合来自异构模态的特征向量而使用的裁剪和调整大小操作可能破坏来自每个传感器的特征结构。图像是高分辨率的密集数据，雷达点云是低分辨率的稀疏数据，连接、聚合二者向量的同时完成合理的特征匹配是有挑战的。要解决以上问题，一次性对两种模态的特征进行充分的对齐和融合是困难的，并且在不同的融合阶段，图像信息与雷达点云特征的置信度也在动态变化：在浅层融合阶段，图像的 RGB 所蕴含的语义信息和上下文信息的置信度更高；在深度编码后，雷达点云的空间上下文信息变得更有价值。本书使用一种多层多模态融合 3D 目标检测（3D Object Detection based on Multilayer Multimodal Fusion，3DMMF）方法，通过图像特征与雷达点云特征在多个阶段充分融合，且在各融合阶段对不同模态的特征置信度有所侧重，最终提高融合网络的检测准确率。

3DMMF 方法为顺序串行结构，如图 4.5 所示，主要包含 3 个层级：前融合采用改进自 PointPainting 方法的局部顺序融合编码（Frustum-RGB-PointPainting，FRP）方法将点云信息扩充为 8 个维度，将图像的 RGB 信息中的浅层语义与初始点云对齐；3D 目标检测主干网络采用集成全局自注意（Full Self-Attention，FSA）机制上下文感知模块的 PointPillars，以解决点云扩充编码后参数量倍增，以及由全局点云特征难以提取带来的高虚警率等问题；后融合采用相机激光雷达候选目标融合（Camera-LiDAR Object Candidates Fusion，CLOCs）网络，利用 2D 与 3D 目标检测结果的几何空间和语义的一致性，提高总体的 3D 目标检测的准确率。3DMMF 方法的主要流程如下。

（1）由 2D 图像目标检测算法产生 2D 候选框。

（2）在非极大抑制（Non-Maximum Suppression，NMS）后的候选框形成的锥视区内进行局部顺序的彩色点云编码，将空间点云向图像投影，在锥视区内对点云进行彩色涂抹，将点云在局部区域内进行顺序编码融合，在点云"反射率"通道后附加 1 个"推荐通道"和 3 个"颜色通道"。

（3）将编码后的点云输入通道扩充的 PointPillars 网络，利用卷积神经网络提取空间特征，同时引入全局自注意力机制，提取全局上下文特征，将两种特征串联后送入 SSD 检测头，产生 3D 候选框。

（4）再次利用步骤（1）产生 2D 候选框，利用步骤（3）产生 3D 候选框，在非极大抑制之前编码为两组稀疏张量，并输入相机激光雷达对象候选融合网络，得出最终的 3D 目标检测结果。

该方法在多个阶段实现了两种模态浅层特征和高级特征的融合，并且只使用了一次 2D 目标检测算法，使其同时直接作用于前融合和后融合两个阶段的跨模态信息融合，在提升检测准确率的同时，没有增加太多的前传时间和后处理时间。

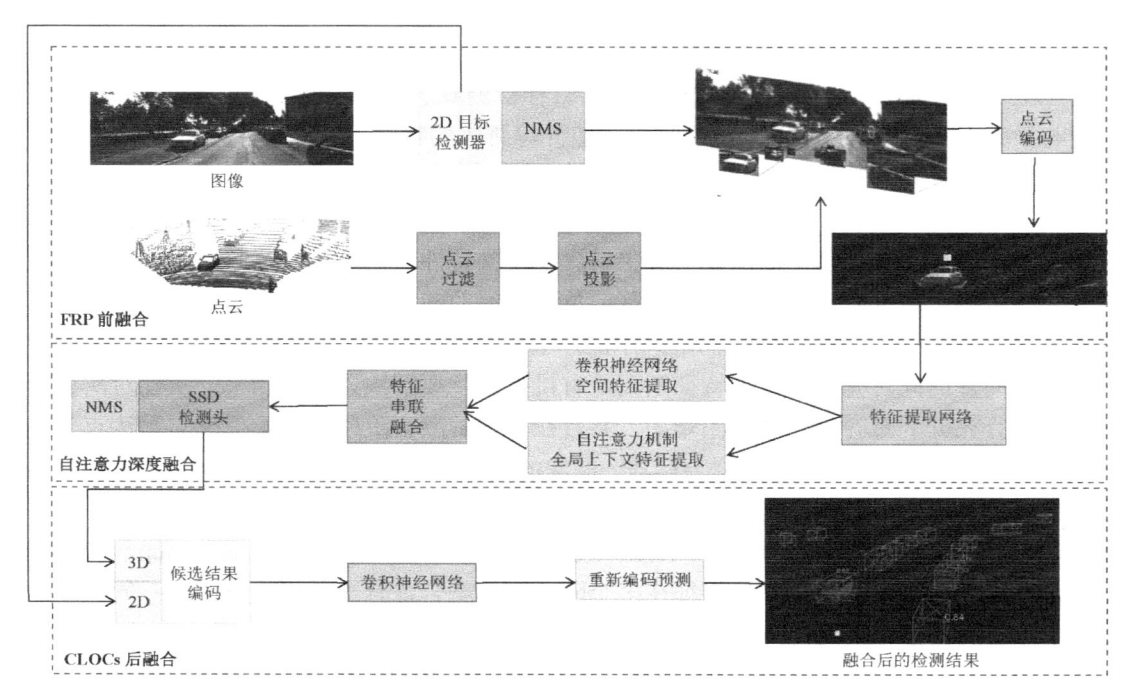

图 4.5 多层多模态融合 3D 目标检测

4.2.2 传感器数据空间标定实现

多传感器数据融合需要对数据进行时间域和空间域的关联,时间域的关联可以采用统一系统时间的方法,将激光雷达和视觉传感器按照其各自的采集频率统一时间轴,选取同一时间的数据。而空间对齐则需要采用传感器标定的方式来实现。激光雷达与视觉传感器之间的空间标定需要完成从激光雷达坐标系到世界坐标系、图像坐标系和像素坐标系的转换,在此过程中,要求得到实验采用的视觉传感器的内参和外参,以此求得世界坐标系经图像坐标系与像素坐标系之间的关系,而另外两个坐标系则需要通过外部联合标定获得旋转和平移矩阵,从而取得最终的空间标定结果。

4.2.2.1 视觉传感器空间标定

视觉传感器空间标定实际上是建立现实的世界坐标系与图像之间的目标对应关系。视觉传感器成像示意图如图 4.6 所示,xyz 表示世界坐标系,假设一个物体 P 在其中的坐标位置为 (x_w, y_w, z_w),为了求得 P 在图像上的投影位置,需要经过相机坐标系、图像物理坐标系和像素坐标系的转换。

以视觉传感器镜头为中心原点、垂直镜头平面的直线为 z 轴建立相机坐标系,x 轴、y 轴在镜

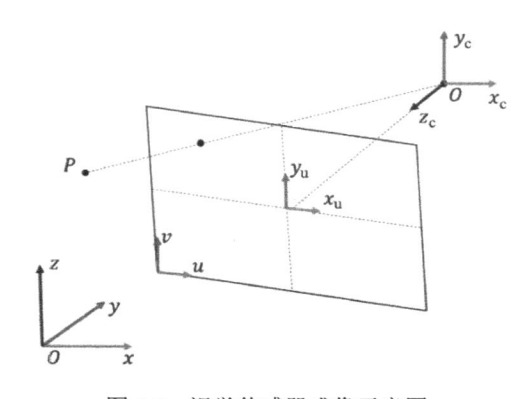

图 4.6 视觉传感器成像示意图

头平面上。相机坐标系与世界坐标系之间的转换关系可以表示为 $[\boldsymbol{R},\boldsymbol{T}]$，其中，$\boldsymbol{R}$ 和 $\boldsymbol{T}$ 分别表示两坐标系原点之间的旋转与平移关系，P 在相机坐标系中的映射关系如式（4.7）所示。

$$\begin{bmatrix} x_c \\ y_c \\ z_c \end{bmatrix} = \boldsymbol{R} \begin{bmatrix} x_w \\ y_w \\ z_w \end{bmatrix} + \boldsymbol{T} \tag{4.7}$$

式（4.7）经过变换，可以得到式（4.8）。

$$\begin{bmatrix} x_c \\ y_c \\ z_c \\ 1 \end{bmatrix} = \begin{bmatrix} \boldsymbol{R} & \boldsymbol{T} \\ 0 & 1 \end{bmatrix} \begin{bmatrix} x_w \\ y_w \\ z_w \\ 1 \end{bmatrix} \tag{4.8}$$

在计算机视觉中，图像以矩阵的形式存储像素，即像素坐标系，图像左上角为原点，向右为 u 轴，向下为 v 轴，像素在该坐标系中可用 (u,v) 来表示。对计算机而言，这种格式的像素存储方法更方便计算机的存储和计算，但空间中的坐标点需要用带有距离单位的数值来表示，因此，引入图像物理坐标系，定义摄像头 z 轴与图像平面的交点为原点，x 轴与 y 轴分别平行于像素坐标系的 u 轴和 v 轴，如图4.7所示。

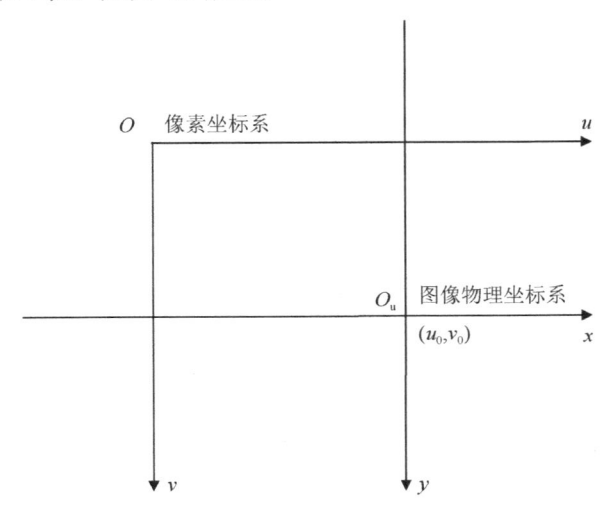

图 4.7　像素坐标系与图像物理坐标系

假设图像物理坐标系的原点像素的实际物理尺寸 width（宽）和 height（高）在像素坐标系下的位置为 (u_0,v_0)，若不考虑图像畸变，则其在图像物理坐标系中的位置 (x_1,y_1) 与像素坐标系之间的映射关系如式（4.9）所示。

$$\begin{bmatrix} u \\ v \\ 1 \end{bmatrix} = \begin{bmatrix} \dfrac{1}{\text{width}} & 0 & u_0 \\ 0 & \dfrac{1}{\text{height}} & v_0 \\ 0 & 0 & 1 \end{bmatrix} \begin{bmatrix} x_1 \\ y_1 \\ 1 \end{bmatrix} \tag{4.9}$$

对视觉传感器来说，其成像基础是小孔成像，如图4.8所示。

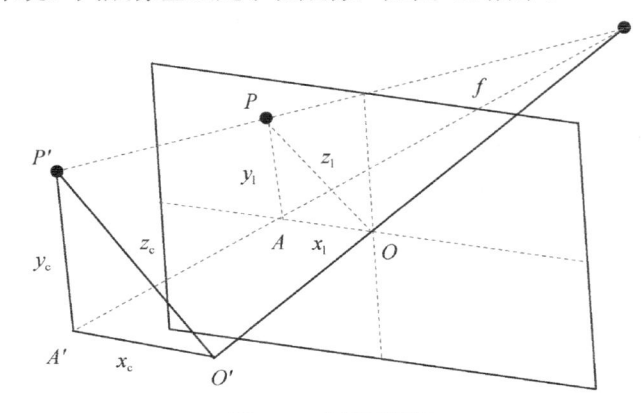

图4.8 成像示意图

对于物体P，其在相机坐标系下的坐标为(x_c, y_c, z_c)，根据几何关系，可得到式（4.10）。

$$\triangle OPA \sim \triangle O'P'A' \tag{4.10}$$

因此，存在如式（4.11）所示的关系。

$$\frac{x_1}{x_c} = \frac{y_1}{y_c} = \frac{f}{z_c} \tag{4.11}$$

从而可得式（4.12）。

$$x_1 = \frac{1}{z_c} f x_c$$
$$y_1 = \frac{1}{z_c} f y_c \tag{4.12}$$

令式（4.12）中的$z_c = s$，s为常数因子，则有式（4.13）。

$$s \begin{bmatrix} x_1 \\ y_1 \\ 1 \end{bmatrix} = \begin{bmatrix} f & 0 & 0 & 0 \\ 0 & f & 0 & 0 \\ 0 & 0 & 1 & 0 \end{bmatrix} \begin{bmatrix} x_c \\ y_c \\ z_c \\ 1 \end{bmatrix} \tag{4.13}$$

式（4.13）即相机坐标系与图像物理坐标系之间的映射关系。以上已由式（4.8）、式（4.9）和式（4.13）得到了世界坐标系、相机坐标系、像素坐标系之间的转换关系，综合所有转换矩阵，对于物体$P(x_w, y_w, z_w)$，其在图像中的位置为(u, v)，映射关系为

$$s \begin{bmatrix} u \\ v \\ 1 \end{bmatrix} = \begin{bmatrix} \dfrac{1}{\text{width}} & 0 & u_0 \\ 0 & \dfrac{1}{\text{heigth}} & v_0 \\ 0 & 0 & 1 \end{bmatrix} \begin{bmatrix} f & 0 & 0 & 0 \\ 0 & f & 0 & 0 \\ 0 & 0 & 1 & 0 \end{bmatrix} \begin{bmatrix} \boldsymbol{R} & \boldsymbol{T} \\ 0 & 1 \end{bmatrix} \begin{bmatrix} x_w \\ y_w \\ z_w \\ 1 \end{bmatrix} \tag{4.14}$$

化简可得

$$s\begin{bmatrix}u\\v\\1\end{bmatrix}=\begin{bmatrix}\alpha_x & 0 & u_0 & 0\\0 & \alpha_y & v_0 & 0\\0 & 0 & 1 & 0\end{bmatrix}\begin{bmatrix}\boldsymbol{R} & \boldsymbol{T}\\0 & 1\end{bmatrix}\begin{bmatrix}x_w\\y_w\\z_w\\1\end{bmatrix}=\boldsymbol{M}_1\boldsymbol{M}_2\boldsymbol{X}_w \tag{4.15}$$

其中，$\alpha_x=\dfrac{f}{\text{width}}$；$\alpha_y=\dfrac{f}{\text{height}}$；矩阵 $\boldsymbol{M}_1$ 为相机内参矩阵，它主要与视觉传感器的焦距、主点等设计指标有关；矩阵 $\boldsymbol{M}_2$ 为相机外参矩阵，它是视觉传感器在世界坐标系下的位置姿态矩阵，一般用于视觉定位。

4.2.2.2 激光雷达与视觉传感器联合标定

目前，激光雷达与视觉传感器联合标定的解决方案一般有两种，第一种是无目标的标定，分别从两类传感器数据中提取信息边缘、线段等特征，建立相互对应的关系；第二种是基于目标的标定，通过提取类似于棋盘格、三角板等标定物在激光雷达和视觉传感器中的对应特征点，完成多个传感器坐标的统一，实现空间校准。张正友标定法是目前最常用的标定方法，它通过棋盘格校准的方法提取空间坐标约束，并且以非线性最小二乘法最小化投影误差。

假设真实世界的物体 $P(x,y,z)$ 与其在图像坐标系中的位置 $p(u,v)$ 的映射关系为

$$p \sim \boldsymbol{M}_1(\boldsymbol{R}P+\boldsymbol{T}) \tag{4.16}$$

激光雷达与船舶的连接为刚性连接，两者之间的相对姿态和位移固定不变，以激光雷达正上方为 Z 轴，与船舶电缆线接口的方向为 Y 轴负方向，其扫描平面为 XZ 平面，且三轴之间满足右手法则。物体 P 在激光雷达坐标系中的位置表示为 $\boldsymbol{P}^f$，则同一物体 P 在激光雷达与视觉传感器之间的映射关系为式（4.17）。

$$\boldsymbol{P}^f = \boldsymbol{\Phi}P + \boldsymbol{\Delta} \tag{4.17}$$

其中，$\boldsymbol{\Phi}$ 和 $\boldsymbol{\Delta}$ 分别为两类传感器之间的旋转与平移矩阵。

利用棋盘格作为校准平面。对视觉传感器而言，其相机坐标系到校准平面的距离向量 $\boldsymbol{N}$ 可表示为

$$\boldsymbol{N} = -\boldsymbol{R}_3(\boldsymbol{R}_3^T T) \tag{4.18}$$

其中，$\boldsymbol{R}_3$ 为 4.2.2.1 节所求旋转矩阵的第 3 列数据。

此时，假设目标 P 为校准平面上的一点，则 P 可由向量 $\boldsymbol{N}$ 定义为

$$\boldsymbol{N}P = \|\boldsymbol{N}\|^2 \tag{4.19}$$

由以上推导可得两类传感器坐标系之间的几何约束条件：

$$\boldsymbol{N}\boldsymbol{\Phi}^{-1}(\boldsymbol{P}^f-\boldsymbol{\Delta})=\|\boldsymbol{N}\|^2 \tag{4.20}$$

激光雷达扫描校准平面上的点可以表示为 $\hat{\boldsymbol{P}}^f(X,Z,1)$，式（4.17）可转换为

$$NH\hat{P}^f = \|N\|^2$$
$$H = \boldsymbol{\Phi}^{-1}\begin{bmatrix} 1 & 0 & 0 \\ 0 & 0 & -\Delta \\ 0 & 1 & 0 \end{bmatrix} \quad (4.21)$$

在联合标定实验中，需要不断改变校准平面的姿态，每个不同的姿态都会得到一个不同的矩阵 H，这些矩阵可以使用线性最小二乘法来求解，从而得到激光雷达到视觉传感器的旋转和平移矩阵，如式（4.22）所示。

$$\boldsymbol{\Phi} = [H_1, -H_1 \times H_2, H_2]^\mathrm{T}$$
$$\Delta = -[H_1, -H_1 \times H_2, H_2]^\mathrm{T} H_3 \quad (4.22)$$

计算所有实验中校准平面与激光雷达坐标系的距离之和，即

$$\sum_i \sum_j \left(\frac{N_i}{\|N_i\|} (\boldsymbol{\Phi}^{-1}(P_{ij}^f - \Delta)) - \|N_i\| \right)^2 \quad (4.23)$$

其中，N_i 为第 i 个校准平面的距离向量；P_{ij}^f 为激光雷达扫描落在此平面的第 j 个点。优化式（4.21）可得到最终的旋转和平移矩阵 $\boldsymbol{\Phi}$ 与 Δ。

4.2.3 D-S 证据理论

D-S 证据理论是对贝叶斯估计的一种拓展，起源于 20 世纪 60 年代，主要包含 3 种基本要素，分别是基本概率赋值函数、信任函数和似然函数。D-S 证据理论突破了贝叶斯估计的局限，提出置信区间和不确定区间，从而不再需要提前确定函数分布的先验概率，仅将信任值赋给信任项，通过不断缩小证据组合的未知范围来满足判决条件。它的推理融合结构自上而下可以分为 3 个等级：第一是合成，将来自激光雷达和视觉传感器的两类独立观测结果按照规则合成为一个总的输出结果；第二是推断，对两类传感器的信息按照一定的融合规则进行判断与推理；第三是更新，为消除传感器随机误差而更新传感器的观测数据。

在 D-S 证据理论中，由所有基本命题组成的集合称为识别框架，识别框架内的子集为命题，而基本概率分配（BPA）则表示分配给各个命题的信任程度。假设 U 为识别框架，存在函数 $m: 2^u \to [0,1]$，当其满足式（4.24）时，称 $m(A) = 0$ 为命题 A 的基本赋值，表示 A 的置信度，BPA 也被称为 mass 函数。

$$m(\phi) = 0$$
$$\sum_{A \subset U} m(A) = 1 \quad (4.24)$$

对 A 而言，所有子集的 mass 函数的和被称为信任函数（Belief Function），如式（4.25）所示。

$$\mathrm{Bel}: 2^u \to [0,1]$$
$$\mathrm{Bel}(A) = \sum_{B \subset A} m(B) = 1 \quad (\forall A \subset U) \quad (4.25)$$

在 D-S 证据理论中，采用似然函数表示不否认 A 的置信度，即全部和 A 相交的子集的 mass 函数之和，表示为

$$\mathrm{pl}(A) = 1 - \mathrm{Bel}(\bar{A}) = \sum_{B \subset U} m(B) - \sum_{B \subset \bar{A}} m(B) = \sum_{B \cap A \neq \varnothing} m(B) \tag{4.26}$$

用 $[\mathrm{Bel}(A), \mathrm{pl}(A)]$ 表示命题 A 的信任区间，其中，$\mathrm{Bel}(A)$ 和 $\mathrm{pl}(A)$ 分别为区间的上限与下限。对于 $\forall A \subseteq \Theta$，识别框架 Θ 上的有限个 mass 函数 $m_1, m_2, \ldots, m_n$ 的 D-S 证据理论合成规则为

$$(m_1 \oplus m_2 \oplus \cdots \oplus m_n)(A) = \frac{1}{K} \sum_{A_1 \cap A_2 \cap \cdots \cap A_n = A} m_1(A_1) m_2(A_2) \cdots m_n(A_n) \tag{4.27}$$

其中，K 称为归一化系数：

$$\begin{aligned} K &= \sum_{A_1 \cap A_2 \cap \cdots \cap A_n \neq \varnothing} m_1(A_1) m_2(A_2) \cdots m_n(A_n) \\ &= 1 - \sum_{A_1 \cap A_2 \cap \cdots \cap A_n = \varnothing} m_1(A_1) m_2(A_2) \cdots m_n(A_n) \end{aligned} \tag{4.28}$$

即 $\sum\limits_{A_1 \cap A_2 \cap \cdots \cap A_n = \varnothing} m_1(A_1) m_2(A_2) \cdots m_n(A_n)$ 可以反映证据的冲突程度。

假设存在 $A_1, A_2 \subset U_i$ 满足

$$\begin{aligned} m(A_1) &= \max\{m(A_i), A_i \subset U\} \\ m(A_2) &= \max\{m(A_i), A_i \subset U \text{ 且 } A_i \neq A_1\} \end{aligned} \tag{4.29}$$

在此基础上，若有

$$\begin{aligned} m(A_1) - m(A_2) &> \varepsilon_1 \\ m(\Theta) &< \varepsilon_2 \\ m(A_1) &> m(\Theta) \end{aligned} \tag{4.30}$$

其中，ε_1 和 ε_2 为预先确定的阈值；Θ 为不确定集合。那么，在 D-S 证据理论中，A_1 为最终的判决结果。

4.2.4 实验验证与分析

为求得无人艇上两类传感器的坐标转换关系，将速腾聚创 16 线激光雷达与海康威视 DS-2CD 摄像头安装在无人艇上并对其进行位置固定，确保在后续的实船实验中，两类传感器的相对位置不发生变化。

视觉传感器标定的作用主要是求得相机内参，用于后续传感器联合标定的旋转和平移矩阵的计算。实验采用 11×9 的棋盘格作为标定目标提取角点，将标定板置于视觉传感器和激光雷达的感知范围内，在无人艇静止的条件下，不断改变标定板的位置，使其姿态发生变化，获取 7 组两类传感器对同一场景的扫描数据。

4.2.4.1 视觉传感器标定实验

实验所用棋盘格方格的边长为 50mm，相机输出的图像宽度为 1280 像素、高度为 720 像素，水平和垂直分辨率均为 96dpi。

在求取视觉传感器内参的过程中，关键步骤是提取目标标定板的角点和坐标原点，通过对这些空间点的位置进行确定及 4.2.2.1 节的计算方法，得到需要的坐标系转换关系，以及最终的内参标定结果。实验中标定的平均重投影精度为 0.35 像素，最大误差为 0.48 像素，相对于 1280×720（单位为像素）的图像数据，能够满足所需的标定精度。最终得到的 7 组数据的外参矩阵，即其旋转和平移矩阵，分别如表 4.2 和 4.3 所示。

表 4.2 7 组测试图像数据的旋转矩阵

旋转矩阵						
场景 1	场景 2	场景 3	场景 4	场景 5	场景 6	场景 7
0.0165	0.0155	0.0139	0.0148	0.0155	0.0128	0.0183
0.0091	0.0104	0.0159	0.0105	0.0119	0.0137	0.0296
0.0025	0.0028	0.0050	0.0042	0.0033	0.0047	0.0167

表 4.3 7 组测试图像数据的平移矩阵

平移矩阵						
场景 1	场景 2	场景 3	场景 4	场景 5	场景 6	场景 7
15.6331	16.5025	17.0551	29.1498	31.9116	32.5038	66.0218
23.4272	24.3607	25.4168	46.9956	46.6724	48.2700	65.4546
47.6291	47.2897	48.4109	101.1073	89.9926	90.7378	133.1485

最终获得的内参矩阵为

$$M = \begin{bmatrix} 858.7286 & 0 & 646.341 \\ 0 & 804.1849 & 388.6407 \\ 0 & 0 & 1 \end{bmatrix} \qquad (4.31)$$

4.2.4.2 联合标定实验

联合标定实验首先需要读取激光雷达与视觉传感器的扫描数据。由 4.2.2 节的分析可知，两类传感器的外部标定实际上是通过求取激光雷达与相机坐标系之间的旋转和平移关系来达到空间对齐的目的的，在本书采用的方案中，主要是通过提取目标标定板关键角点的方法对对应坐标进行正确映射的，因此，实验首先通过 PolyWorks 实现对激光雷达标定板的提取。PolyWorks 是一款三维扫描软件，可用于标准点云数据的精密测量。将 RS-Lidar-16 激光雷达的数据导出为包含三维位置信息的 TXT 文件，并在 PolyWorks 中读入激光点云场景，如图 4.9（a）所示；在其中删除标定板背景，并采用最大化矩形拟合的方式获得标定板的相关位置信息，如图 4.9（b）所示，其中，"X""Y""Z"分别表示标定板矩阵的中心坐标，Len 表示矩形框的长度，Width 表示矩形框的宽度。

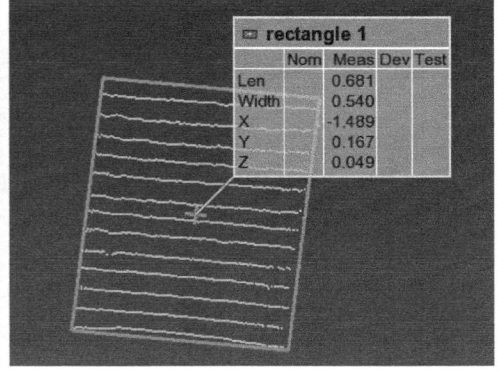

(a)读入激光点云场景　　　　　　　　　(b)标定板信息输出

图 4.9　PolyWorks 提取激光雷达标定板

扫码看彩图

获取标定板信息后,可以根据 4.2.2.1 节和 4.2.2.2 节求得的图像标定板角点和视觉传感器内参矩阵,通过式(4.22)即可得到最终的从激光雷达到视觉传感器的旋转和平移矩阵,分别如式(4.32)和式(4.33)所示。

$$\boldsymbol{\Phi} = \begin{bmatrix} 0.3488 & -0.7963 & 0.6493 \\ 0.4850 & -0.2461 & -0.6430 \\ 0.7689 & 0.5491 & 0.2537 \end{bmatrix} \tag{4.32}$$

$$\boldsymbol{\Delta} = \begin{bmatrix} -3.8131 & -1.1816 & -0.7487 \end{bmatrix} \tag{4.33}$$

根据求得的转换关系将激光雷达标定板点云数据重投影至视觉图像上。

4.3　基于融合算法的水面目标检测

4.3.1　基于 3D 激光雷达的目标检测算法的验证与分析

4.3.1.1　DBSCAN-VoxelNet 水面目标检测

水面目标检测任务对后续的路径规划、避障等船舶自主航行能力的影响重大,本书已经验证了基于激光雷达的 VoxelNet 算法能够以较高的 mAP 值完成目标检测任务,并且经过对实验结果进行分析可以发现,水面环境相比于地面环境的干扰较少,更适合使用激光雷达采集目标数据并输出检测列表。由于不同层对信息的捕获和学习能力存在差异,因此,如果对所有层设置相同的学习率,就会导致对预训练模型的更新程度同质化。而浅层网络一般用于捕获基本图像信息,不需要过大的变动;深层网络包含更高级的语义信息,需要根据水面环境进行改进。因此,本书对不同层使用差分学习率的方式来微调预训练模型,得到最终的单模检测模型,如图 4.10 所示。

水面无人艇智能感知与导航技术

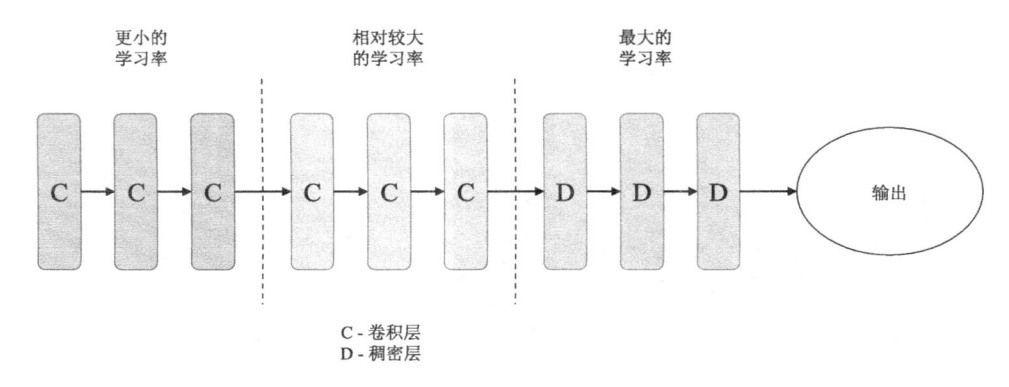

图 4.10 差分学习率示意图

进一步分析水面目标检测场景可以发现，波浪的存在也会产生激光回波点，影响检测效果，针对这一问题，本书采用 DBSCAN 来滤除水面波浪杂波，优化检测算法。为证实算法对水面目标检测的有效性，本书以北京理工大学良乡校区北湖水域为实验场所，在湖面针对 3 种不同形状的立方体进行数据采集。其中，球体的直径为 0.5m；三棱锥的高为 1m；圆柱的底面直径为 0.5m，高为 1m。针对这 3 种目标物体，水面无人艇的制动反应距离为 10m，因此，在实验中，分别选取 5m、10m、15m 这 3 种不同的距离采集多份数据较为合理。

激光雷达传输的数据包中包含的距离参量为极坐标形式，为呈现出三维空间点云效果，需要将极坐标系下的角度转换为笛卡儿直角坐标系下的 (x,y,z) 坐标，转换关系如式（4.34）所示。

$$\begin{aligned} x &= r\cos\omega\sin\alpha \\ y &= r\cos\omega\cos\alpha \\ z &= r\sin\omega \end{aligned} \quad (4.34)$$

其中，r 为实际测量距离；ω 和 α 分别为激光束的垂直角度、水平旋转角度；x,y,z 分别为极坐标投影到 x 轴、y 轴、z 轴上的坐标。图 4.11 给出了视觉传感器与 3D 激光雷达的实船采集数据。

（a）球体   （b）三棱锥

图 4.11 视觉传感器与 3D 激光雷达的实船采集数据

(c)圆柱　　　　　　　　　　　　　　(d)多目标

图 4.11　视觉传感器与 3D 激光雷达的实船采集数据（续）

DBSCAN-VoxelNet 训练过程中的损失如图 4.12 所示。可以发现，DBSCAN-VoxelNet 可以很好地对水面目标检测任务进行拟合，训练过程中的损失在 0～10 轮内的下降速度很快，在 40 轮之后的下降速度减慢，在 80 轮后趋于稳定，可以很好地收敛于水面数据集。

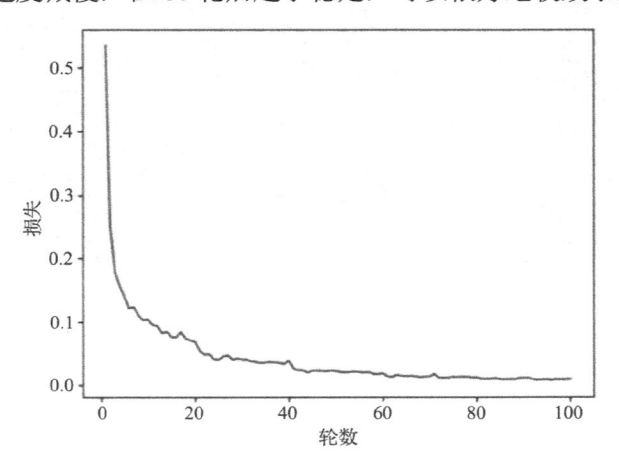

图 4.12　DBSCAN-VoxelNet 训练过程中的损失

采用 mAP 对模型的性能进行评估，目标在不同距离下的 AP 和 mAP 分别如表 4.4 与表 4.5 所示。

表 4.4　水面目标检测之 AP

$AP_{Spheres}$			$AP_{Tri\text{-}pyramid}$			$AP_{Cylindrical}$			$AP_{Multi\text{-}objective}$		
5m	10m	15m	5m	10m	15m	5m	10m	15m	5m	10m	15m
0.876	0.865	0.793	0.881	0.873	0.866	0.858	0.852	0.844	0.812	0.798	0.776

表 4.5　水面目标检测之 mAP

	mAP	平均检测时间（s）/帧
VoxelNet	0.812	0.07
DBSCAN-VoxelNet	0.841	0.08

从表 4.4 和表 4.5 中可以看出，相较于原始的 VoxelNet，针对水面环境优化后的 DBSCAN-VoxelNet 能够滤除部分干扰杂波，在保证检测速度的同时提高了水面目标检测的精度。水面目标检测效果如图 4.13 所示。

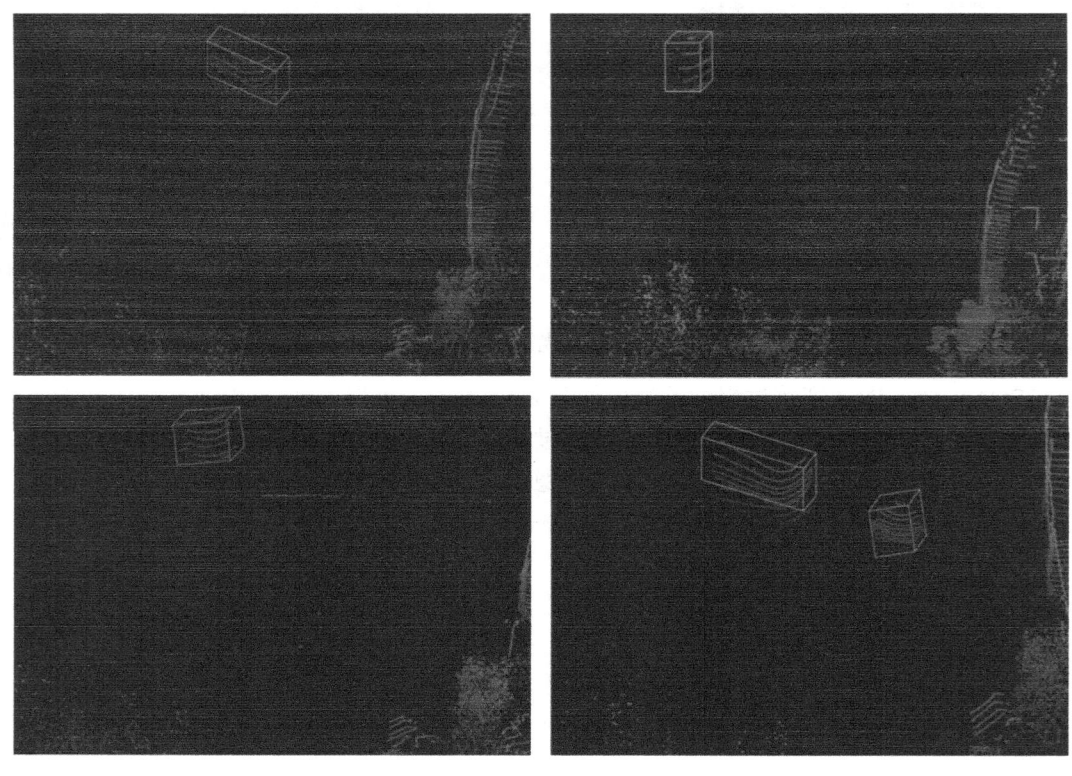

图 4.13　水面目标检测效果

但在进行实验测试的同时，通过对采集的实船数据集和训练样例的分析可以发现，实验选用的湖面环境相比于海面环境十分平静，很难产生大规模的波浪数据。算法检测精度的提高主要体现在对桥墩、杂草等非目标物体的滤除上。为了更好地验证算法对水面波浪干扰条件下的目标检测任务的有效性，建立虚拟仿真场景下的水面波浪环境，并测试算法的 mAP。

4.3.1.2　水面波浪杂波场景验证

在仿真过程中，需要模拟激光雷达对水面波浪和目标的反射点云数据，使其尽量接近现实数据，本书采用 Unity3D 仿真平台完成虚拟仿真环境的搭建。Unity3D 是 Unity Technologies 开发的一款引擎，可用于三维场景构建和实时三维动画展示等，非常适合搭建虚拟仿真三维水域场景和目标。在 Unity3D 中，存在专门用于水面环境构建的组件包 Ocean，可以实现海洋波浪、水流等效果，对于更小范围内的水流细节，可以通过滚动法线贴图来实现。除水面外，为更加贴近真实场景，虚拟仿真水域环境还需要搭建海岸、礁石和植被等影响目标检测的因素。通过 Unity3D 中的 Terrain 组件构建合适的地形，并调整地形的高度信息。此外，还需要利用 Terrain 组件提供的纹理绘制工具添加树木、草地等因素的表面细节信息，达到逼真的水域模拟效果。最终建立的水面目标检测虚拟仿真环境如图 4.14 所示。

图 4.14　最终建立的水面目标检测虚拟仿真环境

为突出波浪对水面目标检测的影响，调整虚拟仿真环境中波浪的起伏大小，在 Ocean 组件中，可以通过 Wave 参数调整波浪分支的姿态，包括波浪的角度（Angle）、速度（Speed）、等级（Scale）、长度（Length）和锐度（Sharpness），如图 4.15 所示。

图 4.15　波浪参数

无人艇第一视角下的虚拟波浪起伏状态如图 4.16 所示。

图 4.16　无人艇第一视角下的虚拟波浪起伏状态

要在搭建完成的虚拟仿真环境中完成水面目标检测任务,还需要向环境中添加虚拟目标,生成障碍物反射回波,这里共添加了 5 种不同的虚拟目标,第一种是直径为 1m 的球体;第二种是边长为 1m 的正方体;第三种是椭球形,长轴为 3m,短轴为 1m;第四种是长方体,长为 2m,宽和高均为 1m;第五种是船舶模型,长为 5m,宽为 1m,如图 4.17 所示。

图 4.17 设置虚拟目标

利用 Unity3D 中的虚拟激光雷达取得的效果如图 4.18 所示,依次按照 5m、10m 和 15m 的距离采集目标回波并用于算法模型训练,得到的检测结果如表 4.6 所示。

图 4.18 利用 Unity3D 中的虚拟激光雷达取得的效果

表 4.6 DBSCAN-VoxelNet 算法在波浪环境中的检测结果

	mAP	平均检测时间(s)/帧
VoxelNet(无波浪滤除)	0.836	0.08
DBSCAN-VoxelNet(有波浪滤除)	0.897	0.08

4.3.1.3 实验结果分析

在实船实验中,利用消融实验的思想分析表 4.4 和表 4.5,首先,从距离层面上来分析,

3 种形状目标分别展示了不同的效果，其中，球体目标受距离影响较大，当目标距离激光雷达越远时，有用信息模糊的同时引入了很多噪声，尽管 PRN 层增加了对小目标识别的鲁棒性，但 15m 的效果与 10m 与 5m 的效果相比差距较大。三棱锥目标和圆柱目标在距离上的鲁棒性较球体要好一些，其反射面形状较为稳定，远距离时仍能保持端点信息，但仍会随着距离的增加引起检测精度降低。

其次，从形状上来分析，为了避免其他信息的干扰，选择 5m 的距离进行分析，从实验结果上来看，检测精度从高到低依次为三棱锥、球体和圆柱，三棱锥的特征最显著。在检测过程中，DBSCAN-VoxelNet 模型可以有效提取目标特征，与周边环境中的水草和桥体等干扰信息进行区分，球体和圆柱存在类似的曲面特征，且易被桥墩干扰，准确率低的部分原因在于错误识别了桥墩等类圆形物体。因此，在通过 DBSCAN 进行聚类时，本书有效利用距离信息，在后处理过程中对那些神经网络错误判断的桥墩进行抑制。

进一步对实船实验中的多目标检测进行分析，三棱锥和圆柱、球体之间的区分效果较好，但是当距离较远（15m）时，圆柱和球体之间的误检率依然较高，仅仅通过形状层面的信息已经无法对其进行区分，因此加入 DBSCAN 聚类信息以滤除波浪的影响，这样能够有效提高检测精度。为了更好地突出模型性能，在进行非极大值抑制时，当球体和圆柱的分类置信度差值高于 40%时，保留神经网络预测的结果，当球体和圆柱的分类置信度差值低于 40%时，对预测到的物体进行抛弃，最终将 DBSCAN-VoxelNet 的 mAP 提高了 2.9%。

最后，通过虚拟仿真水面波浪环境中的目标点云数据测试可以发现，在有波浪的情况下，算法的 mAP 相比于实际平静水面目标检测的 mAP 提高了 6.1%，说明针对水面波浪杂波，DBSCAN-VoxelNet 能够有效抑制干扰噪声，提高目标检测精度，满足船舶对环境感知的适应性要求。

4.3.2 激光雷达与视觉传感器数据融合的验证和分析

4.3.2.1 基于 D-S 证据理论的两传感器数据融合

在水面目标检测实船测试数据中，一共有 3 种类型的目标，分别是球体（T_1）、三棱锥（T_2）和圆柱（T_3），目标检测结果为 $\{T_1 \quad T_2 \quad T_3 \quad U\}$，其中，$U$ 表示未知情况，无法判断。

前面提到，激光雷达与视觉传感器都会产生相对应的目标检测列表，包含目标类别、位置和置信度，其中，置信度即该类传感器认为的目标的存在概率，可作为 D-S 证据理论中的基本概率分配。基于激光雷达的目标检测结果如 4.1.3 节所述，在基于视觉的目标检测中，本书同样建立两阶段检测网络作为算法框架，其中，VGG 网络用于提取视觉图像的特征向量，并将其输入 SSD 网络中确定目标检测结果。SSD 网络相比于 Faster RCNN 等网络，其运算速度较快，在卷积网络特征提取之后直接进行分类检测，有效提高了网络的实时性。同时，SSD 网络通过提取多尺度特征图，能够极大地提高水面远距离小目标的检测精度。D-S 融合计算过程以如图 4.19 所示的场景为例。

图 4.19 融合场景示例

在该场景下，激光雷达与视觉传感器分别输出目标检测结果的概率分布，如表 4.7 所示。

表 4.7 水面目标检测结果的概率分布

	$m(T_1)$	$m(T_2)$	$m(T_3)$	$m(U)$
激光雷达	0.12	0.06	0.79	0.03
视觉传感器	0.47	0.02	0.46	0.05

D-S 证据理论中的归一化系数为

$$K = \sum_{A_1 \cap A_2 \neq \varnothing} m_1(A_1) m_2(A_2) = 0.4995 \qquad (4.35)$$

将每个传感器产生的目标概率分布按照 4.2.3 节的规则进行融合，融合后输出的目标结果为

$$\begin{aligned} m_{\text{Lidar}} \oplus m_{\text{Camera}}(T_1) &= 0.1531 \\ m_{\text{Lidar}} \oplus m_{\text{Camera}}(T_2) &= 0.0096 \\ m_{\text{Lidar}} \oplus m_{\text{Camera}}(T_3) &= 0.8342 \\ m_{\text{Lidar}} \oplus m_{\text{Camera}}(U) &= 0.0030 \end{aligned} \qquad (4.36)$$

由此，可以计算出目标检测的信任函数 Bel 和似真概率 pl，二者组成的概率区间表示融合后检测结果的不确定性，如表 4.8 所示。

表 4.8 两传感器数据融合结果

	m_{Lidar}	m_{Camera}	m_{Fusion}	Bel	pl
T_1	0.12	0.47	0.1531	0.1531	0.1561
T_2	0.06	0.02	0.0096	0.0096	0.0126
T_3	0.79	0.46	0.8342	0.8342	0.8372
U	0.03	0.05	0.0030	1	1

4.3.2.2 实验结果分析

由表 4.8 可知，在如图 4.19 所示的场景中，激光雷达输出的目标概率分布倾向于 T_3，即圆柱目标，其置信度为 0.79；在视觉传感器的目标检测过程中，由于目标在水面上漂浮角度的改变，视觉图像无法精准确定目标的特征和类别，输出的 T_1 和 T_3 类目标的置信度相近。经过 D-S 融合后，相较于单一传感器，融合结果的置信度更高，达到了 0.8342，能够正确检测出目标，降低误检率。

为进一步分析多传感器数据融合对目标检测水平的改善程度，将实船采集的两类传感器数据分别处理后输出目标检测列表信息，用于融合测试。表 4.9 所示为融合前后水面目标检测结果对比。可以看出，融合后的目标检测结果分别比视觉、激光雷达单独检测的 mAP 提高 22.8%和 7.5%，即能够有效提高水面目标检测准确率。

表 4.9 融合前后水面目标检测结果对比

检测方法	mAP
SSD	0.688
DBSCAN-VoxelNet	0.841
多传感器融合检测	0.916

4.3.3 小结

本章首先介绍了实验平台及其搭载的传感器，并采集实际水面数据用于验证激光雷达与视觉传感器融合后对目标检测效果的影响。首先，对 VoxelNet 预训练模型采用差分学习率微调后，得到更鲁棒的单一模型，用于后续的融合任务；然后，为深入验证 DBSCAN-VoxelNet 对水面波浪杂波的抑制作用，搭建了基于 Unity3D 的虚拟仿真场景。实验结果证明，该算法在抑制水面波浪杂波的同时，将 mAP 提升了 5.6%。在此基础上，通过 D-S 融合算法弥补单一传感器在检测精度上的不足，能够为无人艇后续的避障、路径规划等任务提供较为精准的目标检测结果。

参考文献

[1] IOFFE S, SZEGEDY C. Batch Normalization: Accelerating deep network training by reducing internal covariate shift[J]. JMLR.org, 2015.

[2] ZHANG Q, PLESS R. Extrinsic calibration of a camera and laser range finder (improves camera calibration)[C]// 2004 IEEE/RSJ International Conference on Intelligent Robots and Systems (IROS). IEEE, 2005.

[3] LI S, LIU G, TANG X, et al. An ensemble deep convolutional neural network model with improved D-S evidence fusion for bearing fault diagnosis[J]. Sensors, 2017, 17(8):1729.

第 5 章

无人艇路径规划技术

前面深入探讨了无人艇的感知能力。感知技术的精准性和效率对于无人艇成功执行任务至关重要，但仅有这些还不足以完成全面的自主任务。在复杂多变的水面环境中，无人艇在开展任务时需要可靠的路径规划与避障技术的支持。因此，本章着眼于无人艇路径规划技术，深入探讨不同的路径规划算法、策略和方法，揭示感知与路径规划之间的紧密联系。

路径规划技术是无人艇智能化的关键部分，在推动无人艇的发展和应用方面发挥着至关重要的作用，具体可分为两部分：全局路径规划与局部路径规划。全局路径规划是无人艇导航中的第一步，负责确定无人艇从出发点到目标点的最优路径。该任务涉及水面环境的特点，如海流、湖泊的地形、岛屿、浮标，以及其他交通工具的运动轨迹等因素。全局路径规划需要综合考虑这些因素，以确保无人艇选择一条安全、高效的路径，并在导航过程中避免与其他船只或自然障碍物相撞。常见的全局路径规划算法包括 A*算法、Dijkstra 算法和人工势场法等。

局部路径规划是无人艇导航中的关键环节，它在全局路径规划的基础上，负责实时地识别并规避前进路径上的障碍物，这些障碍物可能是突发性的，如漂浮物、其他船只或未知的水下障碍物。局部路径规划通常使用传感器数据，如激光雷达、摄像头和超声波传感器来检测与跟踪周围的物体，并相应地调整无人艇的航行路径，以避免碰撞。常见的局部路径规划算法包括基于避障的方法、基于模型的方法和基于深度强化学习的方法。

综合考虑全局路径规划和局部路径规划，无人艇可以在复杂的水面环境下拥有高度自主的导航能力。随着技术的进一步成熟，无人艇的全局路径规划和局部路径规划将继续演化，以满足与应对不断增长的需求和挑战。

5.1 全局路径规划

5.1.1 全局路径规划分析

无人艇自主避障是由感知、规划和决策 3 部分配合执行的：无人艇通过电子海图及感知设备等获取全局环境地图，选取合适的算法，规划出一条全局路径。在按照全局路径航行时，无人艇通过传感器精细化探测环境内细小的静态障碍物，选择局部路径规划算法，对全局路径规划未考虑到的小障碍物进行避障处理，即对全局路径进行局部修正，完成避障后继续按照之前规划的路径航行。基于较为完备的全局环境地图，无人艇在进行全局路径规划时，需要尽可能高效地找到安全无碰撞的最优路径。

5.1.1.1 全局环境地图的获取

全局环境地图的获取有两种方式。第一种方式是通过调用地图 API 来获取。例如，百度地图应用程序接口支持计算机端和移动端，基于浏览器的地图应用开发，调用信息包括起点的经纬度和名称与终点的经纬度和名称，定位精度能达到 5m 左右；但它存在的问题是海域信息过于简单，不能有效且准确地显示环境中的障碍物。第二种方式是通过解析电子海图来获得海域地理和障碍物位置等信息，建立由可行栅格和不可行栅格构成的二维模型。电子海图分为 4 类：官方电子海图（Electronic Navigation Charts，ENCs），它是符合 S-57 数字式海道测量数据传输标准格式的矢量电子海图；非 ENCs 格式电子海图，如 Shapefile、TAB 等格式，它包含 ENCs 格式里所有的图层和属性信息；系统电子海图（System Electronic Navigation Chart，SENC），它能有效存储和操作数据，并记录更正信息；互联网电子海图，它是以海图为背景，叠加海上移动目标的位置、气象数据和卫星影像等基于互联网服务数据的海图应用系统。电子海图包含较为完备的海域信息，由海域几何图形文件、数据索引文件和图形属性文件组成。通过解析电子海图，能判断平面中的陆地、岛屿、暗礁和浅滩等区域，通过网格化的方法把兴趣区域划分为若干矩形栅格，存储的数据包括栅格的经纬度，以及是否为可通行状态的判断标志，依此判断环境中的可航区域与不可航区域。

本节介绍的全局环境地图的获取综合了以上两种方式。考虑到电子海图需要借助专业设备来采集，且解析起来较为复杂，而地图 API 对障碍物的表示不够精确，水域关键信息少，因此，这里基于 Unity3D 搭建高保真的水面模拟航行训练场 Spaitlab Unity，使用 Spaitlab Unity 生成的水域地图作为全局路径规划的全局环境地图，如图 5.1 所示。在实际仿真过程中，采用类似调用地图 API 的数据获取方法，通过 Spaitlab Unity 与算法进行通信来直接传递障碍物坐标、角度等信息，易于调用；地图界面可缩放，可同时显示全局和局部环境信息。如图 5.2 所示，主界面显示的是以无人艇第一视角实时观测到的环境信息，其中右下角为全局环境地图。相比于开源地图 API，Spaitlab Unity 生成的水域地图的细节表现较好，且可以根据所选取水域进行定制化建模。

图 5.1　Spaitlab Unity 生成的水域地图

图 5.2　Spaitlab Unity 的主界面

在路径规划部分，需要对航行环境进行建模，常用的建模方法有可视图法、拓扑图法和栅格法。可视图法较为简单，确定好环境中的起点和终点后，将障碍物统一抽象成多边形，连接起点、障碍物边界的节点和终点，即得到可行的路径解。但可视图法未考虑无人艇和障碍物之间应预留的安全距离，规划得到的路径贴着障碍物边缘，明显是不符合实际场景的。

拓扑图法基于图的连通性理论来搜索环境中的可通行节点。它首先将全局环境地图划分为若干拓扑图，通过判断拓扑图之间的连通性来规划路径。拓扑图法搜索路径较为简便、高效，但构建拓扑结构的过程较复杂，难以定位节点的精确位置，因此不适用于障碍物较多的复杂环境区域。

栅格法的基本思想是离散化建模，将二维地图栅格化，将其平均切分成若干矩形栅格单元，通过对这些栅格进行赋值来直观地表示该节点能否通行。栅格法的关键是仿真粒度，栅格的尺寸越小，环境感知的精细化程度越高，处理并计算各种障碍物的效率就会越高，但会占据较大的存储空间，导致运算时间太长。

完成地图建模后，采用合适的全局路径规划和局部路径规划对环境进行探索，找出最优路径。

5.1.1.2 栅格仿真粒度的确定

在采用栅格法对全局环境地图进行建模时，首先要确定栅格仿真粒度。当采用 A*算法进行路径规划时，从 3 方面来制定约束，确定栅格仿真粒度。首先，栅格仿真粒度决定了算法运算速度的快慢，当栅格仿真粒度大时，在加快算法运算速度的同时牺牲了规划路径精度；当栅格仿真粒度小时，在提高规划路径精度的同时引起了较大的计算量，使运算速度减慢。因此，可以根据障碍物在全局环境地图中的面积占比来确定栅格仿真粒度。根据电子海图的信息，将所有多边形障碍物填充为标准矩形，计算障碍物的面积，这对应地图中障碍物的最大占比。找出障碍物所有顶点在直角坐标系下的横纵坐标的最大值和最小值，即 X_{max}、X_{min}、Y_{max}、Y_{min}，以 (X_{max}, Y_{min}) 和 (X_{min}, Y_{max}) 为对角顶点绘制矩形，矩形面积为 $S = (X_{max} - X_{min}) \times (Y_{max} - Y_{min})$，障碍物面积总和为

$$S_{ob} = \sum_{i=1}^{n} S_i \tag{5.1}$$

其中，i 为环境中障碍物的个数。设 k 为栅格仿真粒度调节系数，其表达式如下：

$$k = \frac{S_{ob}}{S_{总}} \tag{5.2}$$

其中，$S_{总}$ 为区域总面积。当环境内障碍物的占比较小时，表明环境中的开阔区域较大，路径复杂度低，此时可选取较小的栅格仿真粒度，在充分表征环境的同时，计算量可控；当障碍物的占比较大时，表明环境细节较多，路径复杂度高，此时设置相对较大的栅格仿真粒度，避免运算时占用较多的计算资源，导致算法的规划能力下降。

其次，考虑到全局路径规划的栅格仿真粒度应小于局部路径规划的栅格仿真粒度。全局路径规划结果给无人艇航行规划提供了一个较为粗略的路径，也给定了局部目标点。无人艇边航行边更新局部区域环境信息，根据局部路径规划，及时对局部静态障碍物和动态危险进行避障，让路径在更加精细化的粒度下得到修正。若全局路径规划的栅格仿真粒度远大于局部感知距离，则无法设定合理的子目标点作为局部避障的起止点。设无人艇传感器探测的局部感知距离为 L_{local}，栅格仿真粒度为 L，则全局路径规划的栅格仿真粒度需要满足 $L < L_{local}$。

设无人艇动态避障时的危险距离为 L_{danger}，当动态障碍物进入危险距离范围内时，无人艇需要即刻做出避障决策。实际中，$L_{local} > L_{danger}$，全局路径规划的栅格仿真粒度需要满足 $L > L_{usv}$（船长）。

最后，由于全局路径规划是基于全局环境地图实现的，因此全局路径规划的栅格仿真粒度应大于地图分辨率 L_{map}，否则规划的航迹点没有意义。栅格仿真粒度也应当大于无人艇的

移动步长，一般为船长 L_{usv}。综上所述，合理的栅格仿真粒度的区间为

$$L \in k[\max(L_{map}, L_{usv}, L_{danger}), L_{local}] \tag{5.3}$$

5.1.2 全局路径规划算法

5.1.2.1 A*算法的原理

A*算法作为常见的启发式搜索算法，被广泛应用于各种无人平台、游戏物体的路径规划中，是最常用的全局路径规划算法之一。A*算法是在 Dijkstra 算法的基础上改进而来的。Dijkstra 算法采取贪心策略，能够在全局环境中搜寻到最短路径，但具有计算时间长、搜索效率低的缺点。相比于 Dijkstra 算法，A*算法通过加入启发函数，在计算出最短路径的同时有着更高的搜索效率。

A*算法的关键在于，在从起点到目标点（终点）的全局路径规划过程中，每一步都将所在节点周围路径代价最小的节点确定为下一个节点，即下一个航行位置，通过不断选取最优的下一个节点，最终到达目标点。A*算法采用的代价函数为

$$f(n) = g(n) + h(n) \tag{5.4}$$

其中，$g(n)$ 为从起点航行到节点 n 的移动距离代价；$h(n)$ 为启发函数，代表从节点 n 航行到目标点的估计移动距离代价。$g(n)$ 是一个能够确定的数值，而无人艇到达目标点的移动距离代价的准确值无法确定，只能通过估计方法得到估计值，即 $h(n)$。

在 A*算法中，研究的主要任务是对启发函数 $h(n)$ 的选择，$h(n)$ 控制了 A*算法的搜索行为，让其在高搜索效率和较少路径节点中找到平衡。目前，A*算法可以选取的启发函数主要有以下 3 种。

1. 曼哈顿距离

曼哈顿距离仅适用于 4 邻域节点扩展法。假设平面几何坐标系中有任意两点 A、B，它们的位置可以分别表示为 (x_A, y_A) 和 (x_B, y_B)，则 A、B 在两个坐标轴方向上的距离之和即曼哈顿距离，记为 D_{AB}，即

$$D_{AB} = |x_A - x_B| + |y_A - y_B| \tag{5.5}$$

2. 欧几里得距离

欧几里得距离表示的是空间中两点间的最短直线距离，一般适用于 8 邻域节点扩展法，即

$$D_{AB} = \sqrt{(x_A - x_B)^2 + (y_A - y_B)^2} \tag{5.6}$$

与曼哈顿距离相比，采用欧几里得距离规划出来的路径的转折点少，较为平滑，得到的路径会更优。

3. 切比雪夫距离

切比雪夫距离指无人艇所在环境中不同起点和目标点之间相差最大的绝对值，适用于 2

邻域节点扩展法，即

$$D_{AB} = \max\{|x_A - x_B|, |y_A - y_B|\} \tag{5.7}$$

通过上述分析，A*算法的启发函数 $h(n)$ 采用欧几里得距离，表示为

$$f(n) = g(n) + \sqrt{(x_A - x_B)^2 + (y_A - y_B)^2} \tag{5.8}$$

5.1.2.2 改进的 A*算法

A*算法编码较为简单，实现难度低，在静态全局路径搜索任务中表现优秀。当将其应用于无人艇全局路径规划时，由于无人艇具有航行惯性特性，无法实时应答控制系统发出的指令，因此需要和障碍物之间预留一定的反应和安全距离，而 A*算法在搜索最短路径时依旧规划安全距离内的航迹点，不符合实际中安全航行的概念。因此，我们在 A*算法的基础上做了狭窄区域判断和邻域搜索约束两点改进，并在仿真结果中验证了改进的 A*算法的合理性和优越性。

在应用 A*算法进行路径搜索时，常用的两种节点扩展法如图 5.3 所示。一种是在上、下、左、右 4 个方向上进行节点扩展，这样扩展得到的路径能保证无碰撞，路径不与障碍物所在栅格相交，但需要搜索较多节点，得到的路径的转折点较多，性能较差；另一种是对每个节点同时扩展其上、下、左、右及相斜方向的 8 个节点，即常用的 8 邻域节点扩展法，这样扩展得到的路径的转折点较少，搜索节点的数量也减少了，但斜向扩展可能与障碍物所在栅格相交，在一定程度上损耗了路径的安全性。

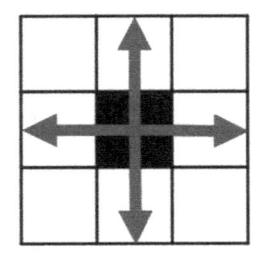

（a）4 邻域节点扩展法 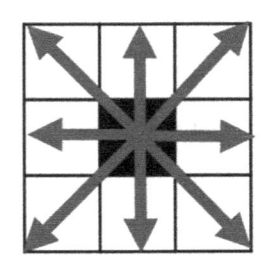　　（b）8 邻域节点扩展法

图 5.3　常用的两种节点扩展法

在全局路径规划问题中，将环境区域划分为大小相同的栅格，采用 8 节点邻域扩展法，这样得到的路径较为平滑，避免了 4 节点邻域扩展法中出现的过多转折；且采用扩展方式设定无人艇的动作空间时，搜索区域更大，更符合实际中无人艇的控制运动特性。因此，采用栅格法+离散动作空间对问题进行抽象描述，给无人艇发出 8 邻域移动指令，控制其在栅格环境中移动。

A*算法规划的路径虽然是无碰撞最短路径，但存在一定的问题：为减小路径代价，航迹点之间的连线往往紧贴栅格边缘。因此，当实际水域中存在狭窄区域时，为求得最短路径，A*算法会选择路径最短但激进的方式通行，导致无人艇距离障碍物过近，不符合现实中预留安全距离的考虑，严重影响航行安全。实际中，随着季节更替和水域旱涝期的变化，岛礁等障碍物在水面上的面积也随之改变；且在实际场景中，障碍物附近的区域一般为暗礁和水草

密集区域，不适宜无人艇通行。根据无人艇的航行特性及水域特征，对 A*算法进行狭窄区域判断和邻域搜索约束两点改进，如果 A*算法规划的节点贴近障碍物周边区域或位于两个障碍区域之间的狭窄通道，则按照实际经验，将这些区域都设置为不可航区域。在 A*算法进行节点扩展时，对 8 个方向上的邻域节点进行判定，如果两个相邻节点都是障碍物，则设定两个节点中的开节点为闭合状态；如果单侧节点为闭节点，则将与闭节点紧邻的开节点也设定为闭合状态，即无法通行。改进的 A*算法的流程图如图 5.4 所示。

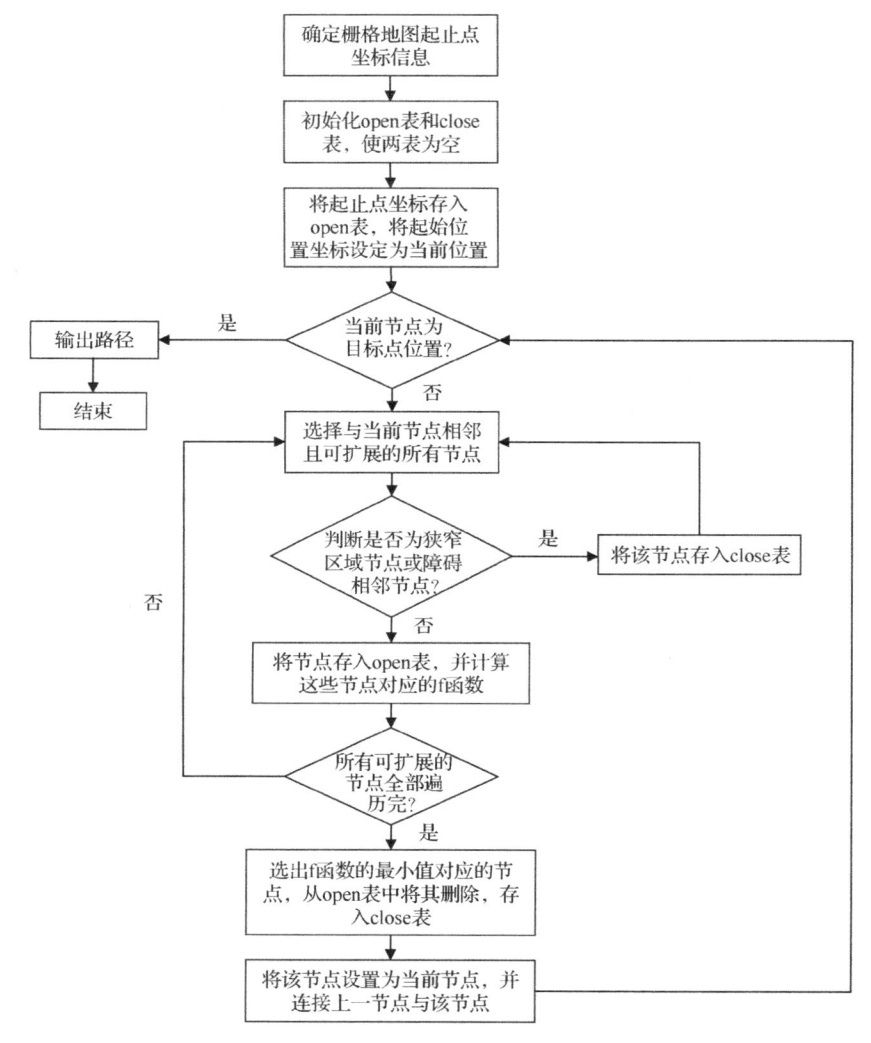

图 5.4 改进的 A*算法的流程图

5.1.2.3 仿真结果对比

在 MATLAB 平台上进行仿真验证，比较改进前后 A*算法进行路径规划的性能优/劣。本节的仿真结果只对比算法，未与实际场景对应，因此对栅格仿真粒度设置和 Unity3D 仿真不做过多描述。在选定的区间内分别设置两种复杂度类型的地图：简单环境中区域较为开阔，障碍物的占比小；复杂环境中存在狭窄区域的概率较大。设置两种不同的栅格仿真粒度，分别为 50×50 和 100×100。原始栅格化环境地图如图 5.5 所示。

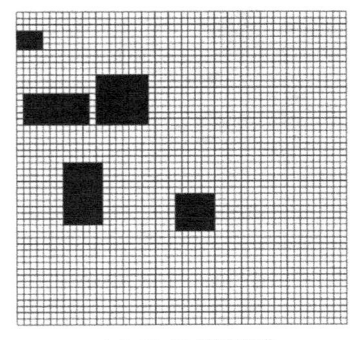

（a）50×50 简单环境 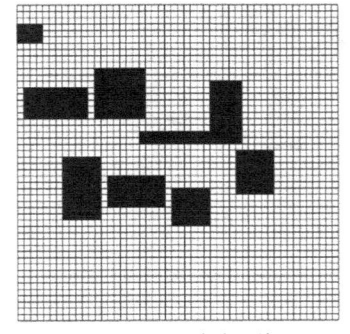　　　　　　　　　　　（b）50×50 复杂环境

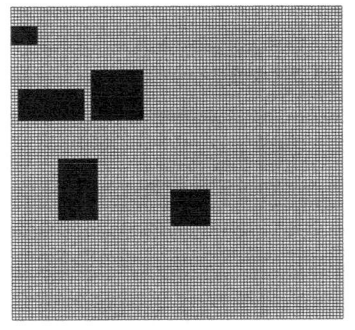

（c）100×100 简单环境 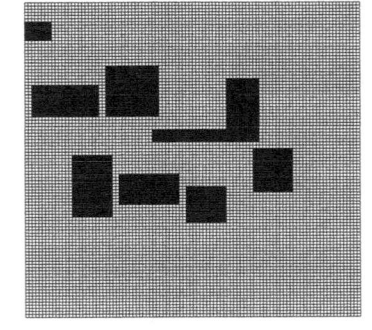　　　　　　　　　　（d）100×100 复杂环境

图 5.5　原始栅格化环境地图

图 5.6 展示了 A*算法的全局路径规划结果。可以看出，A*算法采用较为极端的通行方式进行规划，当障碍物之间存在狭窄区域时，A*算法规划从障碍物中穿过。图 5.7 展示了加入狭窄区域判断和邻域搜索约束之后的改进的 A*算法的全局路径规划结果。可以看出，对于狭窄区域，改进的 A*算法全部采用更为平稳的方式绕行，且和障碍物保持了一定的距离，避免了碰撞隐患。

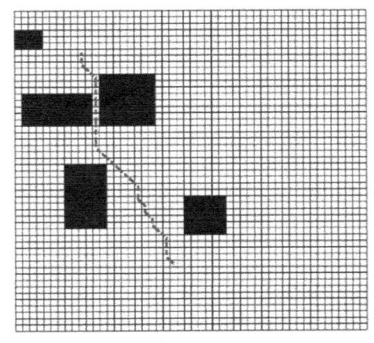

（a）50×50 简单环境 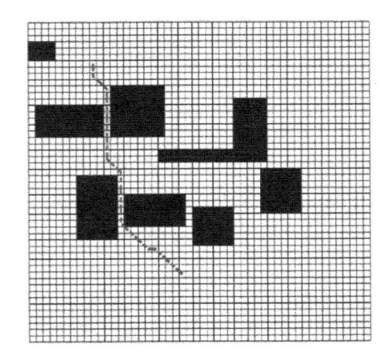　　　　　　　　　　　（b）50×50 复杂环境

图 5.6　A*算法的全局路径规划结果

(c) 100×100 简单环境　　　　　　　　　　　　　(d) 100×100 复杂环境

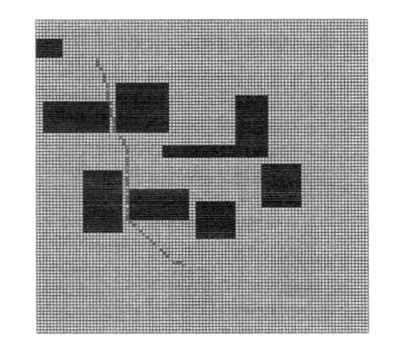

图 5.6　A*算法的全局路径规划结果（续）

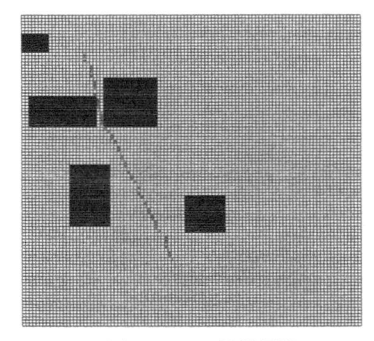

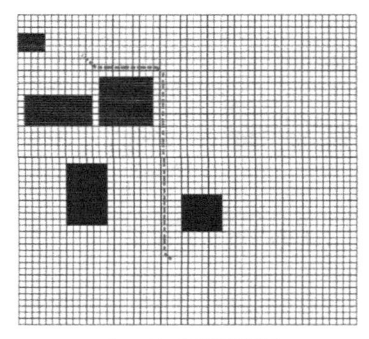

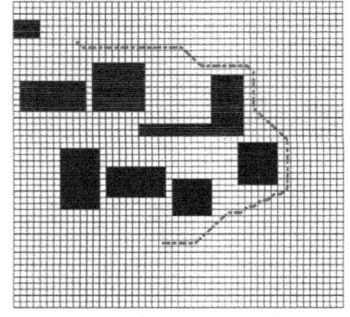

(a) 50×50 简单环境　　　　　　　　　　　　　(b) 50×50 复杂环境

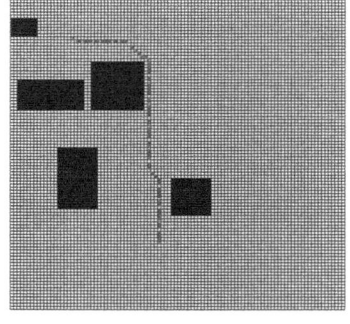

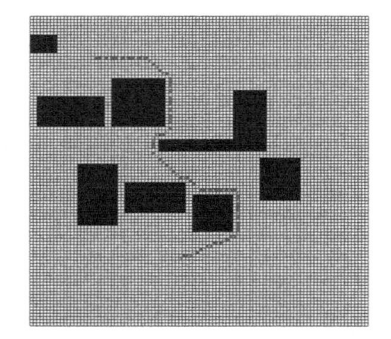

(c) 100×100 简单环境　　　　　　　　　　　　　(d) 100×100 复杂环境

图 5.7　改进的 A*算法的全局路径规划结果

改进前后 A*算法的处理时间对比如表 5.1 所示，其中，运行算力为 Intel(R)Core(TM) i5-6200U CPU @2.30GHz，软件环境为 MATLAB 2020a。可以看出，增加的狭窄区域判断会将路径中的一部分可通行节点设为闭节点，改进的 A*算法的全局搜索时间缩短。

表 5.1　改进前后 A*算法的处理时间对比

地图环境	A*算法/s	改进的 A*算法/s
50×50 简单环境	7.33	6.96
50×50 复杂环境	7.91	7.06
100×100 简单环境	17.62	12.77
100×100 复杂环境	24.54	18.27

定义环境中发生碰撞的概率较大位置的栅格为危险栅格,主要指障碍物之间狭窄区域的栅格和紧邻障碍物的栅格,为考察路径安全性,引入避障危险度 φ:

$$\varphi = \frac{N}{M} \tag{5.9}$$

其中,N 为路径中危险栅格的数量;M 为路径中总栅格的数量。表 5.2 比较了改进前后 A*算法的路径参数,包括避障危险度、路径长度和转折点数。可以看出,改进的 A*算法在牺牲合理的路径代价和节点成本的条件下,获得了更低的避障危险度,保障了无人艇全局路径的安全性,更加符合无人艇安全航行的概念。

表 5.2 改进前后 A*算法的路径参数对比

地图	算法	避障危险度	路径长度/m	转折点数
50×50 简单环境	A*算法	9/34	38.382	10
	改进的 A*算法	0	43.656	4
50×50 复杂环境	A*算法	19/35	38.968	7
	改进的 A*算法	0	72.886	17
100×100 简单环境	A*算法	12/67	76.764	20
	改进的 A*算法	0	86.140	5
100×100 复杂环境	A*算法	24/69	77.936	15
	改进的 A*算法	0	117.834	16

5.2 局部路径规划

局部路径规划是无人艇通过自身传感器识别周围障碍物,以避免碰撞并找到最优路径的小范围路径规划。常见的局部路径规划技术可分为基于避障的方法、基于模型的方法和基于深度强化学习的方法 3 类。

5.2.1 基于避障的方法

基于避障的方法包括动态窗口法、人工势场法、速度障碍法等。其中,动态窗口(Dynamic Window Approach,DWA)法作为 ROS 导航堆栈中的局部路径规划算法之一,被广泛应用于无人系统的自主避障。动态窗口法通过对无人系统速度空间施加约束来满足动力学模型和避障要求,在速度空间搜索最优控制速度以快速、安全地到达目标点。人工势场(Artificial Potential Fields,APF)法在无人平台运动过程中计算其与目标点之间的引力、探测障碍物之间的斥力,引力和斥力构成的合力控制无人平台运动。该方法简单高效,但在复杂环境下容易陷入局部最优。速度障碍(Velocity Obstacle,VO)法将动态环境下的感知信息映射到无人平台的速度空间,并根据这些速度约束生成安全控制指令来避障。

5.2.2 基于模型的方法

基于模型的方法使用数学模型来描述无人艇的动态行为,并根据数学模型来规划路径和控制无人艇的运动。这些方法通常依赖对系统的精确建模,以便在规划路径的过程中考虑动力学和物理约束。常见的基于模型的方法包括模型控制预测、动态规划、线性二次调节器等。模型控制预测(Model Predictive Control,MPC)是一种用于局部路径规划和控制的高级技术,广泛应用于无人艇、自动驾驶汽车、飞行器等领域。它的核心思想是通过建立动态系统模型来预测无人艇未来的一系列状态,并在这些预测中优化控制输入。模型控制预测可在满足必要的动力学、运动学等约束的情况下,通过数值手段求解无人平台避障过程的最优解,该最优解即控制指令。动态规划(Dynamic Programming)将路径规划问题分解为子问题,并使用递归方法计算每个子问题的最优解。它可以用于优化路径规划,但在高维状态空间中可能使计算变得复杂。

5.2.3 基于深度强化学习的方法

5.2.3.1 强化学习

1. 强化学习的原理

强化学习是机器学习的一个分支,不同于监督学习和深度学习采用样本数据进行训练的方式,强化学习不需要样本数据,而通过收集实时反馈进行试错学习,在与环境的交互中学习到经验。强化学习的五大元素分别是智能体、环境、动作、状态与奖励。强化学习的研究对象统称为智能体,它能自主进行探索并学习到对应场景下应执行的动作。环境指与智能体进行交互的内容。环境模型分为确定性、随机性、完全可观测、部分可观测、离散性和连续性等几类。动作指智能体在当前状态下应采取的行为,智能体通过执行动作序列来得到最大化的累积期望奖励。状态是一种评价性指标,对应状态值函数(代表智能体从初始状态开始所获得的总的期望奖励)。智能体每执行一次动作都会获得奖励,强化学习中的奖励是指一个训练周期结束,智能体获得的总奖励。强化学习的目标就是当所有训练周期结束后,智能体获得的总奖励达到最大。

强化学习在不断的探索过程中得到一个总奖励最大的执行动作序列。强化学习的基本框架如图 5.8 所示。

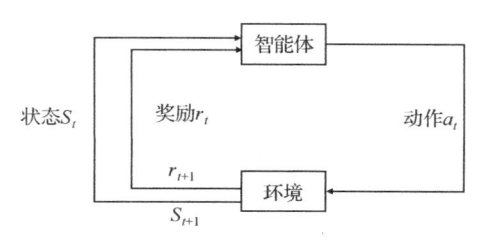

图 5.8 强化学习的基本框架

强化学习适用于各种决策问题,由于研究无人艇的航行决策的目标是通过一系列动作决策实现智能体在环境中的探索，最终使用最优决策实现目标，因此适合使用以强化学习为核心思想的算法来实现。无人艇通过与航行环境不断进行交互来优化策略，以完成智能自主航行避障，它在面对复杂环境时，具备较好的自主决策能力和自适应性。

2. 马尔可夫决策模型

无人艇的避障决策模型是基于马尔可夫决策过程（MDP）建立的。MDP 是解决强化学习相关问题的框架，也是强化学习底层的数学模型。

一次 MDP 代表强化学习过程中的一次状态转移过程，即执行完一次动作，从当前状态转移到下一状态。MDP 可以由五元组 (S,A,P,R,γ) 描述，其中，S 表示有限状态集；A 表示有限动作集，智能体正是通过在动作空间中选取合理的动作来得到总奖励最大的结果的；P 表示状态转移概率；R 表示奖励函数；$\gamma \in [0,1)$ 表示计算累积奖励 G 的折扣因子，作为参数调节每一次行为后获得的折扣奖励。

MDP 的核心是寻找最优策略 π。策略 π 实际上是动作的执行概率，其取值范围为 S 到 A 的映射，在每个状态 s 下，策略 π 可表示为

$$\pi(a|s) = p[A_t = a | S_t = s] \tag{5.10}$$

根据上述分析，强化学习的状态转移过程可以描述为，在某个时刻的状态下，指定执行一个动作，获取该动作的奖励，同时根据状态转换概率转移至下一状态，循环上述过程，直到累积奖励最大。每一状态下的奖励定义为状态值函数：

$$v_\pi(s) = E_\pi \left[\sum_{k=0}^{\infty} \gamma^k R_{t+k+1} \Big| S_t = s \right] \tag{5.11}$$

它是一种评价性指标，代表智能体从初始状态开始所获得的累积奖励期望值。

强化学习的累积奖励定义为

$$G_t = R_{t+1} + \gamma R_{t+2} + \cdots + \gamma^n R_{t+n+1} + \cdots = \sum_{k=0}^{T} \gamma^k R_{t+k+1} \tag{5.12}$$

因为强化学习的目标是在状态转移过程，即 MDP 中寻找最优策略，对应的动作序列使策略作用下的累积奖励期望值最大。将在状态 s 下采取动作 a，并遵循策略 π 得到的相应期望值定义为行动价值函数，表示为

$$q_\pi(s,a) = E_\pi(G_t | S_t = s, A_t = a) \tag{5.13}$$

通过代换消元的方法，可以将上式分别整理为状态值函数及动作值函数的贝尔曼方程：

$$v_\pi(s) = E\left[R_{t+1} + \gamma v_\pi(S_{t+1}) \big| S_t = s\right] \tag{5.14}$$

$$q_\pi(s,a) = E_\pi\left[R_{t+1} + \gamma q(S_{t+1}, A_{t+1}) \big| S_t = s, A_t = a\right] \tag{5.15}$$

式（5.14）用于求解最优策略，因为每个策略 π 都有对应的状态值函数 $v_\pi(s)$。定义最优状态值函数 $v^*(s)$ 为所有策略中最大的状态值函数，最优动作值函数 $q^*(s)$ 为所有策略中最大的动作值函数，即

$$v^*(s) = \max_\pi v_\pi(s) \tag{5.16}$$

$$q^*(s,a) = \max_{\pi} q_{\pi}(s,a) \tag{5.17}$$

由此可得最优状态值函数和最优动作值函数的贝尔曼最优方程。其中，a'、s' 分别为下一时刻的动作和状态：

$$v^*(s) = \max_a R_s^a + \gamma \sum_{s' \in S} P_{ss'}^a v^*(s') \tag{5.18}$$

$$q^*(s,a) = R_s^a + \gamma \sum_{s' \in S} P_{ss'}^a \max_a q^*(s',a') \tag{5.19}$$

当已知最优动作值函数时，通过直接最大化 $q^*(s,a)$ 求出最优策略：

$$\pi^*(a|s) = \begin{cases} 1 & \left(a = \arg\max_{a \in A} q^*(s,a)\right) \\ 0 & \text{其他} \end{cases} \tag{5.20}$$

强化学习在解决导航、规划和控制等问题时，目标是寻求最优策略，确定最优策略后，累积奖励值和状态值函数能够最大化，智能体能够以最优方式在环境中进行决策，选取最优动作，直到完成任务。确定最优策略的常见方法包括贪心策略、ε-greedy 策略、高斯策略、Boltzmann 分布等，通过这些方法指导强化学习策略更新过程中选取动作的方式。

5.2.3.2 深度强化学习

强化学习虽然适用于运动规划、决策和控制等问题，但当环境数据量较大时，强化学习难以应对大规模数据输入，而深度学习则擅长提取数据特征，对收集的环境信息进行感知和处理。在深度强化学习中，结合两种方法的优势，用深度学习对环境进行表征以获得环境状态信息，通过强化学习实现智能体与环境的交互并通过神经网络的循环迭代得到最优策略。深度强化学习方法在决策问题中有着十分突出的表现，在机器人导航和运动规划领域也有着诸多应用。

1. 常见的深度强化学习算法

深度 Q 网络（Deep Q Network，DQN）是最早出现的深度强化学习算法，由强化学习中的 Q 学习和深度学习中的卷积神经网络结合得到。在这之后出现了一系列深度强化学习算法，根据输出结果的不同，其主要分为两大类：基于价值（Value-Based，VB）的算法和基于策略（Policy-Based，PB）的算法。

VB 算法主要包括 DQN、Dueling DQN 等，其原理是计算价值并执行价值最大的动作。PB 算法主要包括策略梯度算法、信赖域算法等，主要计算动作的概率并直接输出动作或动作的概率分布。PB 算法将策略参数化为 $\pi_\theta(s)$，利用函数表达式抽象策略特征，借助深度学习神经网络拟合的方式寻找最优参数 θ，使强化学习累积奖励期望值最大。

VB 算法不适用于智能体在连续空间中选择动作的问题。由于 VB 算法无法对无穷多个动作计算价值，因此 VB 算法只适用于输出离散动作的情形。

将 VB 算法和 PB 算法相结合，研究者提出了执行评估（Actor Critic，AC）方法。在 AC 方法中，分别设计了对应策略输出的 Actor 网络和对应值函数估计的 Critic 网络，Actor 网络

负责学习如何选择动作,并根据 Critic 网络建议的方向更新策略 $\pi_\theta(a|s)$ 中的参数 θ,最终输出策略;Critic 网络随着训练过程更新值函数的参数 θ。二者在训练过程中相互影响并不断优化策略,实现最优的效果。AC 方法兼具 VB 算法和 PB 算法的优势,研究者提出了一系列以 AC 方法为基础框架的算法,如深度确定性策略梯度(Deep Deterministic Policy Gradient,DDPG)算法和信赖域策略优化(Trust Region Policy Optimization,TRPO)算法等。

在研究无人艇避障问题时,由于水域场景复杂,无人艇避障行为受艇体操纵和航行规则的约束。因此本节在离散动作空间考察避障问题,选择具有良好鲁棒性的 DQN 算法构建船舶智能避障模型,通过合理设计 MDP 中的各个要素,结合无人艇运动特性提出一种新的深度强化学习算法。

2. DQN 算法

DeepMind 公司于 2013 年提出了 DQN 算法,并在 2015 年完善了 DQN 算法的结构和概念。论文指出 DQN 算法与 Q-Learning 算法相比进行了三大优化,获得了更好的网络性能。这三大优化如下。

1)采用神经网络逼近值函数

传统的 Q-Learning 算法由于受到 Q 值表大小的限制而无法在高维连续状态下存储状态动作对,因此无法解决较大状态空间的强化学习问题。DQN 算法采用神经网络拟合数据特征,解决了维度限制问题,发挥了深度学习对于高维数据的处理能力。

Q-Learning 更新值函数的方式为

$$Q(s_t, a_t) = Q(s_t, a_t) + \alpha \left[r_t + \gamma \max_{a \in A} Q(s_{t+1}, a) - Q(s_t, a_t) \right] \quad (5.21)$$

DQN 算法采用函数 $Q(s,a,\theta)$ 表示 Q 值表中的确定 Q 值 $Q(s,a)$,并用深度神经网络近似拟合函数,更新参数 θ:

$$Q(s, a, \theta) \approx Q^\pi(s_t, a_t) \quad (5.22)$$

在训练神经网络时,需要大量样本标签数据,在 DQN 算法中,采用 Q-Learning 算法的奖励 reward 构建标签,沿最小化标签样本损失函数的方向训练深度神经网络,迭代更新网络参数。目标 Q 值为

$$\text{Target}Q = r + \gamma \max_{a'} Q(s', a', \theta) \quad (5.23)$$

其中,s' 和 a' 分别是下一个状态与动作。用平方差损失回归来求解网络输出的预测值,即

$$L(\theta) = E\left[\left(\text{Target}Q - Q(s, a, \theta) \right)^2 \right] \quad (5.24)$$

计算出梯度值后,即可通过随机梯度下降法更新网络参数,最终获得最优 Q 值,如式(5.25)所示。

$$\frac{\partial L(\theta)}{\partial \theta} = E[(r + \gamma \max_{a'} Q(s', a', \theta) - Q(s, a, \theta)) \frac{\partial Q(s, a, \theta)}{\partial \theta}] \quad (5.25)$$

由于深度神经网络的非线性特征,算法在训练过程中可能出现不收敛和不稳定的问题,因此采用目标网络和经验回放机制两种技术来加以解决。

2）设置预测网络和目标网络

DQN 算法通过使用两个结构相同且共享参数的神经网络来降低目标 Q 值和在线更新 Q 值之间的相关性，这两个网络即预测网络和目标网络。预测网络实时参与训练，包括损失函数和优化器，用来选择动作，迭代更新模型参数。目标网络没有损失函数和优化器，不用训练，只用于计算目标 Q 值。目标网络的作用是每隔一段时间便冻结孪生网络参数，通过复制预测网络的参数，每隔一段时间从预测网络中复制权重和偏置来降低目标 Q 值和在线更新的 Q 值之间的相关性，人为设置滞后更新。

当前 Q 值与目标 Q 值的误差函数为

$$L(\theta_i) = E_{s,a,r,s'}\left[\left(r + \gamma \max_{a'} Q(s',a'|\theta_i^-) - Q(s,a|\theta_i)\right)^2\right] \tag{5.26}$$

其中，$r + \gamma \max_{a'} Q(s',a'|\theta_i^-)$ 为目标 Q 值；$Q(s,a|\theta_i)$ 为当前 Q 值。通过对网络权重参数求偏导数，可得更新参数为

$$\nabla_{\theta_i} L(\theta_i) = E_{s,a,r,s'}\left[\left(r + \gamma \max_{a'} Q(s',a'|\theta_i^-) - Q(s,a|\theta_i)\right)\nabla_{\theta_i} Q(s,a|\theta_i)\right] \tag{5.27}$$

在当前网络根据状态信息估计出动作值函数后，根据探索与利用两大策略选择由该动作值函数确定的动作策略。

3）经验回放机制

DQN 采取了经验回放（Experience Replay）机制，首先把每一步训练中，由智能体和环境进行交互得到的经验样本数据存储到经验池中；然后进行网络训练，从经验池中随机抽取小批量数据进行训练。DQN 算法通过引入经验回放机制打破了数据关联性，克服了经验数据的相关性和非平稳分布问题。这样做的优点是一方面提高了数据利用率，样本可以被多次利用；另一方面解决了由连续样本相关性引起的参数更新方差较大的问题，使得网络模型更容易收敛。作为监督学习模型，深度神经网络要求数据满足独立同分布假设，样本来源于连续帧，与强化学习问题相比，样本的关联性大大增加，算法可能在连续一段时间内基本朝着同一个方向做梯度下降，在同样的步长下，直接计算梯度可能不收敛。

无人艇避障算法在进行训练时，将每个训练周期中无人艇与环境的交互信息以 $[s_t, a_t, r_{t+1}, s_{t+1}]$ 的形式存放至经验池，使用时随机从经验池中抽取一组数据 $[s, a, r, s']$ 用于训练。

5.2.3.3 面向无人艇静态避障的 T-DQN 算法

MDP 的核心是寻找最优策略。在无人艇避障决策过程中，策略 π 代表无人艇避开障碍物选择的航行路径。对于本部分，本书分析马尔可夫底层决策模型，针对无人艇运动特性设置状态空间、动作空间和奖励函数，并提出 T-DQN（Threshold-Deep Q Network）算法，用于求解策略 π，使无人艇在开阔环境中于较少的训练步数收敛到最优路径。

1. MDP 决策模型

航行决策问题可以看作连续动作空间中的控制：给定观察的状态 S，决策问题可以被定义为一个非线性映射 $\pi:S \to A$。其中，π 为控制策略，S 为 MDP 中的环境状态，A 为决策输出的

指令。根据无人艇的运动特性，该指令控制无人艇在复杂环境中完成路径规划和避障等任务。本书在 MDP 的基础上，考虑无人艇的运动特性和决策过程，有针对性地设置了其状态空间、动作空间和航行时的奖励函数。

1）状态空间建模

状态空间中包含了环境中智能体的属性和信息，智能体以此为依据选取要执行的动作。为实现无人艇避障，需要获取无人艇的当前位置、运动速度和目标位置。无人艇在航行时，由激光雷达探测障碍物，根据探测结果，为对应位置的栅格赋值，将栅格环境中的不可航区域设置为 1、可航区域设置为 0，整个栅格环境由 0、1 组成的二维矩阵表示；对于 $M \times M$ 大小的栅格，$i = 1, 2, \cdots, (M \times M)/2$，其中，$i$ 为算法能处理的障碍物数量。局部避障时，通过计算坐标的欧几里得距离得到智能体和障碍物之间的距离。设 s_{usv} 为无人艇当前位置状态函数，表示无人艇的当前位置 $(x_{\text{usv}}, y_{\text{usv}})$；$s_{\text{goal}}$ 为目标位置状态函数，表示目标位置 $(x_{\text{goal}}, y_{\text{goal}})$；$s_{\text{velocity}}$ 为无人艇运动速度状态函数，表示无人艇的运动速度 $(v_{\text{usv}-x}, v_{\text{usv}-y})$；$s_{\text{obstacle}}$ 为障碍物状态函数，由 0、1 组成的二维矩阵来表示，将对应 $(x_{\text{obstacle}}, y_{\text{obstacle}})$ 的位置值设置为 1。综上，MDP 中的状态空间为

$$s = \left\{ s_{\text{usv}}, s_{\text{goal}}, s_{\text{obstacle}}, s_{\text{velocity}} \right\} \tag{5.28}$$

2）动作空间设计

MDP 中的动作空间对应策略的输出，指导无人艇在环境中采取动作。以 45° 为一个单位划分无人艇的 360° 动作区域，设置 8 个运动方向，输出动作指令定义为第一人称视角的上、左上、左、左下、下、右下、右、右上，控制无人艇在栅格中移动。离散化动作空间，8 个动作符合智能体在栅格中的行进规则，方便在栅格环境中进行仿真，且与全局路径规划的 A*算法的邻域节点扩展法一致；连续动作空间对应的计算量较大，收敛速度慢，且无人艇受到水浪行进阻力，运动轨迹无法和理想状态下的一致，为仿真引入了较多不确定因素，难以控制。综合考虑，本书采用栅格法+离散动作空间对问题进行抽象描述。

3）奖励函数设计

奖励函数决定了智能体在环境中的表现水平，以及智能体是否能学习到较优策略。本算法在设计奖励函数时，考虑了无人艇局部路径规划过程的多个方面，包括向目标点航行、规避障碍物、以较小的时间和路径代价到达目标点等。

为了使无人艇靠近目标点，设计奖励 R_{distance}，无人艇与目标点距离越近，获得的奖励越大。R_{distance} 的计算公式如式（5.29）所示。设置无人艇在栅格中移动的最小步长为 1m，近似无人艇自身的长度。在式（5.29）中，$1 < m < 100$，m 为奖励参数。当无人艇未到达目标点时，根据式（5.29），距离越近，奖励越大，但小于 m；当无人艇到达目标点时，无人艇将获得奖励 R_{end}，仿真时设置 $m < R_{\text{end}}$。

$$R_{\text{distance}} = \begin{cases} \dfrac{m}{\sqrt{(x_{\text{usv}} - x_{\text{goal}})^2 + (y_{\text{usv}} - y_{\text{goal}})^2}} & (x_{\text{usv}}, y_{\text{usv}}) \neq (x_{\text{goal}}, y_{\text{goal}}) \\ R_{\text{end}} & (x_{\text{usv}}, y_{\text{usv}}) = (x_{\text{goal}}, y_{\text{goal}}) \end{cases} \tag{5.29}$$

无人艇借助其搭载的激光雷达探测局部障碍物,无人艇获取局部障碍物的信息后将采取避障动作。通过 $R_{\text{collision}}$ 给予无人艇惩罚,训练无人艇完成障碍物规避过程。本书在对 $R_{\text{collision}}$ 进行设计时,考虑了不同距离的障碍物具有不同程度的风险,当无人艇与障碍物之间的距离越近时,无人艇得到的惩罚越大,促使无人艇尽快避开局部障碍物,提高安全性。同样,设置无人艇在栅格中移动的最小步长为 1m,近似无人艇自身的长度;无人艇和障碍物之间的距离至少为一个移动步长。$R_{\text{collision}}$ 的计算公式如式(5.30)所示,在栅格区域内,黑色栅格代表障碍物,奖励为 N。

$$R_{\text{collision}} = \begin{cases} \dfrac{-m}{\sqrt{(x_{\text{usv}} - x_{\text{obstacle}})^2 + (y_{\text{usv}} - y_{\text{obstacle}})^2}} & (x_{\text{usv}}, y_{\text{usv}}) \neq (x_{\text{obstacle}}, y_{\text{obstacle}}) \\ N & (x_{\text{usv}}, y_{\text{usv}}) = (x_{\text{obstacle}}, y_{\text{obstacle}}) \end{cases} \quad (5.30)$$

为了缩短无人艇到达目标点的时间,无人艇每采取一次动作都将受到惩罚 R_{time}。

上述几种因素在无人艇局部路径规划中的影响程度不同,因此这些奖励在组合成最终的奖励函数之前需要增加相应的权重,在算法中将多个权重调整至合适大小以实现较优的局部路径规划。整体奖励函数如下:

$$R = \boldsymbol{\lambda}^{\text{T}} \boldsymbol{R} = \begin{bmatrix} \lambda_{\text{distance}} \\ \lambda_{\text{collision}} \\ \lambda_{\text{time}} \end{bmatrix}^{\text{T}} \begin{bmatrix} R_{\text{distance}} \\ R_{\text{collision}} \\ R_{\text{time}} \end{bmatrix} \quad (5.31)$$

2. T-DQN 算法设计

DQN 算法使用了包含元组 $[s,a,r,s']$ 的经验池,在每个训练周期内,智能体与环境进行交互,得到的数据样本存储在经验池中,由于训练样本相互独立,而强化学习中的前后状态具有相关性,因此,通过随机选取过去的状态进行学习可以打乱训练样本之间的相关性,使训练更有效率。

采用 DQN 算法实现无人艇的路径规划存在下列问题:由于 DQN 算法是端到端的决策方法,因此,它在做避障决策时,无法观测到全局环境地图信息,在这种情况下,无法获取完整的环境特性,导致值函数收敛效果较差,决策不稳定;而且,DQN 算法中的经验回放机制对样本的选择是随机的,没有考虑数据的无效性,导致训练环境变大时,算法不能很好地收敛,智能体与环境进行交互所产生的数据不能得到充分利用。

针对上述问题,设计了基于阈值筛选的 DQN(T-DQN)算法。它从两方面对 DQN 算法进行改进:引入长短期记忆(Long Short Term Memory,LSTM)网络以保存过往训练信息,加入阈值筛选机制以对经验回放机制进行调整。T-DQN 算法框架如图 5.9 所示。

在图 5.9 中,$Q(s,a)$ 和 $Q(s',a')$ 分别是行动价值函数的估计网络与目标网络。T-DQN 算法采用神经网络拟合表征值函数,神经网络中的权重用 θ 表示,值函数表示为 $Q(s,a|\theta)$。在训练网络的过程中,更新迭代参数 θ,θ 确定时表示智能体在该状态下学习到了最优动作策略。其中,θ 的更新由小批量随机梯度下降实现,根据贝尔曼迭代式,优化损失函数收敛到最优值函数。

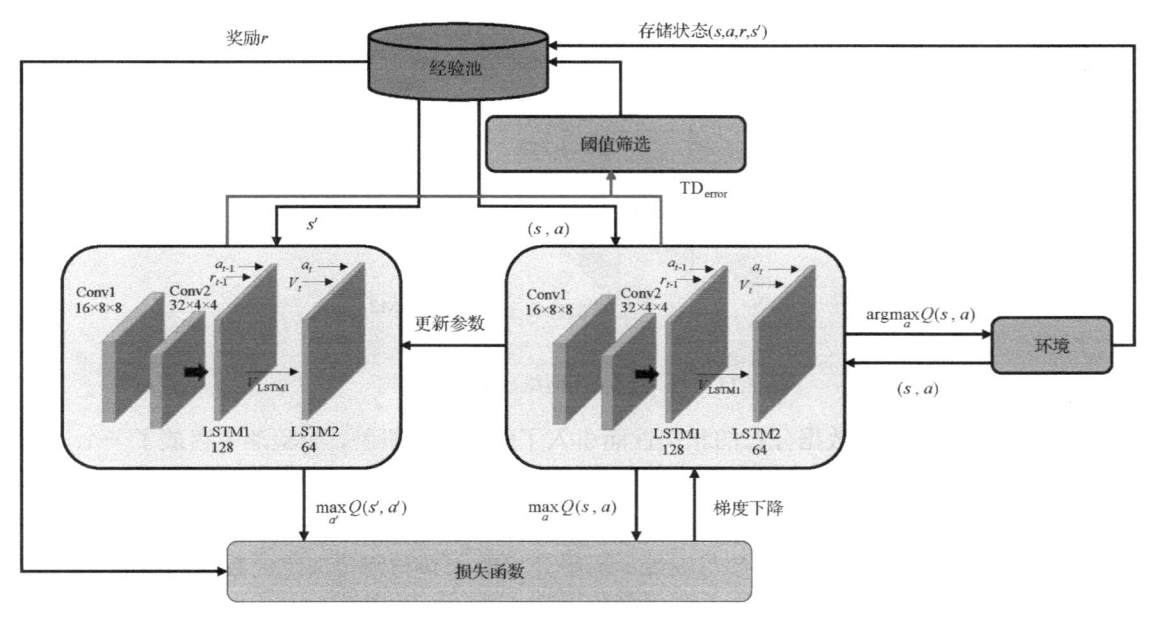

图 5.9　T-DQN 算法框架

DQN 算法没有考虑动作前后的相关性。因此，本书为 DQN 决策模型添加了 LSTM 网络，用于处理环境状态信息的输入。LSTM 网络是循环神经网络的一种形式，其结构如图 5.10 所示。它通过门控制丢弃或增加的信息，从而实现遗忘或记忆功能，适合解决局部可观测的强化学习问题。

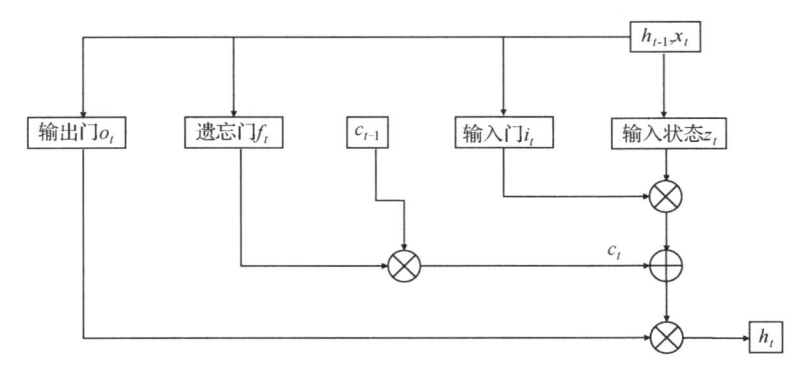

图 5.10　LSTM 网络结构

传统的 DQN 算法在卷积结构之后使用一个全连接层输出动作。本书设计了两层 LSTM 网络来替代全连接层，第一层 LSTM 网络接收来自卷积的深度特征；第二层 LSTM 网络接收来自上一层 LSTM 网络的输出、当前执行动作和动作奖励，以此为输入。具体参数设置：第一层 LSTM 网络的神经元个数为 128，时序长度为 4，输出为 32；第二层 LSTM 网络的神经元个数为 64，时序长度为 4，输出为 1。网络的最终输出为策略 $\pi(a|s)$。加入 LSTM 网络后的网络结构如图 5.11 所示。

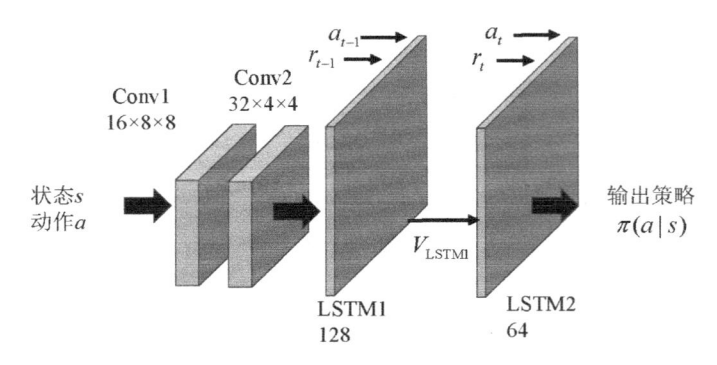

图 5.11 加入 LSTM 网络后的网络结构

DQN 算法为了解决数据分布的相关性而引入了经验回放机制，经验池中存放了一个训练周期的数据，即智能体从起点到目标点的探索过程中的 $[s,a,r,s']$。在经验池没有满时，智能体随机探索环境，将训练样本回传到经验池中；经验池满后，算法从经验池中随机选择一定数量的历史经验并送入目标网络参与训练，而最开始的未参与回传训练的数据则被删去。

在目标网络的更新过程中，引入时序差分误差（Temporal Difference Error，TD_{error}）的概念。TD_{error} 描述了不同时间的状态估计的差异，可以表示为

$$TD_{error} = \left| r_{s,a} + \gamma \max_{a'} Q(s',a') - Q(s,a) \right| \tag{5.32}$$

其中，$r_{s,a}$ 是当前奖励；$Q(s',a')$ 和 $Q(s,a)$ 分别是目标网络与估计网络对应的行动价值；γ 是行动对应的折扣因子。一个样本，即 $[s,a,r,s']$ 的 TD_{error} 越大，说明预测的精度有越大的上升空间，该部分样本作为主要起作用的训练对象被放在经验池中。每次更新时，选择绝对值最大的 TD_{error} 样本进行回放，更新该样本的 Q 值和 TD_{error} 的权重。本书设计了一种阈值筛选机制，不同于动作产生即送入经验池的方式，这里先判断动作产生的 TD_{error} 是否足够大，只有满足阈值的 TD_{error} 样本才被放入经验池，加速算法收敛。

T-DQN 算法流程伪代码如算法 5.1 所示。

算法 5.1　T-DQN 算法流程伪代码

初始经验池 D，容量为 N
随机初始化动作值函数 Q 的神经网络权重 θ
根据观测值 x_1 构建初始序列状态 s_1
for $t=1$，最大训练步数 do
　　在概率 ε 下选择随机动作 a_t
　　否则选择动作 $a_t = \arg\max_a Q^*(s,a;\theta)$
　　执行动作 a_t 并观察奖励 r_t 和观测值 x_t
　　利用 s_t 和 x_t 构建 s_{t+1}
　　通过 LSTM 网络计算样本 (s_t,a_t,r_t,s_{t+1}) 的 TD_{error}，做阈值筛选
　　将大于阈值的状态转移样本存入 D
　　从 D 中随机提取数量为 N_{batch} 的小批量样本 (s_t,a_t,r_t,s_{t+1})

设置 $y_k = \begin{cases} r_k & s_{k+1} = \text{end} \\ r_k + \gamma \max_{a'} Q(s_{k+1}, a'; \theta) & \text{其他} \end{cases}$

以目标函数 $L_k(\theta) = [y_k - Q(s_k, a_k; \theta)]^2$ 训练神经网络

end for

TD_{error} 阈值的设置由预训练决定。预训练的样本数据按照 TD_{error} 从大到小排序，设定参数 α，代表正式训练时使用序列中样本的比例。设 $\text{sequence}(\text{TD}_{\text{error}})$ 是按预训练样本的 TD_{error} 从大到小排序的序列，序列中的总样本数为 n，则选取第 $\alpha \times n$ 个样本对应的 TD_{error} 作为阈值。为设立合理的阈值而进行预训练，按优先级从高到低的顺序对数据列表进行排序，从高斯随机数值生成器中获取一个 0~1 的随机数 α，α 在 0~1 之间的取值概率呈高斯分布，避免取接近 0 或 1 的极端值。对于正式训练的样本数据，只有大于阈值的样本才被放入经验池。在 T-DQN 算法中，首先采用贪心策略，对样本的 TD_{error} 进行排序，确保被采样的概率在转移优先级上是单调的。由于只进行高优先级重放会产生过拟合问题，因此，在排好序的样本序列中加入均匀随机采样，抽取经验池中的不同样本进行回放。采样概率为

$$P(i) = \frac{r_i^{\alpha}}{\sum_k r_k^{\alpha}} r_i \tag{5.33}$$

其中，r_i 是第 i 个样本的 TD_{error} 在整个序列 k 中的位置排序比例。

5.2.4 基于 COLREGs 的无人艇动态避障算法

5.2.4.1 COLREGs

1972 年，国际海事组织（International Maritime Organization，IMO）颁布的 COLREGs 对海上航行船只会遇及避让做出规定，并对障碍物危险等级进行分类，划定出发生碰撞后的安全责任归属，有效降低了海上碰撞事件的发生。经过多年的发展，COLREGs 经过多次更新，在船只会遇及避让方面形成统一规定。由于目前还没有专门针对无人艇航行方面的条规，因此引用 COLREGs 中的重要规则对无人艇避障行为进行约束，对无人艇安全航行和避障算法的实际应用具有一定意义。

COLREGs 的第七条和第八条对碰撞危险与避免碰撞的行动做出规定，每一船舶在航行中都应该应用有效手段来判断是否存在碰撞危险，若存疑，则认定存在碰撞危险；同时，当确认存在碰撞危险时，应及时并积极地采取避障行为。COLREGs 的第二章对船舶在互见中的行动做出规定，具体如下。

第十三条：追越。该条给出了两船追越局面的定义，并对追越过程中的碰撞行为进行判定，任何船舶在追越其他船舶时，均应给被追越船舶让路。

第十四条：对遇局面。当两艘船舶在相反或接近相反的航向上相遇时，构成对遇局面，若对该局面存疑，则认定该局面存在，并且两者应各自向右转向，从其他船舶的左舷驶过。

第十五条：交叉相遇局面。该条规定了当两艘船舶交叉相遇存在碰撞危险时，应主动为右舷的船舶让路，避免碰撞的发生。

第十六条：让路船的行动。作为应为其他船舶让路并采取避让措施的船舶应及早采取大幅度行动，避让其他船舶。

第十七条：直航船的行动。在避让行动中，直航船可保持航向和航速航行，但当其已经发觉让路船未采取相关避让措施时，直航船可自行采取避让措施。

根据上述 COLREGs 的几条重要规则，如果要保证无人艇在各种不同情形下都可以顺利通过障碍物和移动船只，就必须判定不同会遇情形的归类，以及每一次会遇的责任界定和避障行为。

无人艇激光雷达坐标系与自体坐标系相同，依据无人艇自体坐标系和激光雷达坐标系得出他船（其他船舶）的位置信息$(x_{obstacle}, y_{obstacle}, z_{obstacle})$和速度信息$(v_{obstacle-x}, v_{obstacle-y}, v_{obstacle-z})$，本节主要考虑平面坐标，忽略 z 轴。根据无人艇与他船之间的相对方位角α_T可对会遇态势进行划分，并进行碰撞责任认定。相对方位角α_T可根据式（5.34）得出。

$$\alpha_T = \arctan |\frac{x_{obstacle}}{y_{obstacle}}| + \alpha$$

$$\alpha = \begin{cases} 0° & x_{obstacle}, y_{obstacle} \geq 0 \\ 180° & y_{obstacle} < 0 \\ 360° & x_{obstacle}, y_{obstacle} \geq 0 \end{cases} \quad (5.34)$$

如图 5.12 所示，无人艇为自船，用蓝色标记，红色标记为他船，根据相对方位角α_T，对会遇态势进行划分，并融合专家经验获取避免碰撞决策依据，具体如表 5.3 所示。

图 5.12 会遇态势划分

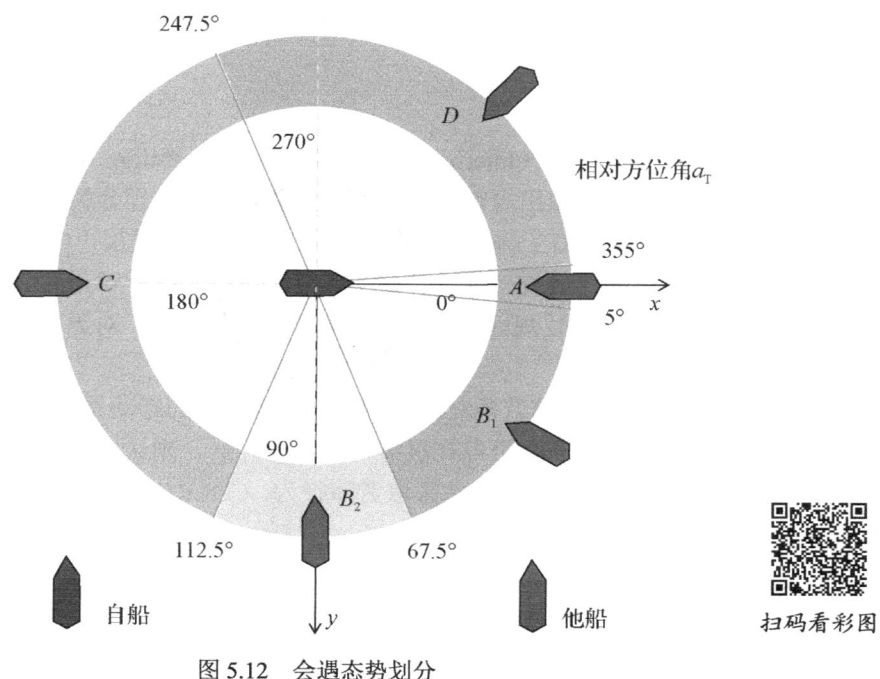

表 5.3 基于 COLREGs 的会遇态势划分与避免碰撞决策依据

区域	α_T 的范围	会遇态势	避免碰撞决策依据	碰撞责任认定
A	$[0°,5°) \cup [355°,360°)$	对遇	双方均右转避让	未避让船责任
B_1	$[5°,67.5°)$	小角度右舷交叉	自船右转避让	自船责任
B_2	$[67.5°,112.5°)$	大角度右舷交叉	自船减速慢行或右转避让	自船责任
C	$[112.5°,247.5°)$	追越	自船保向、保速,他船避让	他船责任
D	$[247.5°,355°)$	左舷交叉	自船保向、保速,他船避让	他船责任

根据 COLREGs，处于无人艇（自船）右舷的他船具有更高的航行优先级，无人艇需要采取避让措施，为他船让路；在对遇局面中，双方均需要采取右转避让措施；在其他情况下，无人艇可保向、保速航行。以上是基于他船同样遵守 COLREGs 和运动不受限的较为理想状态，考虑到他船不遵守 COLREGs 或运动受限等极端情况，不能依靠他船主动采取合理的避让措施，无人艇需要进行快速避让。因此，这里对动态船只不同会遇态势的避让措施进行进一步约束。

1. 对遇局面

在理想情况下，对遇两船均会采取右转避让措施；在极端情况下，他船保向、保速航行，不进行右转避让，此时，无人艇应及时预判是否会形成对遇局面，并及时右转，避免碰撞的发生。

2. 左舷交叉局面

COLREGs 规定，处于右舷的船具有较高的航行优先级，因此，在左舷交叉局面下，无人艇具有较高的航行优先级，可保向、保速航行，但考虑到他船未采取避让措施，规定无人艇统一左转避让。

3. 右舷交叉局面

对于右舷交叉局面，无人艇具有较低的航行优先级，需要主动采取右转避让措施，让他船优先通过。

4. 追越局面

COLREGs 的第十三条中明确指出："任何船舶在追越任何他船时，均应给被追越船让路。""随后两船间方位的任何改变，都不应把追越船作为本规则各条含义中所指的交叉相遇船，或者免除其让开被追越船的责任，直到最后驶过让清为止。"此时，假定无人艇突然失航、失速，追越船也可及时减速或改变航线来避免追越碰撞发生。因此，在追越局面中，自船保向、保速航行。

基于以上极端情况的避让措施，使得无人艇在复杂未知环境中也具备较高的航行安全性。图 5.13 所示为两船会遇时无人艇的避让操作示意图。

以上描述的是动态障碍物，当无人艇遇到未知岛屿等静态障碍物时，可将其看作没有航行能力的动态障碍物，以将障碍物做统一处理。

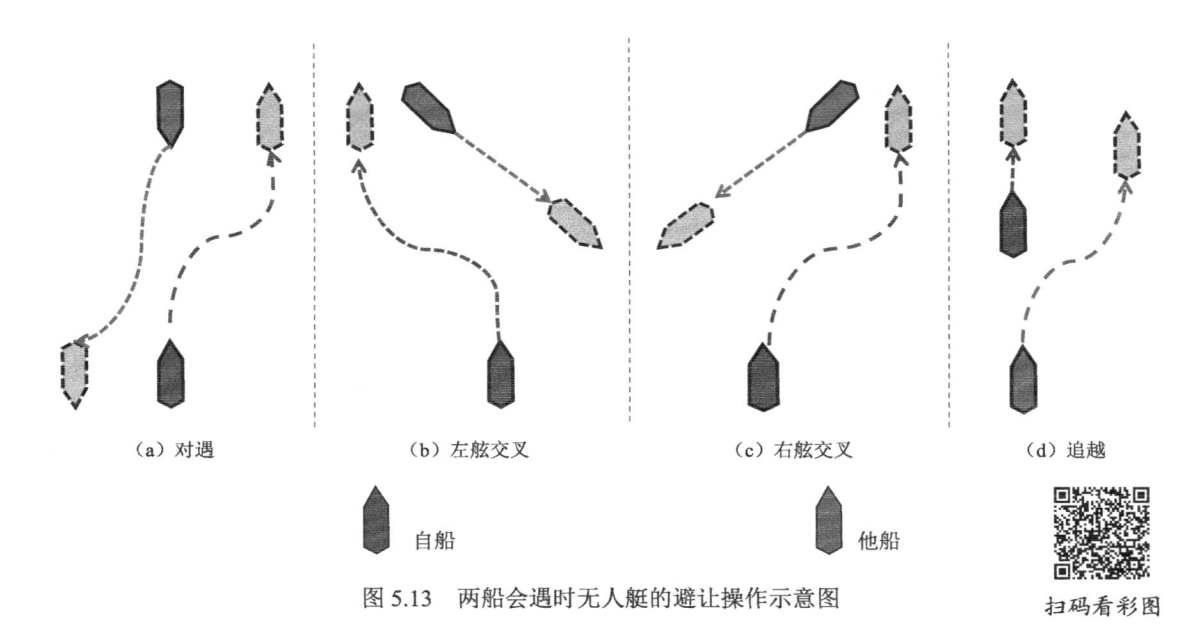

(a) 对遇　　　　(b) 左舷交叉　　　　(c) 右舷交叉　　　　(d) 追越

自船　　　　他船

图 5.13　两船会遇时无人艇的避让操作示意图

5.2.4.2　基于动态窗口法的避障

1. 动态窗口法避障原理

动态窗口法是 Sebastian 等人在 1997 年提出的移动机器人在线避障算法，其核心思想借鉴了预测控制的相关原理，通过选取不同的线速度和角速度来生成有效的速度搜索空间，根据代价函数选择最优解，采用动态窗口对预测位置和轨迹进行筛选，得到运行指令，实现对动态障碍物的避让。

动态窗口法考虑到智能体只能前进和旋转，符合无人艇的操控特性，其具体实现思路分为如下 3 步。

（1）根据无人艇的运动状态及已知环境信息，模拟运动场景和航行轨迹；根据当前局部环境中存在的动态障碍船信息，预先检测无人艇前行时是否会与动态障碍船发生碰撞；判断无人艇是否可以根据任务需要实现安全无碰撞航行，并成功到达目标点。

（2）当无人艇开始沿规划轨迹航行时，船身所搭载的传感器也在实时探测并更新周边局部水面环境信息。当周边水域出现动态障碍船时，设定局部区域目标点，更改无人艇的线速度和角速度的组合方式，使最终规划轨迹能够绕行动态障碍船而到达目标点。如图 5.14 所示，不同的线速度和角速度合成了不同大小的动态窗口，环境中的红色轨迹代表的速度组合会使无人艇发生碰撞，而绿色曲线代表的是安全无碰撞轨迹。速度取值空间受限于无人艇自身的运动，如速度极限、转向角约束及移动安全。依据评价

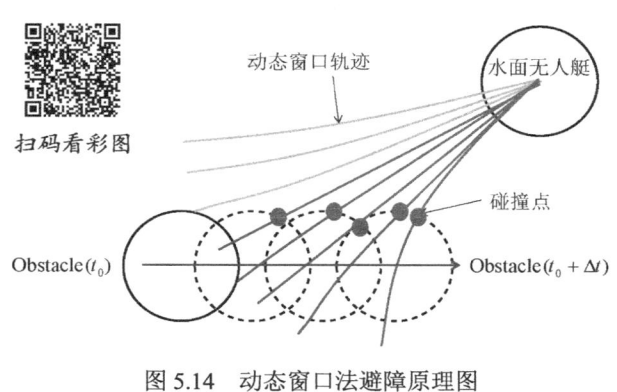

图 5.14　动态窗口法避障原理图

函数选取这些模拟轨迹中的最优轨迹,根据该轨迹对应的线速度和角速度驱动无人艇航行,完成后进行下一周期的局部水域更新,使无人艇能够安全避障。

(3) 在动态窗口的更新过程中,局部水面环境信息也在不断变化和更新,传感器收集的局部水面环境信息被实时上传到处理模块,为全局路径修正做准备,同时确保无人艇能对突发情况做充分预估和及时判断。

动态窗口法的核心是设计合理的速度取值空间。无人艇的线速度和角速度的组合方式不同,对应的动态窗口及其更新方向也不同。这些组合在无人艇速度取值空间中以当前速度为中心形成动态窗口,依据评价函数对速度采样点形成的预测轨迹进行评价,以获取最优速度指令。评价函数如式(5.35)所示。

$$G(v,\omega) = \sigma[\alpha\text{heading}(v,\omega) + \beta\text{dist}(v,\omega) + \gamma\text{velocity}(v,\omega)] \quad (5.35)$$

其中,$\text{heading}(v,\omega)$ 是航向角函数,其计算方式为

$$\text{heading}(v,\omega) = 180° - \theta \quad (5.36)$$

它用于评价在当前情况下,预测轨迹朝向与目标点之间的角度差,角度差越小,评价越高。$\text{dist}(v,\omega)$ 表示的是预测轨迹尾端与最近动态障碍船的距离。$\text{velocity}(v,\omega)$ 用于评价当前无人艇的速度,速度越快,其到达目标点的耗时越短,评价越高。在实际运算时,对公式中的各指标做归一化处理,即每部分除以所有预测轨迹的该部分累积和。这样做的目的是避免单项太过影响总体评价函数的权重。考虑到频繁变速会对无人艇的机械性能造成损耗,且速度调控不好把握,在局部动态避障问题中,只考虑通过变换角度来避开会遇船只的情形,即只考虑线速度不变、角速度发生变化的速度窗口。

2. 避障算法设计

结合动态避障规则约束和动态窗口法对无人艇航行过程中遇到的动态障碍船进行避障算法设计。在进行动态避障前,首先判断在局部环境水域中检测到的动态障碍船是否威胁其正常航行。根据无人艇与动态障碍船之间的会遇态势,以及动态障碍船可能对无人艇造成的危险程度,引入基于船舶碰撞危险度(Collision Risk Index,CRI)的危险等级判断。CRI 是船舶之间发生碰撞的概率的度量,不仅受航速、航向等船舶航行因素的影响,还受驾驶员对危险的感知能力和反应速度的影响。CRI 的取值为 0~1,CRI=0 时表示无碰撞风险,CRI=1 时表示必将发生碰撞。引入 CRI,将动态障碍船的危险等级划分为 4 级。基于 CRI 的会遇态势危险等级划分如图 5.15 所示。

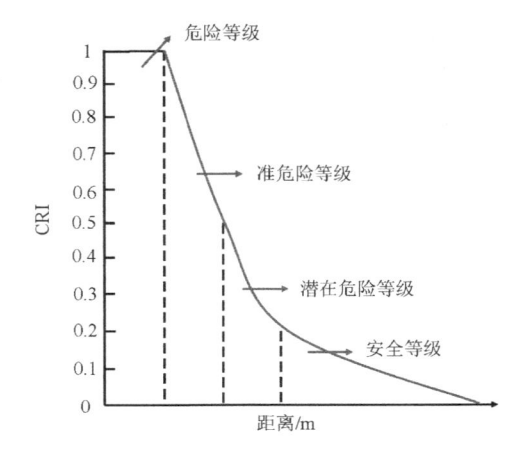

图 5.15 基于 CRI 的会遇态势危险等级划分

(1) 危险等级:对应 CRI=1 的会遇态势,由于避让不及时,无人艇与动态障碍船必将发生碰撞。

(2) 准危险等级:对应 0.5<CRI<1 的会遇态势,无人艇与动态障碍船面临对遇局面,相

对而行，两船距离急剧变小。若两船按照既定航向与航速航行，则会存在极大概率发生碰撞，因此，无人艇需要立即启动避免碰撞程序，向右偏移，沿动态障碍船右舷通过。

（3）潜在危险等级：对应 0.2<CRI<0.5 的会遇态势，无人艇与动态障碍船面临交叉相遇局面。计算此时的碰撞概率，当两船按照现有航速与航向航行时，两船可以交错而过，不会发生碰撞，无人艇无须立即启动避免碰撞程序，但需要实时监控动态障碍船的突发情况，评估碰撞概率，当发现两船存在碰撞风险时，无人艇需要启动避免碰撞程序，对于左舷交叉，无人艇左转避让；对于右舷交叉，无人艇右转避让。

（4）安全等级：对应 0<CRI<0.2 的会遇态势，无人艇与动态障碍船不会发生碰撞。此时，主要对应的为动态障碍船与无人艇面临追越局面，且动态障碍船的速度小于无人艇的速度，不会发生碰撞；或者动态障碍船会从后方超越无人艇，但此时无人艇无须负责，无人艇按照既定航速与航向航行即可。处于安全等级的动态障碍船不会对无人艇的安全航行造成威胁，可以直接忽略。

基于上述危险等级判断和动态避障规则约束设计无人艇局部动态避障算法，其流程图如图 5.16 所示。

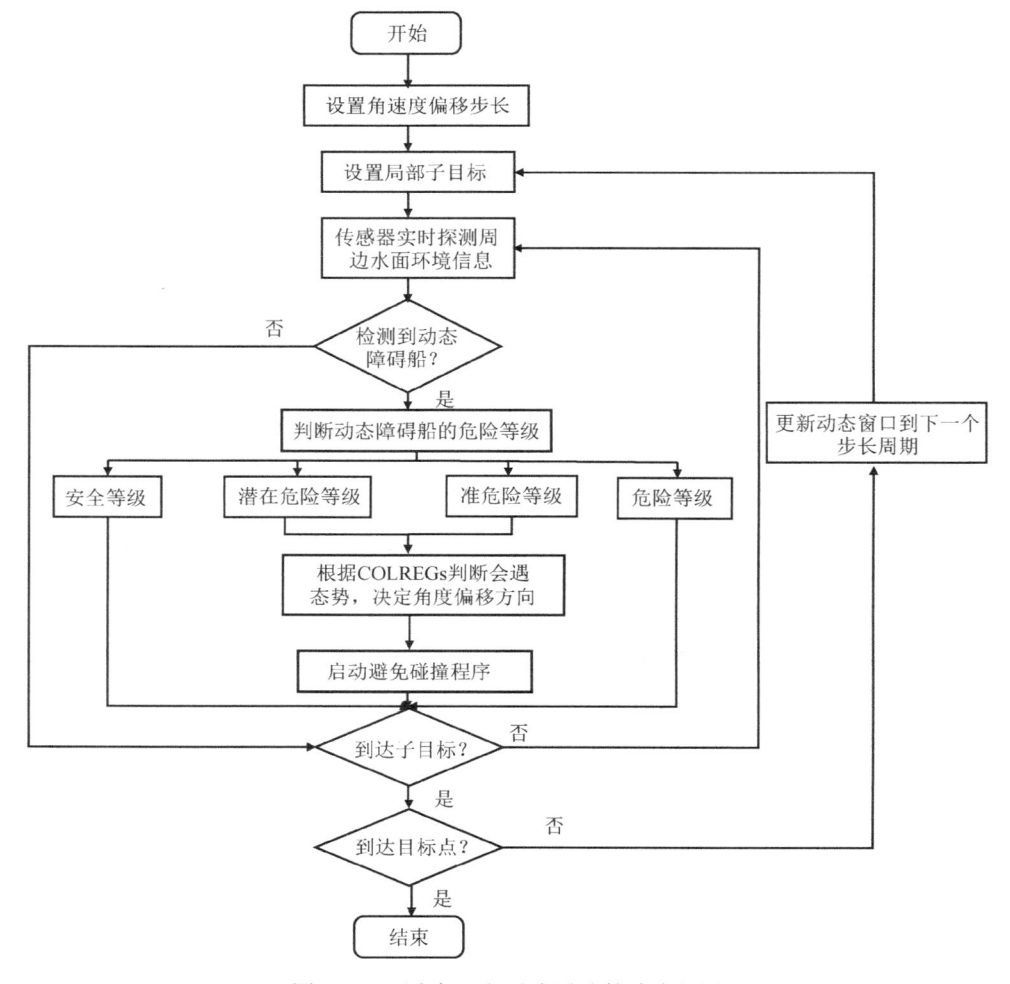

图 5.16　无人艇局部动态避障算法流程图

第5章 无人艇路径规划技术

3. 无人艇动态避障仿真实验

无人艇在航行过程中会遇到未知动态障碍船,结合前面对 COLREGs 的描述,这里将无人艇与动态障碍船会遇的情形分为三大类:交叉相遇、追越和对遇。由于追越时责任判定在后方追越动态障碍船,无人艇保持原有路径航行即可,因此只考虑左舷交叉、对遇和右舷交叉 3 种情形。

1) 左舷交叉

在 50m×50m 的局部区域内,设定无人艇的起点坐标为(3,5),目标点坐标为(50,50),结合实际数据,设定移动半径为 1m,移动速度为 1.5m/s;设定动态障碍船的起点坐标为(11,25),移动半径为 1m,移动速度为 1.5m/s,会遇时与无人艇形成左舷交叉局面。左舷交叉时,安全距离在一个船长之上,设定为 2m,危险区域判定距离为 10m。取航行过程中的 4 个时刻 $t_1 \sim t_4$,对应的动态避障轨迹如图 5.17 所示,蓝色轨迹表示无人艇,红色轨迹表示动态障碍船。可以看出,无人艇能及时判定出现在危险区域内的障碍物,在保留一定安全距离的前提下实现左舷交叉会遇动态障碍船避让,且遵循 COLREGs 向右偏转。左舷交叉时无人艇的角度变化如图 5.18 所示。

2) 对遇

同样在 50m×50m 的局部区域内,设定无人艇的起点坐标为(3,5),目标点坐标为(50,50),结合实际数据,设定移动半径为 1m,移动速度为 1.5m/s;设定动态障碍船的起点坐标为(30,32),移动半径为 1m,移动速度为 1.5m/s,会遇时与无人艇形成对遇局面。对遇时,无人艇与动态障碍船相向而行,安全距离和危险区域判定距离都相应增大,因此设定安全距离为 3m,危险区域判定距离为 30m。取航行过程中的 4 个时刻 $t_1 \sim t_4$,对应的动态避障轨迹如图 5.19 所示,蓝色轨迹表示无人艇,红色轨迹表示动态障碍船。可以看出,无人艇的危险区域判定距离增大,因此提前发生路径偏移,且遵循 COLREGs 向右偏转,在保留一定安全距离的前提下实现对遇动态障碍船避让。对遇时无人艇的角度变化如图 5.20 所示。

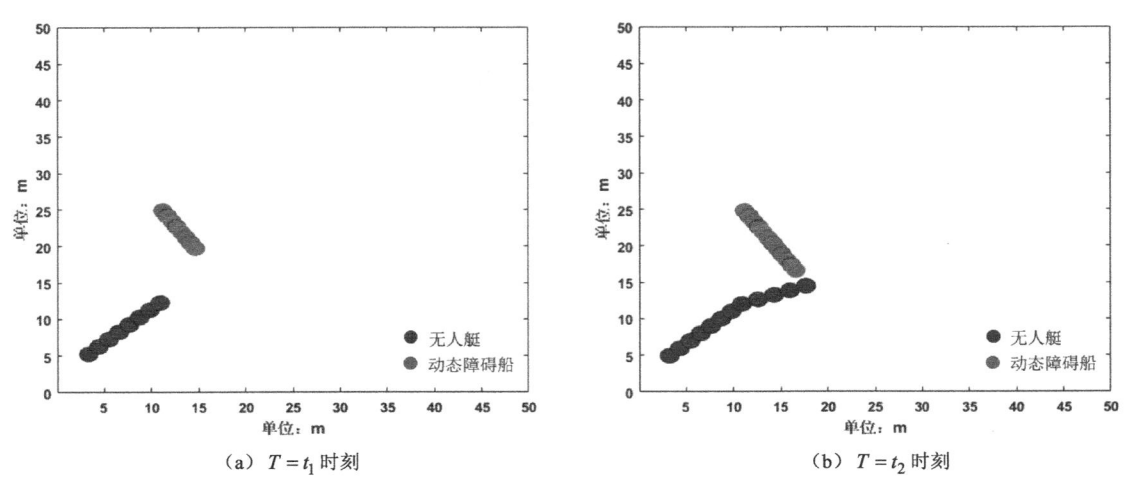

(a) $T = t_1$ 时刻

(b) $T = t_2$ 时刻

图 5.17 左舷交叉时的动态避障轨迹

水面无人艇智能感知与导航技术

（c）$T = t_3$ 时刻

（d）$T = t_4$ 时刻

图 5.17 左舷交叉时的动态避障轨迹（续）

扫码看彩图

图 5.18 左舷交叉时无人艇的角度变化

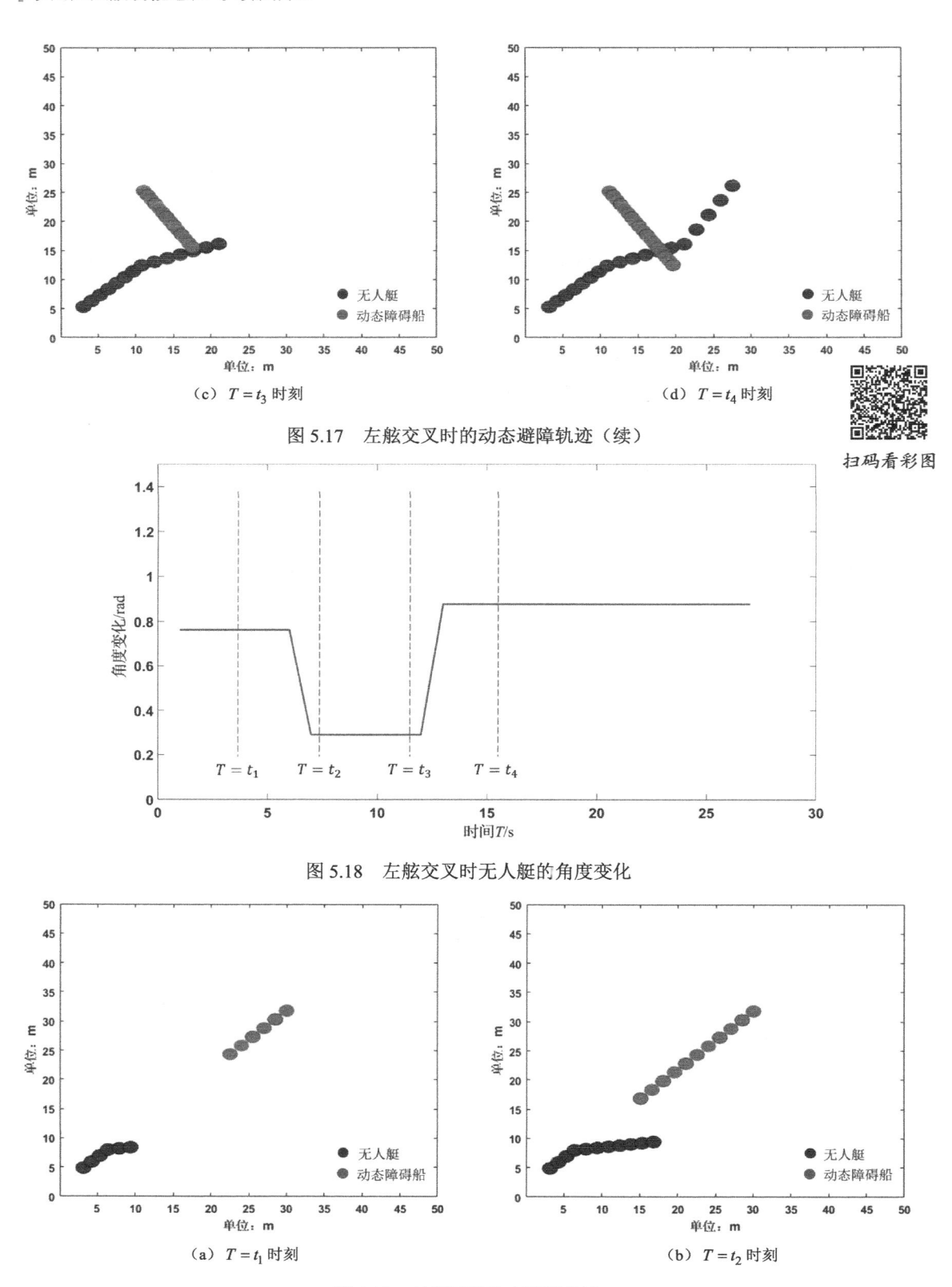

（a）$T = t_1$ 时刻

（b）$T = t_2$ 时刻

图 5.19 对遇时的动态避障轨迹

（c）$T=t_3$ 时刻

（d）$T=t_4$ 时刻

图 5.19　对遇时的动态避障轨迹（续）

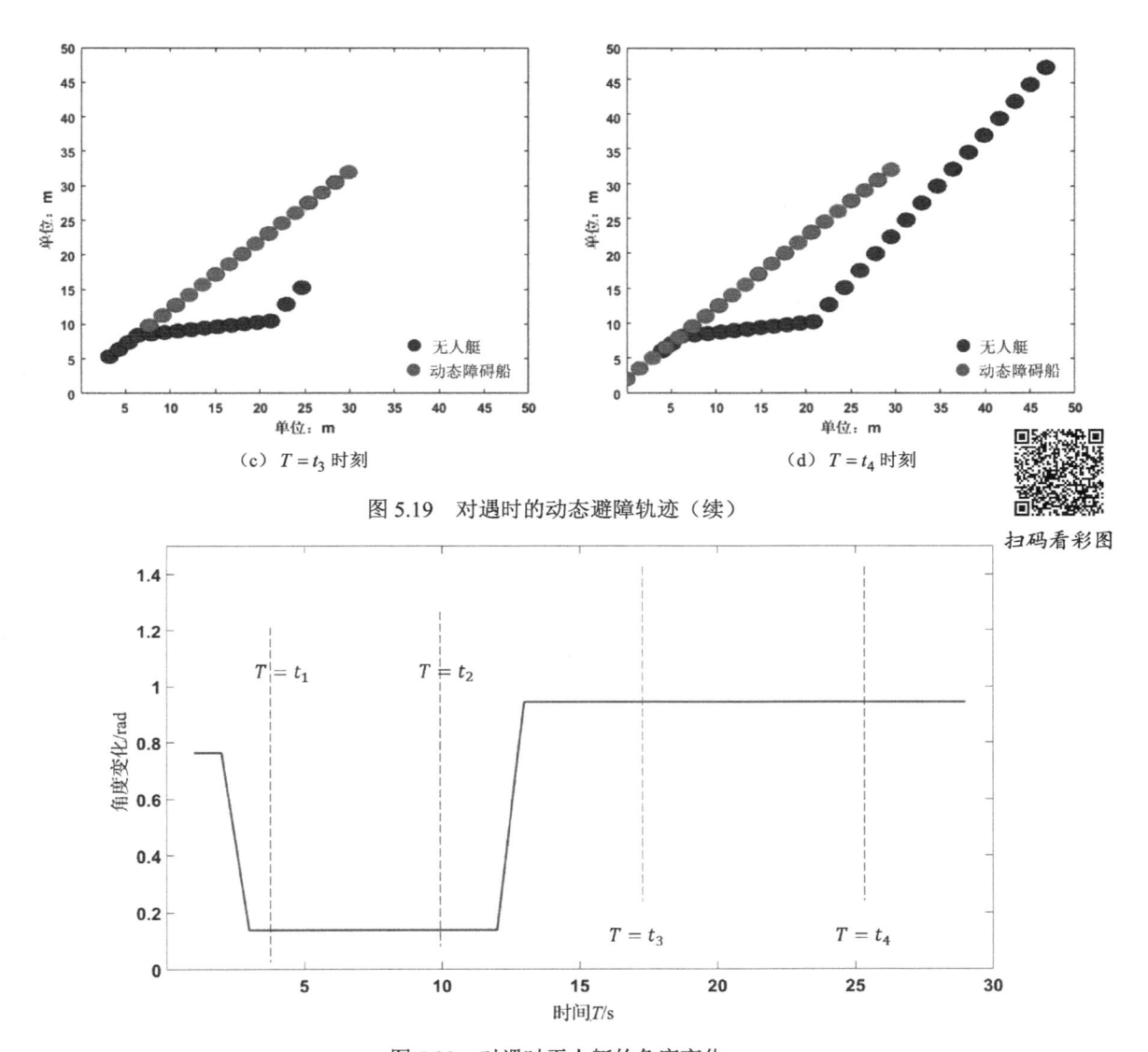

图 5.20　对遇时无人艇的角度变化

3）右舷交叉

同样在 50m×50m 的局部区域内，设定无人艇的起点坐标为(3,5)，终点坐标为(50,50)，设定移动半径为 1m，移动速度为 1.5m/s；设定动态障碍船的起点坐标为(20,0)，移动半径为 1m，移动速度为 1.5m/s，会遇时与无人艇形成右舷交叉局面。右舷交叉时，安全距离在一个船长之上，设定为 2m，危险区域判定距离为 10m。取航行过程中的 4 个时刻 $t_1 \sim t_4$，对应的动态避障轨迹如图 5.21 所示，蓝色轨迹表示无人艇，红色轨迹表示动态障碍船。可以看出，无人艇能及时判定出现在危险区域内的动态障碍船，在保留一定安全距离的前提下实现右舷交叉会遇动态障碍船避让，且遵循 COLREGs 向左偏转。右舷交叉时无人艇的角度变化如图 5.22 所示。

（a）$T = t_1$ 时刻

（b）$T = t_2$ 时刻

（c）$T = t_3$ 时刻

（d）$T = t_4$ 时刻

图 5.21　右舷交叉时的动态避障轨迹

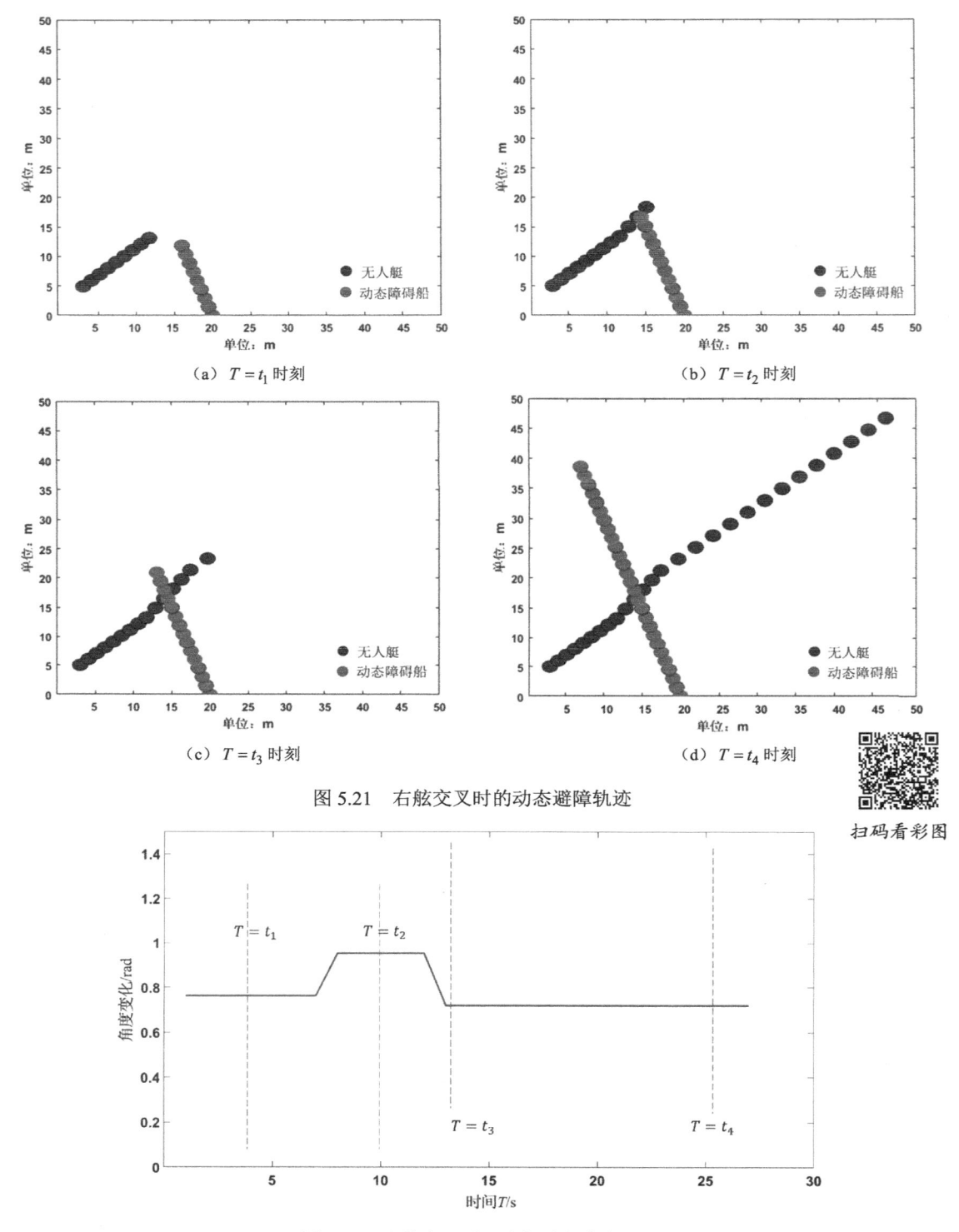

扫码看彩图

图 5.22　右舷交叉时无人艇的角度变化

4）融合会遇

为考察避障算法在复杂动态场景下的避障能力，本书在融合会遇时设置 4 个障碍物，包

第 5 章 无人艇路径规划技术

含左舷交叉、对遇和右舷交叉 3 种情形。复杂场景区域大小设置为 250m×250m，无人艇的起点坐标为(5,3)，目标点坐标为(250,250)，移动半径为 1m，移动速度为 1.5m/s；动态障碍船的移动半径和移动速度均与无人艇的相同。动态障碍船 1 最开始出现，起点坐标为(33,88)，与无人艇形成左舷交叉局面。此时,无人艇右转避让；动态障碍船2其次出现,起点坐标为(100,7)，与无人艇形成右舷交叉局面。此时，无人艇左转避让；动态障碍船 3 随后出现，起始位置坐标为(150,150)，并与无人艇形成对遇局面。此时，无人艇也需要右转避让；动态障碍船 4 最后出现，起始坐标为(150,180)，与无人艇形成左舷交叉局面。此时，无人艇右转避让。

考虑到融合会遇中既存在交叉相遇情形，又存在危险系数较高的对遇情形，因此，安全距离和危险区域判定距离的设置以对遇情形为准，其中，安全距离设置为 5m，危险区域判定距离设置为 30m。取航行过程中的 6 个时刻 $t_1 \sim t_6$，对应的动态避障轨迹如图 5.23 所示，无人艇的角度变化如图 5.24 所示。可见，无人艇在遵循 COLREGs 的条件下，能安全避开随机出现的动态障碍物，且轨迹波动较小，航行稳定。通过一系列的仿真实验，证明了本书提出的动态避障算法的有效性和合理性。

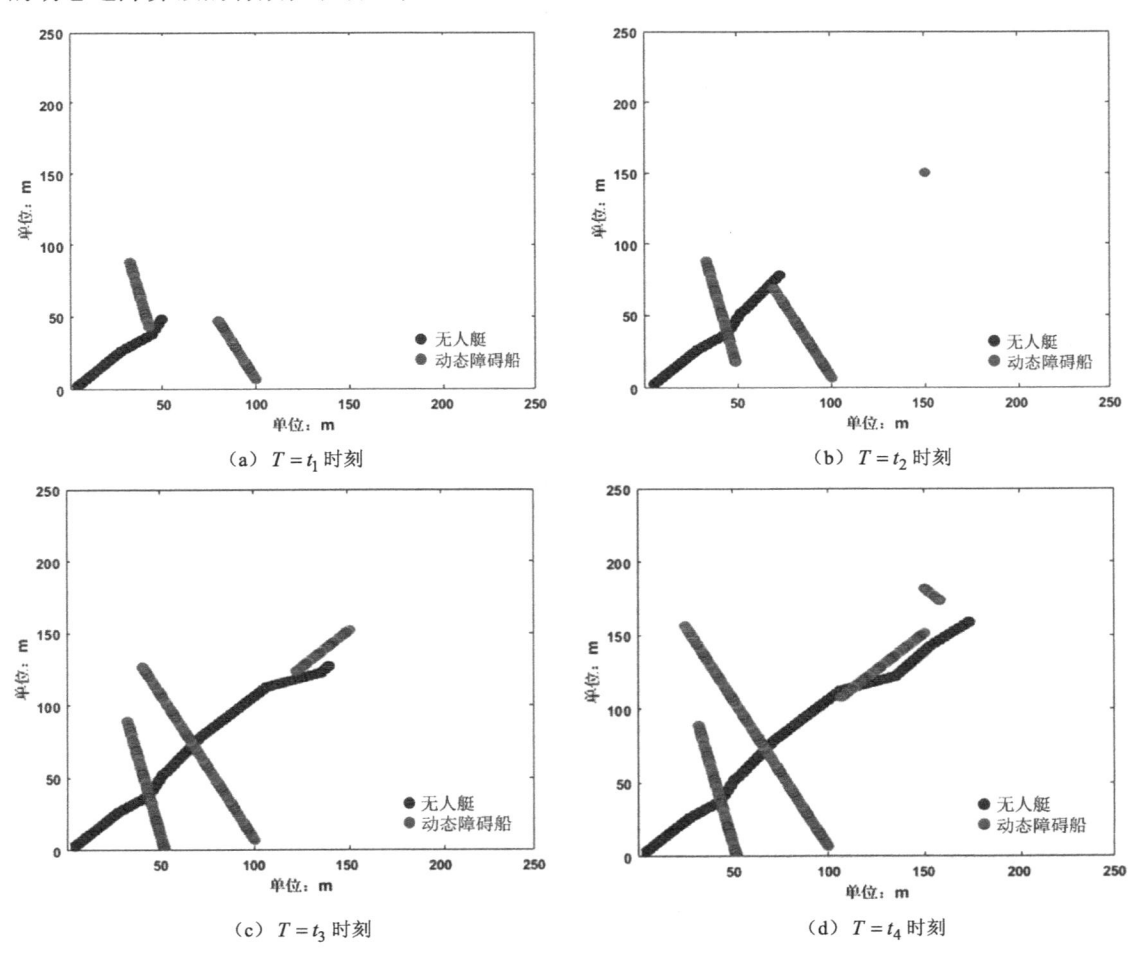

(a) $T = t_1$ 时刻

(b) $T = t_2$ 时刻

(c) $T = t_3$ 时刻

(d) $T = t_4$ 时刻

图 5.23 融合会遇时的动态避障轨迹

（e）$T = t_5$ 时刻

（f）$T = t_6$ 时刻

图 5.23　融合会遇时的动态避障轨迹（续）

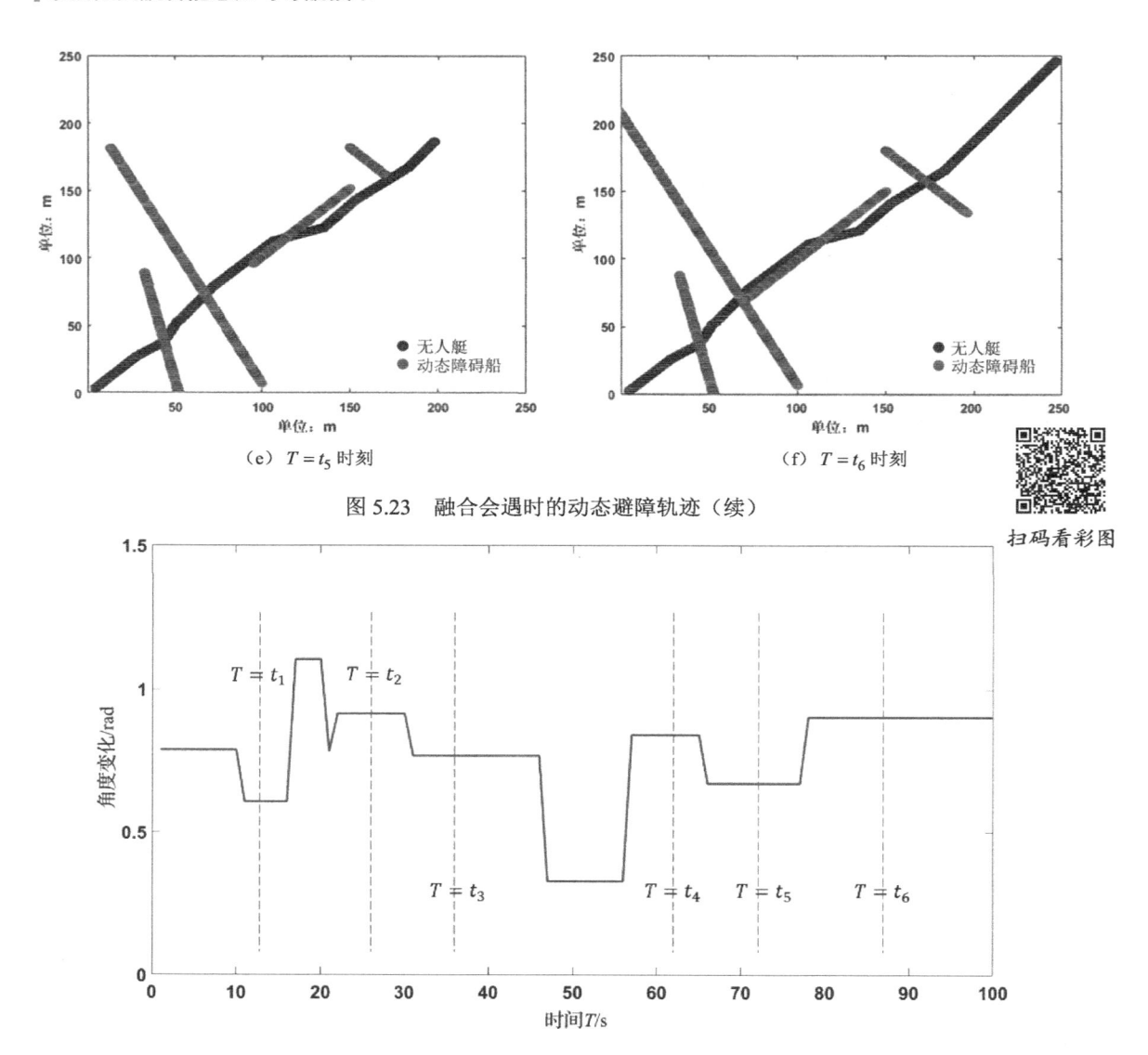

图 5.24　融合会遇时无人艇的角度变化

在无障碍的空旷区域，无人艇沿预定航线向着目标点前进，当动态障碍船进入无人艇的危险区域判定距离内时，无人艇根据动态避障算法做出转向决策，并预留一定的安全距离完成与动态障碍船的安全会遇。在完成避免碰撞流程后，无人艇恢复到预定航线上。在多次仿真测试中，无人艇都很好地实现了安全、准确的自主避免碰撞，证明本书提出的动态避障算法具有较好的实用价值。

图 5.25 展示了 Spaitlab Unity 中的动态避障效果图，其中白色轨迹为无人艇的航行轨迹。对应不同的会遇情形，无人艇都能提前做出预判，并按照动态避障规则正确转向，避免碰撞。

(a)左舷交叉时的 FPV 视角图及俯视图

(b)对遇时的 FPV 视角图及俯视图

(c)右舷交叉时的 FPV 视角图及俯视图

图 5.25　Spaitlab Unity 中的动态避障效果图

5.2.4.3　基于 Imitation-PPO 算法的避障

MDP 的核心为寻找最优策略,在无人艇避障过程中,一条避开障碍物且安全的路径就是所寻找的最优策略,本节针对无人艇的运动特性和 COLREGs 进行决策模型设计,并将模仿学习机制融入深度强化学习框架,设计 Imitation-PPO 算法,求解无人艇避障策略。

1. 决策模型

1)状态空间与动作空间

无人艇避障是一个连续控制问题,需要根据所配备的传感器获取无人艇信息、环境障碍物信息,将其作为避障算法的决策输入,避障算法根据状态信息、奖励函数,从动作空间选择相应的动作输出。无人艇通过其配备的 GPS 获取目标点位置和自身位置、速度信息,通过罗经获取自身姿态、航向与舵角信息,通过激光雷达获取障碍物信息。设目标点状态函数 s_{goal},

表示目标点的位置 $(x_{\text{goal}}, y_{\text{goal}}, z_{\text{goal}})$；无人艇自身位置状态函数 $s_{\text{USV\_Position}}$，表示无人艇的当前位置 $(x_{\text{USV-P}}, y_{\text{USV-P}}, z_{\text{USV-P}})$；速度状态函数 $s_{\text{USV\_velocity}}$，表示无人艇的运动速度 $(x_{\text{USV-u}}, y_{\text{USV-v}}, z_{\text{USV-r}})$；姿态信息状态函数 $s_{\text{USV\_Attitude}}$，表示无人艇的当前姿态 $(x_{\text{USV-a}}, y_{\text{USV-a}}, z_{\text{USV-a}})$；航向函数 s_ψ 与舵角函数 s_δ；障碍物状态函数 s_{RayArray}，表示激光雷达数组状态，其中每个元素均为一条射线的三维探测信息。此时，最终的状态空间为

$$s = \{s_{\text{goal}}, s_{\text{USV\_Position}}, s_{\text{USV\_velocity}}, s_{\text{USV\_Attitude}}, s_\psi, s_\delta, s_{\text{RayArray}}\} \tag{5.37}$$

算法的输出动作为下一步的期望加速度与期望转向角。其中，可根据期望加速度 $a_{\text{USV-expect}}$ 得到建议航速 $(x_{\text{USV-u-expect}}, y_{\text{USV-v-expect}}, z_{\text{USV-r-expect}})$，期望转向角 $\psi_{\text{USV-expect}}$ 可作为建议航向。

由于算法训练是在 Unity 中进行的，因此，需要注意的是，在 Unity 中默认使用 $Gzxy$ 坐标系，在进行状态输入时，需要进行相应的坐标转换，同时部分垂直变量为常量，在输入时可做简化。

2）奖励函数

奖励函数定义了无人艇在不同状态下采取不同动作后环境反馈的奖励，算法训练过程中以最大化累积奖励为目标进行学习，使得无人艇到达目标点。奖励函数反映了无人艇导航避障过程中遵循的规则，指导无人艇的策略输出，可依据不同需求进行自定义设计以提高无人艇的避障成功率。奖励函数也是影响算法的学习效率与收敛速度的重要因素。综合考虑无人艇与目标点之间的距离、规避障碍物、无人艇姿态、遵循 COLREGs 等多种因素设计奖励函数，在符合无人艇运动规律的情况下，以较少的时间或较小的路径代价为目的到达目标点。本书设计的训练回合奖惩规则与奖励函数分别如下。

（1）目标点奖励函数 R_{end}。D_{goal} 为无人艇与目标点之间的距离，当该距离小于 1m 时，视为到达目标点，重置并开启下一轮训练回合：

$$D_{\text{goal}} = \sqrt{(x_{\text{USV-P}} - x_{\text{goal}})^2 + (y_{\text{USV-P}} - y_{\text{goal}}) + (z_{\text{USV-P}} - z_{\text{goal}})^2}$$
$$R_{\text{end}} = 5, \quad D_{\text{goal}} < 1\text{m} \tag{5.38}$$

（2）避障惩罚函数 $R_{\text{collision}}$。通过 $R_{\text{collision}}$ 给予无人艇与障碍物惩罚：当激光雷达检测到无人艇与障碍物之间的距离小于或等于 2m 时，开始给予无人艇惩罚，距离越近，惩罚越大；$\lambda_{\text{collision}}$ 为折扣因子，设为 0.9；D_{obstacle} 为无人艇与障碍物之间的距离，当该距离小于 0.5m 时，给予固定惩罚，重置并开启下一轮训练回合：

$$D_{\text{obstacle}} = \sqrt{(x_{\text{USV-P}} - x_{\text{obstacle}})^2 + (y_{\text{USV-P}} - y_{\text{obstacle}}) + (z_{\text{USV-P}} - z_{\text{obstacle}})^2}$$

$$R_{\text{collision}} = \begin{cases} -\lambda_{\text{collision}} \dfrac{1}{D_{\text{obstacle}}} & 0.5\text{m} < D_{\text{obstacle}} < 1\text{m} \\ -2 & D_{\text{obstacle}} < 0.5\text{m} \end{cases} \tag{5.39}$$

（3）x_{rotation}、y_{rotation} 分别为艇体绕相应坐标轴旋转的角度，若无人艇姿态变化超过如下范围阈值，则重置并开启下一轮训练回合，防止其发生侧翻或倾覆：

$$|x_{\text{rotation}}| > 30° \cup |y_{\text{rotation}}| > 10° \tag{5.40}$$

（4）无人艇避障过程除保证其安全有效外，还需要考虑其是否遵守 COLREGs。无人艇在航行过程中，根据输入的状态信息判断其与动态障碍船的 4 种会遇情形，并逐一设计奖励函数。

$\alpha_T \in [0°,5°] \cup [355°,360°]$，对遇情形：

$$R_{\text{headtohead}} = \begin{cases} 0.1 & 0° < \Delta\psi < 30° \\ -0.1 & \Delta\psi < 0° \end{cases} \quad (5.41)$$

其中，$\Delta\psi$ 为航向，向右为正，向左为负。

$\alpha_T \in [247.5°,355°]$，左舷交叉情形：

$$R_{\text{larboard}} = \begin{cases} 0.1 & -30° < \Delta\psi < 0° \\ -0.1 & 0° < \Delta\psi \end{cases} \quad (5.42)$$

$\alpha_T \in [5°,112.5°]$，右舷交叉情形：

$$R_{\text{starboard}} = \begin{cases} 0.1 & 0° < \Delta\psi < 30° \\ -0.1 & \Delta\psi < 0° \end{cases} \quad (5.43)$$

$\alpha_T \in [112.5°,247.5°]$，追越情形：

$$R_{\text{overtaking}} = \begin{cases} 0.1 & -5° < \Delta\psi < 5° \\ -0.1 & 5° < |\Delta\psi| \end{cases} \quad (5.44)$$

2．Imitation-PPO 算法设计

针对 PPO 算法前期探索较慢的问题，引入模仿学习机制以加快避障策略学习的速度，经过一段时间的学习后，形成预先策略，此后以深度强化学习为核心，依靠智能体与环境的交互学习最优策略。图 5.26 所示为 Imitation-PPO 算法框架，其训练流程如算法 5.2 所示。

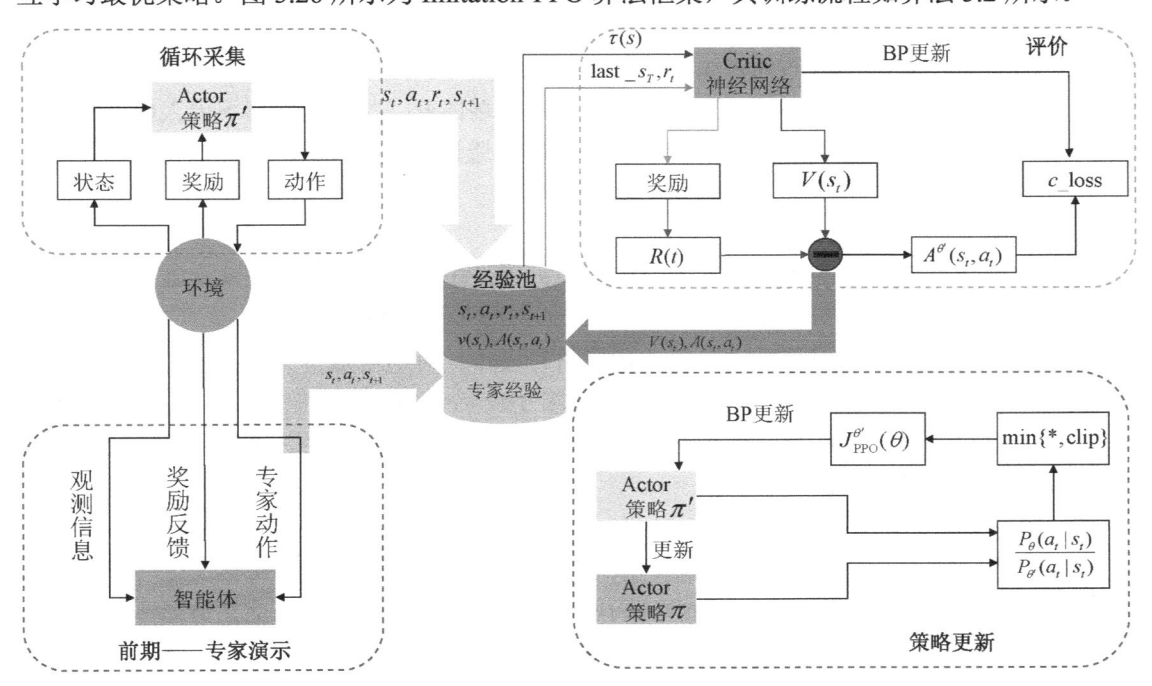

图 5.26 Imitation-PPO 算法框架

算法 5.2　Imitation-PPO 算法的训练流程

前期（模仿学习）：
专家演示并存储专家示例
智能体从专家经验池中采样数据并更新形成预先策略
中期（深度强化学习）：
for $k=i,i+1,i+2,\cdots$ do
1. 策略 π' 与环境进行交互，得到 $[s_t,a_t,r_t,s_{t+1}]$ 数据，并存入经验池
2. 循环步骤 1，使用 π' 存储大量数据，此时 π' 未更新
3. 从经验池中将步骤 1、2 循环完后的最后一个状态 s_T 和 r_t 数据输入 Critic 网络，输出 $V(s_T)$ 并计算 $R(t)$：
$$R(t)=r_t+\gamma r_{t+1}+\gamma^2 r_{t+2}+\cdots+\gamma^{T-t-1}r_{T-1}+\gamma^{T-t}V(s_T)$$
4. 将存储轨迹 τ 中的状态输入 Critic 网络，得到所有状态的 $V(s_t)$，并计算优势函数 $A^{\theta'}(s_t,a_t)$：
$$A^{\theta'}(s_t,a_t)=R(t)-V(s_t)$$
5. 计算 $A^{\theta'}(s_t,a_t)$ 的均方误差损失函数，反向更新 Critic 网络
6. 将经验池中的数据采样输送给预测网络和目标网络，计算得出重要性采样权重 $\dfrac{P_\theta(a_t|s_t)}{P_{\theta'}(a_t|s_t)}$，并以最大化目标值 $J^{\theta'}_{\text{PPO}}(\theta)$ 反向传播更新策略 π'
7. 循环执行步骤 5、6，在策略 π' 更新一定步数后，用 π' 更新目标策略 π
end for

3. 规则约束下的 Imitation-PPO 算法实验

无人艇在航行过程中会遇到未知动态障碍船，结合 COLREGs 将会遇态势分为对遇、左舷交叉、右舷交叉及追越，考虑无人艇可能遇到的极端情形，除追越情形下无人艇保向、保速航行外，对于其他 3 种情形，无人艇均会采取措施避让动态障碍船，因此，在动态避障实验中，只考虑对遇、左舷交叉、右舷交叉 3 种情形。

1）对遇

将算法模型分别放到无人艇与动态障碍船上，无人艇依据传感器计算动态障碍船与自身的相对方位角 α_T，判断两船处于对遇情形。此时，两船都应右转避让。无人艇在两船相距 8m 处改变航向进行避让；同时，动态障碍船进行右转操作，对遇情形下的无人艇第一视角和示意图分别如图 5.27（a）、（b）所示，避障轨迹如图 5.27（c）所示，两船最近相距 4m，无碰撞危险。无人艇能够预判两船的对遇情形，并遵循 COLREGs 提前右转，在保留一定安全距离的前提下避开动态障碍船。

2）左舷交叉

对于左舷交叉情形，无人艇应保向、保速航行，但考虑到动态障碍船存在运动失控或不遵循 COLREGs 等极端情形，设定动态障碍船不采取避让措施，在左舷交叉情形下，无人艇采取左转避让措施。如图 5.28 所示，无人艇判定两船形成左舷交叉情形，它在两船相距 10m 时开始进行左转避让，两船最近相距 5m，可在 COLREGs 下处理左舷交叉情形。

第 5 章 无人艇路径规划技术

(a) 无人艇第一视角

(b) 示意图　　　　　　　　　(c) 避障轨迹

图 5.27　对遇情形

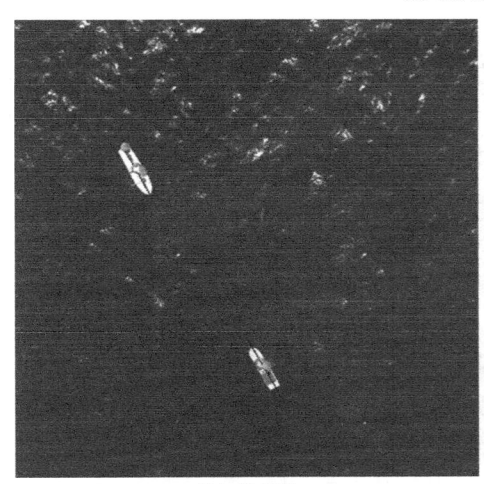

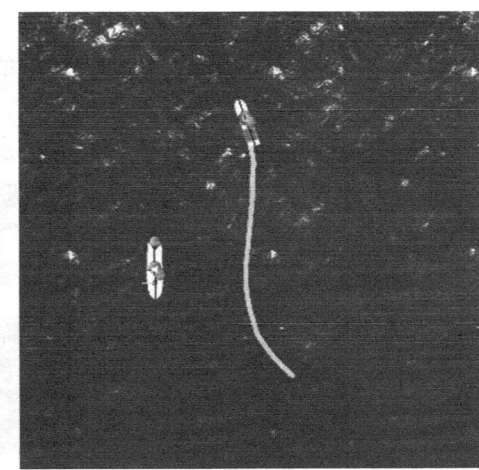

扫码看彩图

(a) 无人艇第一视角

图 5.28　左舷交叉情形

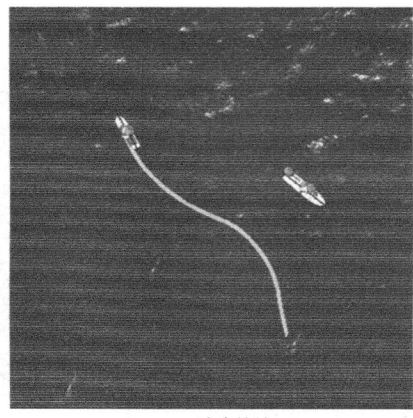

(b）示意图　　　　　　　　　(c）避障轨迹

扫码看彩图

图 5.28　左舷交叉情形（续）

3）右舷交叉

在右舷交叉情形中，动态障碍船具有较高的航行优先级，其保向、保速航行；无人艇具有较低的航行优先级，其应减速慢行或右转避让，这里统一采取右转避让措施。如图 5.29 所示，无人艇在两船相距 10m 时开始右转，两船最近相距 3.5m，无碰撞危险。

（a）无人艇第一视角

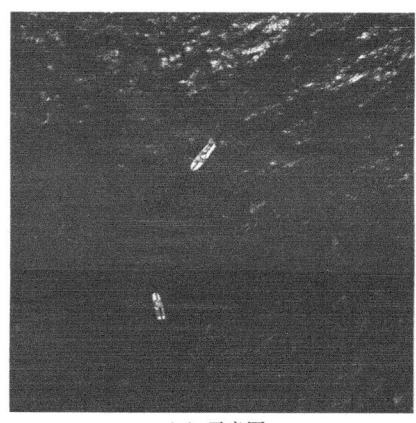

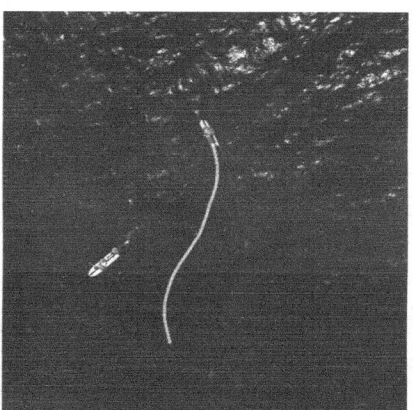

（b）示意图　　　　　　　　　(c）避障轨迹

扫码看彩图

图 5.29　右舷交叉情形

无人艇在航向目标点的过程中，可对动态障碍船进行正确的会遇态势判断，并能够遵循COLREGs，在一定的安全距离下执行避障决策，以较为合理的方式避让动态障碍船，并在完成会遇后继续向目标点行进。在多次测试实验中，无人艇均能够遵循 COLREGs 并安全、准确地自主避免碰撞动态障碍船，说明改进的无人艇 Imitation-PPO 算法具有较好的避障效果。

参考文献

[1] XU X L, LU Y, LIU X C, et al. Intelligent collision avoidance algorithms for USVs via deep reinforcement learning under COLREGs[J]. Ocean Engineering, 2020, 217: 1077.

[2] 王会丽. 单点系泊下船舶动力定位控制方法研究[D]. 哈尔滨：哈尔滨工程大学，2013.

[3] 蒲华燕，丁峰，李小毛，等. 基于椭圆碰撞锥的无人艇动态避障方法[J]. 仪器仪表学报，2017, 38(07): 1756-1762.

[4] 谭芳. 船舶动力定位系统建模与自适应模糊控制[D]. 广州：广东工业大学，2013.

[5] 马令琪，杨家轩，简俊. 恶劣天气和恶劣海况的学术含义分析[J]. 中国航海，2021, 44(01):14-20, 26.

[6] ZOROVIĆ D. International regulations for preventing collisions at sea (COLREGs) amendment proposal[J]. Pomorski Zbornik, 2018, 55(1): 229-230.

第 6 章

无人艇深度强化学习算法仿真训练平台

第 5 章深入研究了无人艇路径规划技术的关键概念和方法,强调了路径规划在实现无人艇自主导航中的重要性。在针对无人平台的运动规划技术研究中,各类全局路径规划与局部路径规划大多在理论和数学层面上进行运算,因此,在进行实地实验之前,需要先在虚拟仿真环境中进行测试验证,以保障相关算法的可靠性。不仅如此,对于采用深度强化学习等智能算法的无人平台,更需要在与实际环境相似的虚拟仿真环境中进行训练,只有这样,才能在将其应用到实际中时具有较好的适用性。因此,精细化仿真训练平台的搭建不仅有利于算法优化与迭代更新,还可以降低实际验证时的风险与成本。本章提出一种数字孪生无人艇深度强化学习算法仿真训练平台——USV-NAV-Sim。将数字孪生的概念引入平台设计,在虚拟仿真环境中模拟各种复杂的任务场景,包括海面波浪流、动态障碍物等多种影响因素。该仿真训练平台具有航行场景丰富、运动模拟逼真、传感器仿真效果好的特点,并提供实船对接交互的端到端验证方案,使得我们能够在更接近真实的环境中训练和验证算法。

6.1 仿真训练平台的设计与实现

无人艇平台通常包括无人艇艇体、供电系统、传感器系统、导航系统、运动控制系统、岸基显控台等。其中,供电系统为无人艇及其搭载设备提供不同的电压;传感器系统采集无人艇的状态和航行水域信息;导航系统实现无人艇的导航避障功能;运动控制系统用于航向与航速控制,依据导航系统发出的运动指令控制内部电机和舵机产生不同的油门大小与舵机角度;岸基显控台与无人艇之间通过无线通信方式进行任务规划并显示无人艇的状态信息。

根据以上无人艇平台结构,数字孪生无人艇深度强化学习算法仿真训练平台框架如图 6.1 所示。该仿真训练平台包含 6 个模块,模块之间协调运作,实现无人艇的仿真、信息采集、数据通信、导航避障、运动控制等功能。航行环境模块依据现实水域比例尺度,设计多种无人艇航行的精细化水域,同时将光线变化、风阻大小、波浪强度等可能干扰航行的环境因素考虑在内,缩小与现实航行水域的差距。无人艇模型模块是无人艇航行的载体,提供实验室中 USV100 无人艇的数字孪生模型。除三维几何模型外，为达到模拟真实航行的效果，该模块还考虑了无人艇在水面环境中的物理运动模型。环境感知模块实现传感器模拟与采集信息预处理，可模拟 GPS、IMU、激光雷达、摄像头等传感器，其中，GPS 和 IMU 用于采集无人艇的位置与姿态（状态）信息，激光雷达和摄像头用于进行水面环境信息采集。对无人艇的状态信息与水面环境信息进行预处理后，与目标点信息通过数据通信模块传输到导航避障模块，作为算法的决策输入。导航避障模块可以根据需要添加训练或测试的导航避障算法，并依据输入的数据信息，通过算法决策输出建议航速、航向等指令，经数据通信模块传输到运动控制模块。运动控制模块依据指令，结合内部的运动控制算法控制电机输出油门大小，实现无人艇的运动控制。数据通信模块基于 ROS 设计，作为环境感知模块、导航避障模块、运动控制模块，以及虚拟和实际孪生数据的通信桥梁，实现各类数据的流动。各个模块在功能上紧密连接，协调运作；在设计实现上具有低耦合性，便于维护和升级。

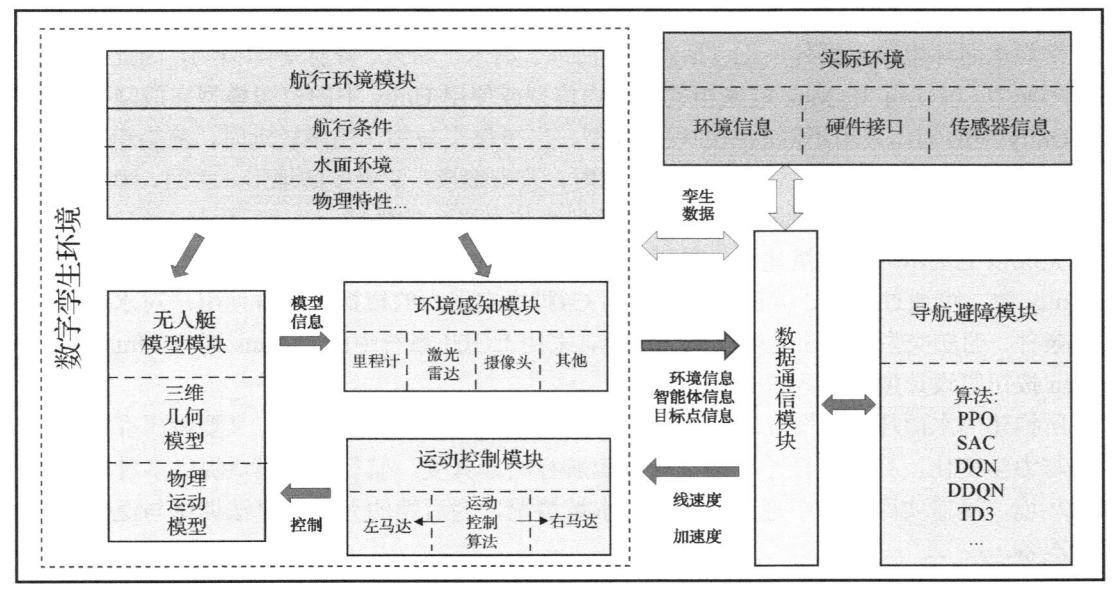

图 6.1　数字孪生无人艇深度强化学习算法仿真训练平台框架

6.1.1　航行环境模块

航行环境模块提供无人艇航行的水面环境要素，包括地形地貌、水面、多类障碍物，以及重力、浮力、航行阻力等多种力学因素。在搭建水面环境的过程中，需要明确搭建的虚拟仿真环境与真实环境之间的比例尺度和环境条件问题。该模块提供多种水面环境，供训练与测试；同时提供便捷的人机交互界面，供用户对水域场景、环境条件、船舶类型、算法进行不同的组合。

考虑虚拟仿真环境与真实环境之间的比例尺度问题旨在最大限度地消除无人艇在两类环境中航行时存在的偏差；考虑环境条件问题旨在提高虚拟仿真环境与真实环境之间的保真度，模拟真实环境变化对无人艇航行决策的影响。Unity 是一个完全集成的专业游戏引擎，集成丰富的资源与插件，其强大的实时照明与基于物理的渲染能力对构建逼真的水面环境有良好的效果。本书以某海岛场景为原型构建三维虚拟水域场景。

基于电子地图构建水域地形，采用 World Composer 控件在电子地图上选取特定区域。World Composer 控件可根据选定区域的地域范围、高度信息、地形特点及细节，按照指定比例自动生成虚拟地形。在 Unity 中，基本单位为 1m，World Composer 控件依据真实地形数据生成相应的虚拟地形，其比例与真实地形相对应，精细程度可达 10cm，在其后的无人艇建模阶段也依照真实无人艇 1∶1 建模，在宏观上保持一致。由于民用卫星地图的分辨率限制，以及实际等高线信息的缺乏，此方法生成的地形与现阶段环境可能存在细节偏差，此时可使用 Unity 自带的地形（Terrain）组件进行细化。

水是无人艇航行的载体，水面效果的建模直接影响无人艇航行效果与仿真训练平台的美观程度。本书中的仿真训练平台采用 Unity 的水资源包 Ceto Ocean system for Unity 和 Ocean 组件来渲染水面效果，不仅可以模拟光线的传输，实现反射、折射、散射等不同水面光效果；还可以通过调节参数实现海浪方向、强度、水流速度等不同效果，达到更为真实的模拟效果。

常规水面环境除水面外，还包括礁石、海岸、树木、船只、浮标等障碍物，因此，在虚拟仿真环境中，可使用 3D Max 构建相关障碍物模型或使用 Unity 中的资源模型完成障碍物的模拟。Unity 中的物体采用不同的精细程度模型，当摄像头与物体相距较远时，渲染粗模，降低计算机性能消耗；当摄像头与物体相距较近时，渲染细模，使更多的地形、水面、障碍物等细节得到展示，在较好地模拟场景的同时保证训练仿真平台的性能。

完成以上基本环境的搭建后，需要考虑环境中存在重力、浮力、航行阻力及光线等因素，在 Unity 中，可通过刚体、光照组件和自写 C#脚本实现力的模拟。为方便用户对水域场景、环境条件、船舶类型、算法进行不同的组合，采用 UGUI 系统中的 Cavans 幕布、Image 组件、Button 按钮等设计便捷的人机交互界面。

所构建的水面环境如图 6.2 所示。水面环境既要考虑建模的美观性，又要考虑存在的力学特性与力学变化，只有这样才能提高无人艇航行的逼真度。航行环境模块提供多种精细化的水面环境，涵盖实际航行中遇到的大多数水域情况，为后续的无人艇算法训练与泛化性能测试做准备。

图 6.2 所构建的水面环境

6.1.2 无人艇模型模块

在构建无人艇模型模块时,需要明确无人艇的几何状态、物理状态等,以及其与环境的相互影响。为使虚拟无人艇的运动过程更接近实际无人艇的运动过程,不仅需要考虑无人艇的三维几何特性,还需要在无人艇中添加物理运动模型,使之更贴近实际。本书以实验室USV180 无人艇为样机进行设计。该模块可根据不同的船型进行定制化设计或模型更换,以适应不同型号的无人艇。

6.1.2.1 无人艇三维模型

USV180 为某真实军舰等比例缩小无人艇,采用玻璃纤维增强材料制造,艇体采用平体船结构设计,体型较窄,艇体长 180cm、宽 40cm、高 60cm,自身质量为 100kg,最大载荷为 35kg,船尾采用双喷泵式结构作为驱动装置,最高航速可达 2m/s。USV180 无人艇样机如图 6.3(a)所示。

采用 SolidWorks 设计船舶三维模型,通过 3D Max 将三维模型以 FBX 文件导入 Unity 工程的 Assets 中。Unity 的资源商店中包含多种纹理、色彩、渲染效果等软件包与插件资源,利用这些资源对三维模型进行渲染。最终的无人艇三维模型如图 6.3(b)所示,其几何特性与实际 USV180 无人艇一致。

(a) USV180 无人艇样机   (b) 最终的无人艇三维模型

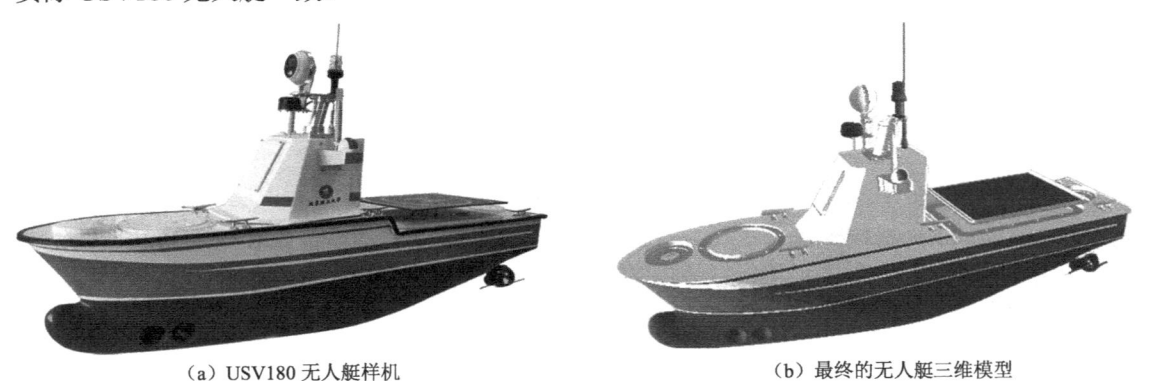

图 6.3 USV180 无人艇样机与最终的无人艇三维模型

6.1.2.2 无人艇物理运动模型

采用分离 MMG 模型为无人艇建立物理运动模型。MMG 模型在计算船舶受到的流体动力时,分别建立艇体、桨、舵上的流体动力模型并考虑它们相互之间存在的耦合。

1. 建模条件与坐标系

考虑水面环境的复杂性与无人艇运动的特殊性,建模时做出以下假设。
(1) 无人艇的航速主要考虑安全航速域情况,即航速在 2m/s 以内。
(2) 只考虑船舶三自由度运动:纵荡、横荡和艏摇运动,即忽略横摇、纵摇和垂荡运动。
(3) 为简化计算,忽略微小因子的影响。
在以上假设的基础上,采用两个右手坐标系来描述无人艇的运动,如图 6.4 所示。

图 6.4 无人艇运动坐标系

在图 6.4 中，XYZ 为固定于地球表面的右手坐标系，XY 平面位于静水平面内，Z 轴垂直向下为正；xyz 是随船运动的右手坐标系（随船坐标系），其原点位于无人艇重心处，x 轴指向船艏，y 轴指向右舷，z 轴指向龙骨。无人艇的纵向速度为 u，横向速度为 v，转首角速度为 r。

2. 物理运动模型的数学表达式

MMG 模型的数学表达式如下：

$$\begin{cases} (m+m_x)u - (m+m_y)vr = X_H + X_P + X_R \\ (m+m_y)v + (m+m_x)ur = Y_H + Y_R \\ (I_{zz} + J_{zz})r = N_H + N_R \end{cases} \tag{6.1}$$

其中，m、m_x、m_y 分别为无人艇的质量、无人艇的纵向附加质量、无人艇的横向附加质量；u 为纵向速度；v 为横向速度；I_{zz}、J_{zz} 分别为艇体绕 z 轴的转动惯性矩和附加转动惯性矩；X、Y 分别为作用在无人艇 x 轴、y 轴上的力的分量；N 为外力对无人艇的力矩；下标 H、P、R 分别为无人艇受到来自水、螺旋桨和舵的作用。

纵向艇体水动力如下：

$$X_H = \frac{1}{2}\rho L V^2 d X'_{vr} v' r' - X(u) \tag{6.2}$$

其中，ρ 为水密度；L、d 分别为无人艇的长和吃水深度；V 为无人艇的合速度；v'、r' 分别为 v、r 的无因次值；X'_{vr} 为无因次非线性水动力导数；$X(u)$ 为船舶阻力，可根据实验进行回归拟合，也可根据船舶阻力学科中的泰勒法、蓝波-澳芬凯勒法进行估算，本书通过实验进行回归拟合。

横向艇体水动力和首摇力矩可通过式（6.3）来计算：

$$\begin{aligned} Y_H &= Y_v v + Y_r r + Y_{|v|v}|v|v + Y_{r|r|}r|r|Y_{|v|r}|v|r \\ N_H &= N_v v + N_r r + N_{vvr}v^2 r + N_{vrr}vr^2 + N_{|v|v}|v|v \end{aligned} \tag{6.3}$$

式（6.3）的计算主要采用了 Wagner Smith 近似估算公式与周昭明对井上图谱进行回归分析提出的多元回归公式。

螺旋桨上的流体动力计算式如下：

$$X_P = (1-t_P)\rho n^2 D_P^4 K_T(J_P) \tag{6.4}$$

其中，n 为转速；D_P 为螺旋桨的直径；t_P 为螺旋桨推力减额系数；$K_T(J_P)$ 为螺旋桨推力系数。

舵力及操舵引起的水动力可表示为

$$X_R = -(1-t_R)F_N \sin\delta \tag{6.5}$$

$$Y_R = -(1+a_H)F_N \cos\delta \tag{6.6}$$

$$N_R = -(x_R + a_H x_H)F_N \cos\delta \tag{6.7}$$

其中，F_N 为舵上的法向力；t_R、a_H 分别为船桨和船舵的相互干扰系数；x_R 为舵力作用中心至船中心的纵向距离；x_H 为操舵诱导艇体横向力作用中心到船舶重心的距离；δ 为舵角。

进行实船阻力实验，求出船舶阻力 $X(u)$，依据传感器信息获取无人艇的位置、姿态信息，并将表 6.1 中的 USV180 无人艇参数代入式（6.1）～式（6.7），即可求出 MMG 模型的各个参数。

表 6.1 USV180 无人艇参数

参数	数值	参数	数值
总长 L/m	1.8	质量 m/kg	90
水线长/m	2.6	螺旋桨的直径 D_P/m	0.06
型宽 B/m	0.4	重心到桨的距离 X_{DP}/m	0.95
型深/m	0.3	螺距 P/m	0.2
方形系数 C_b	0.632	舵面积 A_r/m²	0.04
设计吃水深度 d/m	0.18	最高航速 V/(m/s)	2

为便于计算，可将式（6.1）转换为式（6.8），将其封装为 MMG 函数，在 Unity 中，使用 C#脚本完成各类速度的获取、各个力与力矩的计算，在船舶运动过程中调用 MMG 函数，即可添加无人艇物理运动模型。

$$\begin{cases} \dot{u} = \dfrac{X_H + X_P + X_R + (m+m_x)vr}{m+m_y} \\ \dot{v} = \dfrac{Y_H + Y_R - (m+m_x)ur}{m+m_y} \\ \dot{r} = \dfrac{N_H + N_R}{I_{zz} + J_{zz}} \end{cases} \tag{6.8}$$

6.1.3 环境感知模块

无人艇的位置、速度、姿态等信息及水面环境中的障碍物、水流、浪的变化都会影响无人艇的导航避障轨迹，为使无人艇安全航行，艇体配备 GPS、罗经、惯导、摄像头、激光雷达等多类传感器来辅助无人艇航行。环境感知模块模拟各类传感器，经过信息的采集、处理后作为 DRL 算法的输入。在无人艇的导航避障过程中，无人艇的位置、速度、姿态及障碍物的位置、速度较为重要,本模块实现GPS、罗经、激光雷达和摄像头4类传感器的模拟,并实现多维度的数据采集与预处理。

1. 模拟GPS

无人艇的位置坐标和速度信息采用模拟GPS传感器进行采集。Unity中的每个物体都可以添加Transform组件。在该组件中,可对物体的位置、角度及大小进行任意改变。由于场景或计算机性能存在差异,不能估算每一帧画面渲染的用时,因此,关于精确时间和运动控制方面的指令,均可写在FixedUpdate()函数中。该函数的调用更新时间是固定的,与帧数无关,一般为0.02s,也可根据需求更改该时间。在GPS模拟脚本的FixedUpdate()函数中,使用GetComponent()方法获取无人艇Transform组件中的Position数据,即无人艇的世界坐标($x_{USV-P}, y_{USV-P}, z_{USV-P}$),并以三维向量Vector3的形式存储,使用USV.OldPosition记录上一次的位置数据,通过位置差与时间差信息即可计算出无人艇运动的纵向速度u、横向速度v及合速度V。结束一次计算后,用USV.Position更新USV.OldPosition。

2. 模拟罗经

无人艇的姿态信息可以采用模拟罗经传感器进行采集,可结合以下两种数据:整体姿态和局部姿态。将无人艇模型作为一个空物体的子物体,在罗经模拟脚本中,使用GetComponent()方法获取Transform组件中的Rotation数据,即无人艇关于自身坐标系xyz的3个轴向的旋转角度($x.rotation, y.rotation, z.rotation$),即可得到无人艇的姿态信息($x_{USV-a}, y_{USV-a}, z_{USV-a}$),结合上一帧数据与时间差,可计算出无人艇关于3个轴向的角速度。同时,根据偏转角度即可判断无人艇是否存在侧翻甚至倾覆的风险,并在此后的运动控制中及时进行调整,避免此危险情况的发生。无人艇的几何建模中已分别建立螺旋桨、舵等模型,螺旋桨用于产生推动船前进的动力,舵用于改变船的航向,两者由运动控制模块输出控制指令来改变航速和航向。水速、浪级强度均会对无人艇的航向和航速产生影响,进而改变无人艇的姿态。航速已由GPS模拟传感器得出,航向的改变还需要获取舵角。舵由舵叶和舵杆组成,舵叶绕舵杆轴线转动,偏离正舵位置的角度即舵角。在罗经模拟脚本中,使用GetComponent()方法获取两舵对称面与安装面的夹角,即获取无人艇的舵角δ。

3. 模拟激光雷达

安全无碰撞的航行建立在对障碍物感知的基础上,USV180无人艇配备16线激光雷达,测量距离长达150m,测量精度在±2cm,水平测量角度为360°,水平角度分辨率为0.1°,垂直测角为-15°~+15°,垂直角度分辨率为2°,具有较好的环境感知能力,为导航避障提供准确的数据支持。激光雷达的基本原理是发射激光至物体表面,并根据返回的激光信息得出障碍物的位置、速度等信息。激光测距的目的是获取障碍物相对于无人艇的距离和角度,常用脉冲法,即激光雷达定时发送多束激光射线,并计时激光射线从发出到接收的时间差,根据式(6.9)计算出距离。

$$d = \frac{c\Delta T}{2\varsigma} \qquad (6.9)$$

其中,d为激光雷达与障碍物之间的距离;c为光速($3×10^8$ m/s);ΔT为激光射线从发出到接收的时间差；ς 为激光传输介质的平均反射率，在空气中取 1。激光测速方法基于激光测距原理实现，即用两次所测的距离差除以时间间隔来得到障碍物的速度值，速度的方向可根据距离差的正负得出。

在 Unity 中，将虚拟激光雷达放置于无人艇前部中垂线上，可使用 Physics.Raycast() 方法模拟激光雷达的激光发射功能。如图 6.5 所示，以激光雷达为原点建立三维坐标系，其坐标轴与随船坐标系的坐标轴相同（本图仅显示水平方向射线扫描状态），激光雷达的扫描距离 D、扫描角度 φ、水平角度分辨率 $\Delta\theta$ 等均为已知参数且可做更改，当射线与范围内的物体有交点时，该点即有效点。Physics.Raycast() 方法将向特定方向发射指定数量和长度的射线，定义射线数组，用于存储每一束射线的探测结果，每一帧对数组进行置-1 操作。若探测到有效点，则记录并计算该点的距离、角度、速度等信息。图 6.5 中的第 n 条射线探测到有效点的坐标 $P_n(x,y)$，由此可得到该射线与 x 轴的夹角 θ_n，以及该点与无人艇之间的距离 d；遍历射线数组，即可得到整个障碍物相对于无人艇的距离和角度，同理可得到一定范围内障碍物的高度信息。依据多帧间障碍物信息的变化，可求得障碍物的运动趋势和速度变化。图 6.6（a）所示为 Unity 中虚拟激光雷达的水平探测图，图 6.6（b）所示为 Unity 中虚拟激光雷达的垂直探测图，射线探测到障碍物后会变为红色，距离越近，颜色越深；未探测到障碍物时为白色。

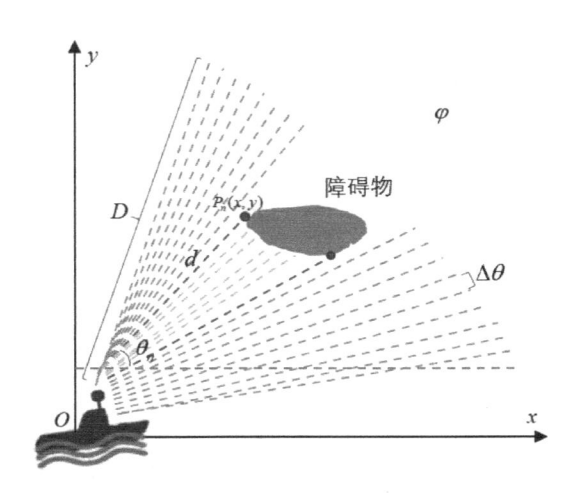

图 6.5　模拟激光雷达水平检测示意图

（a）Unity 中虚拟激光雷达的水平探测图　　　　（b）Unity 中虚拟激光雷达的垂直探测图

图 6.6　模拟激光雷达探测图

扫码看彩图

4. 模拟摄像头

无人艇一般配备摄像头，用于采集水面图像数据，在本书的仿真训练平台的无人艇导航避障中，并不将图像数据作为 DRL 算法的输入。本书的仿真训练平台模拟摄像头主要有以下作用：①作为船载图像传感器，模拟真实摄像头，渲染无人艇视角的图像信息；②作为全局摄像头，对场景信息进行渲染展示，为使用者提供第三视角；③作为备用功能传感器，供仿真训练平台后续的图像检测、跟踪类任务使用。

6.1.4 数据通信模块

为实现感知数据与决策信息的数据传输，设计信息交互接口，如图 6.7 所示，形成环境感知、算法决策、运动控制、状态更新的闭环信息流。其中，环境感知提供当前环境状态与当前无人艇状态，算法决策提供避障行为，运动控制依据避障行为控制无人艇的油门与舵机，完成环境与无人艇的状态更新。

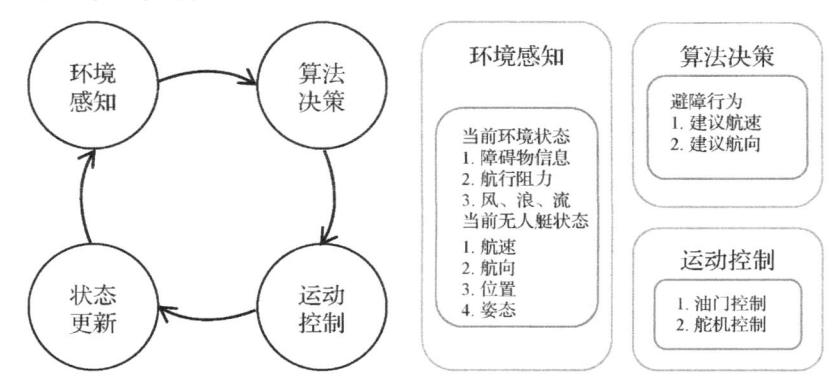

图 6.7 数据流通图

数据通信模块包含 Learning Environment（学习环境）、Python API 和 External Communicator（外部通信）三部分，如图 6.8 所示。Learning Environment 为包含无人艇模型与航行场景的学习环境；Python API 包含各类深度强化学习算法，并没有内置于 Unity 中，而是通过 External Communicator 与 Learning Environment 进行通信；External Communicator 将 Learning Environment 与 Python API 连接起来，位于 Unity 内部。

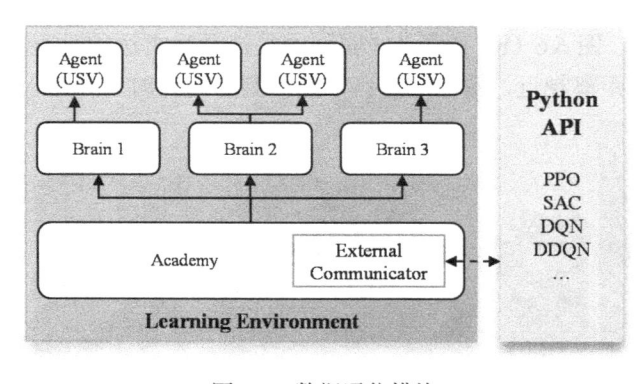

图 6.8 数据通信模块

在 Learning Environment 中，设计添加了可组织虚拟训练的附加组件，分别为 Agent（代理）、Brain（大脑）和 Academy（学院）。其中，Agent 可以附加到 Unity 场景的无人艇物理运动模型中，负责生成其观察结果、执行接收动作并适时分配奖励（正/负），同时，每个 Agent 只与一个 Brain 相关联；Brain 封装了 Agent 的决策逻辑，通过保存每个 Agent 的策略来决定 Agent 在对应情况下应采取的动作，即实现从 Agent 接收观测结果和奖励并返回动作的功能；Academy 用于指挥 Agent 的观测和决策过程，可以指定若干环境参数，如渲染质量和环境运行速度参数。

在本场景中，可以将水面无人艇看作一个 Agent，一个 Agent 对应一个 Brain，但为提升算法训练效率，可将多个具有相似状态和动作的 Agent 连接到同一个 Brain 上。需要注意的是，虽然 Brain 中定义了所有可能的状态和动作，但每个 Agent 都可以拥有自己独特的状态和动作，以此来加快训练进程。

6.1.5 导航避障模块

导航避障模块主要包含两部分：避障策略与奖励函数。避障策略包含基于值、基于策略、二者结合的多种深度强化学习算法（如 DQN、PPO、SAC 等算法框架），以 API 包的形式与数据通信模块建立连接以备调用。

6.1.6 运动控制模块

导航避障模块的算法决策输出是建议航速、航向与下一避障点，运动控制模块的作用是接收建议指令，采用 PID 运动控制算法对输入值与输出值的偏差不断地进行调节，控制油门和舵机，产生期望的航速和航向。

如图 6.9 所示，运动控制采用 PID 算法，r 为导航避障模块的算法决策输出，将其作为运动控制模块的给定输入值；y 为油门和舵机控制后的实际输出值；e 为给定输入值 r 与实际输出值 y 之间的偏差，经 PID 算法调节后，产生控制规律，对被控对象，即油门和舵机进行控制。在 C#脚本中，定义最大舵角为 45°，最高转向速度为 15°/s；定义最高安全航速为 2m/s，当检测到速度超过最高安全航速时，运动控制模块会自动减小油门，使无人艇在安全航速内航行。

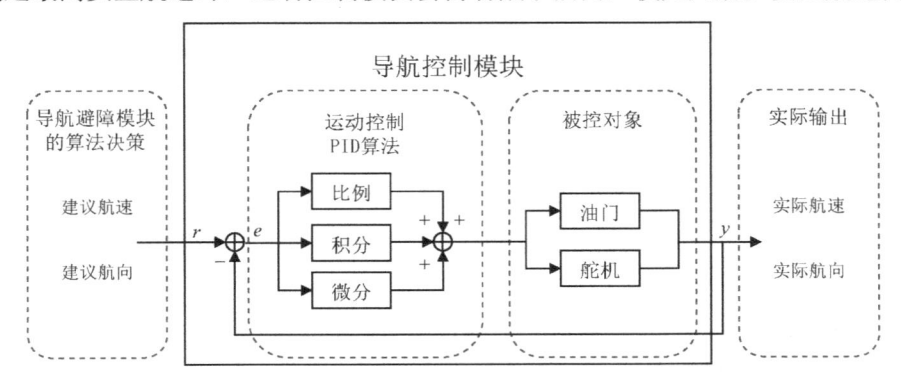

图 6.9　PID 运动控制示意图

6.2　系统参数辨识验证

无人艇作为一种欠驱动系统，其模型参数辨识是构建无人艇模型的重要环节，本书开展运动参数采集实验，并设计不同角度的旋回实验与紧急制动实验，用于系统参数辨识验证。实船航行实验在北京理工大学良乡校区北湖水域场地进行，风速为 4~7kn、无浪、低速水流状态，在仿真训练平台上设置同样的参数，进行虚拟实验。

6.2.1 运动参数采集实验

采用拉力实验获取速度-阻力数据拟合得到无人艇运动建模中的阻力参数，采用油门-速度数据拟合得到无人艇导航决策对运动控制模块中油门的控制。

实验1：无人艇分别在5%、10%、20%、30%、40%、50%、60%的油门状态下航行，当无人艇基本保持匀速航行时，记录无人艇的航速。

实验2：对USV180无人艇在静水中进行拖曳实验，给无人艇施加不同的油门，使用拉力计对无人艇施加拉力，无人艇航行时受到的水面阻力主要与无人艇的速度有关，用拉力数据近似表示无人艇以一定速度运动时受到的阻力。实验得到无人艇在不同的油门状态下，其速度与所受到的水面阻力实验数据，如表6.2所示。

表6.2 USV180运动参数采集实验数据记录

油门百分比/%	速度/(km/h)	速度/(m/s)	阻力/N
5	2.5	0.69	6.2
10	3.2	0.89	10
20	4.0	1.11	20
30	4.7	1.31	29
40	5.2	1.44	44
50	5.8	1.61	52
60	6	1.67	70

将速度-阻力实验数据拟合后得到如下函数：

$$f = 22.33v^3 - 21.92v^2 + 13.72v - 0.041 \tag{6.10}$$

其中，f 为计算MMG模型中的船舶阻力 $X(u)$，将其代入MMG函数，即可实现无人艇的物理运动模型。

将油门-速度实验数据拟合后得到如下函数：

$$ap = 18.65v^3 - 21.75v^2 + 8.983v - 0.1282 \tag{6.11}$$

其中，ap为油门百分比。依据该函数，运动控制模块根据导航避障模块推荐的速度设置无人艇的油门大小。

6.2.2 无人艇旋回实验

为验证无人艇的物理运动模型的有效性，采用目前船舶最常用的旋回实验进行评估。进行实船航行旋回实验与虚拟仿真环境旋回实验，比较二者的旋回轨迹与旋回数据，具体比较参数为旋回初径、旋回直径、进距、横距。其中，旋回初径 D_T 为船舶航向角变化180°时船舶中心的横向移动距离，是判断船舶横向占用水域范围的依据，一般为船长 L 的3~6倍；旋回直径 D 为船舶进入定常旋回时旋回圈的直径，是判断旋回过程占用水域范围的依据，通常为 $(0.9 \sim 1.2)D_T$；进距 A_d 为航向角变化90°时船舶中心的纵向移动距离，为 $(2.8 \sim 4)D_T$；横距 T_r 为航向角变化90°时船舶中心的横向移动距离，约为 D_T 的一半。

通常以全速满舵测试船舶的旋回性,本次实验以全速右满舵45°测试船舶的旋回性,同时对比30°、20°、10°右舵的旋回轨迹和旋回数据。

多次实验取平均后,旋回轨迹如图6.10所示。实际航行地图的比例尺度最小为5m,虚拟仿真航行地图的比例尺度可达1m,为保持图片比例尺度一致,选用5m的比例尺度,对图6.10中的旋回轨迹进行分析后,实验数据如表6.3所示。

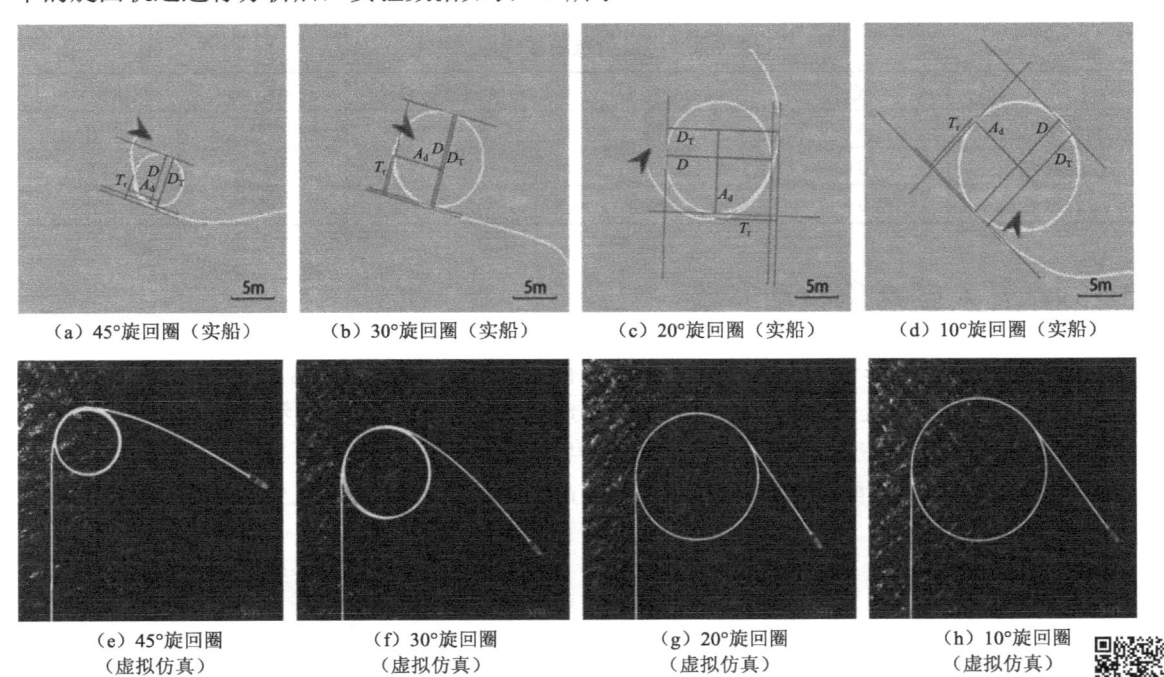

(a) 45°旋回圈(实船)　(b) 30°旋回圈(实船)　(c) 20°旋回圈(实船)　(d) 10°旋回圈(实船)

(e) 45°旋回圈(虚拟仿真)　(f) 30°旋回圈(虚拟仿真)　(g) 20°旋回圈(虚拟仿真)　(h) 10°旋回圈(虚拟仿真)

图6.10　实际航行与虚拟仿真航行旋回轨迹

扫码看彩图

表6.3　USV180运动参数采集实验数据记录　　　　　　　　　　　单位:m

参数	船长 L	旋回初径 D_T	旋回直径 D	进距 A_d	横距 T_r
参考范围	1.8	$(2.8\sim4.2)L$	$(0.9\sim1.2)D_T$	$(2.8\sim4)L$	$0.5D_T$
实际航行45°	1.8	6.33	5.9	5.11	3.08
虚拟仿真航行45°	1.8	6.45	6.06	5.14	3.24
实际航行30°	1.8	10.54	10.1	5.68	4.53
虚拟仿真航行30°	1.8	10.74	10.47	6.23	4.78
实际航行20°	1.8	12.88	12.11	8.87	7.05
虚拟仿真航行20°	1.8	13.11	13.11	8.95	7.14
实际航行10°	1.8	14.04	13.75	9.21	7.23
虚拟仿真航行10°	1.8	14.24	14.24	9.76	7.41

以45°旋回圈数据为衡量船舶旋回性的依据。实船旋回圈数据:旋回初径为6.33m,约为3.5倍的船长;旋回直径为5.9m,约为旋回初径的0.93倍;进距为5.11m,约为2.84倍的船长;横距为3.08m,约为旋回初径的一半。虚拟仿真无人艇旋回圈数据:旋回初径为6.45m,约为3.58倍的船长;旋回直径为6.06m,约为旋回初径的0.94倍;进距为5.14m,约为2.86

倍的船长；横距为 3.24m，约为旋回初径的一半。依据旋回实验及所得数据，所建船舶模型符合 IMO 的"船舶操纵性标准"的相关要求。

对无人艇 30°、20°、10°右舵的实际与虚拟仿真航行旋回轨迹和旋回数据进行分析，对于旋回运动的整体仿真准确度，可采用偏差作为度量，对表 6.3 中的数据进行处理后，数据偏差最大不超过 10%，多数偏差小于 5%，具备较高的准确度，如表 6.4 所示。

表 6.4 虚拟仿真与实际数据偏差

	船长 L	旋回初径 D_T	旋回直径 D	进距 A_d	横距 T_r
偏差 $e_{30°}$	0	1.9%	3%	9.7%	5.6%
偏差 $e_{20°}$	0	1.8%	8.3%	0.9%	1.3%
偏差 $e_{10°}$	0	1.4%	3.6%	6%	2.5%

6.2.3 无人艇紧急制动实验

为验证仿真训练平台的水面阻力效果，进行无人艇紧急制动实验，测量无人艇在不同速度下的制动距离。选取平静的水面作为实验场地，与北京理工大学良乡校区北湖水域场地进行对照实验，减少其他干扰因素。在实验过程中，设置无人艇的速度为 2km/h、3km/h、4km/h、5km/h。图 6.11 所示为实际航行与虚拟仿真航行紧急制动轨迹，在表 6.5 中记录无人艇的制动距离。

（a）2km/h 紧急制动（实船）　　（b）3km/h 紧急制动（实船）　　（c）4km/h 紧急制动（实船）　　（d）5km/h 紧急制动（实船）

（e）2km/h 紧急制动（虚拟仿真）　　（f）3km/h 紧急制动（虚拟仿真）　　（g）4km/h 紧急制动（虚拟仿真）　　（h）5km/h 紧急制动（虚拟仿真）

图 6.11 实际航行与虚拟仿真航行紧急制动轨迹

扫码看彩图

表 6.5　USV180 紧急制动实验数据记录

初始速度/（km/h）	实际航行紧急制动距离/m	虚拟仿真航行紧急制动距离/m	偏差/m	相对误差
2	6.06	6.41	0.35	5.78%
3	10.41	11.02	0.61	5.86%
4	12.78	13.54	0.76	5.95%
5	15.71	16.67	0.96	6.11%

在无人艇紧急制动实验中，给定无人艇一定的油门，使之匀速航行一段距离后，无人艇紧急制动距离随速度的增大而增大，虚拟仿真航行比实际航行的紧急制动距离大，相对误差不超过 6.11%，符合实际航行偏差要求，可满足工程应用要求。

通过无人艇的数据拟合实验采集数据构建的虚拟仿真环境与无人艇模型在无人艇旋回实验和紧急制动实验中均有较好的表现，表明本仿真训练平台中的环境与模型构建可反映客观的运动规律，验证了本仿真训练平台和真实场景航行的吻合度高，可作为算法研究的基础平台。

6.3　算法的训练、测试与部署

本节包括算法训练、算法测试及算法部署 3 个环节，在不同环境条件与船舶模型特性中测试仿真训练平台对强化学习算法的支持能力。选取诸如 SAC、PPO、DQN、DDQN 等多种主流强化学习算法，根据无人艇的运动、航行特性做出针对性调整以适应无人艇导航避障的需求并提高其避障成功率，在此基础上结合 LSTM 网络、模仿学习（Imitation Learning）等缩短无人艇导航避障算法的训练周期；将训练环节生成的算法模型依次在相同非理想环境中进行测试，统计避障成功率、迷航率、碰撞率等多种数据。最终将训练好的模型部署到实际环境中进行测试。

6.3.1　实验环境设置

本书的实验环境包括 4 种，第 1 种是如图 6.12 所示的算法训练环境，第 2～4 种是算法测试环境。算法训练环境地图范围为 50m×50m，地图内的障碍物包括岛礁与浮标，岛礁位置固定不变，每次训练在地图内随机生成 6 个浮标。同时，设置理想环境与非理想环境。在理想环境中，忽略风、浪、流等环境因素，同时将无人艇看作质点；在非理想环境中，设置风速为 7kn、浪高为 0.4m，海况等级为 2 级，同时使用无人艇的物理运动模型。在算法训练过程中，环境因素会发生不同的变化。

算法测试有 3 种非理想环境，地图范围也为 50m×50m，地图内包含的障碍物种类与算法训练环境地图内包含的障碍物种类一致，但数量上更多。将在 2 种算法训练环境中生成的算法模型放到 3 种算法测试环境中进行测试，验证本仿真训练平台算法训练的有效性与合理性，测试算法模型在不同场景中的泛化性能。

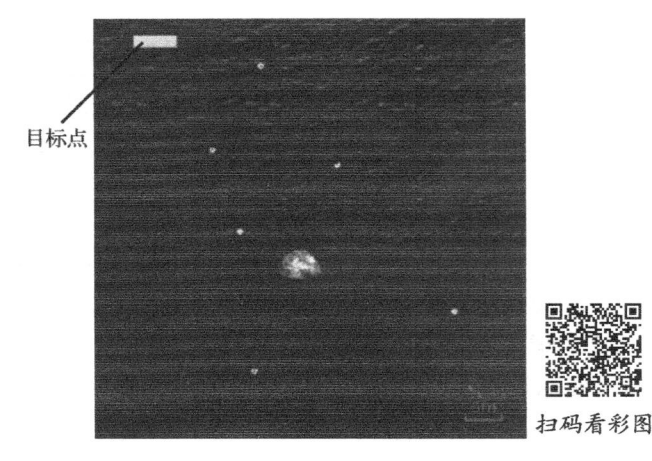

图 6.12　50m×50m 算法训练环境

6.3.2　算法训练实验

算法训练环节展示在 SAC、PPO、PPO 算法与 LSTM 网络、模仿学习的不同组合下，算法训练的典型曲线。图 6.13 和图 6.14 所示为算法训练过程中的平均累积奖励（Cumulative Reward）曲线；图 6.15 和图 6.16 所示为算法训练过程中的单次平均步长（Episode Length）曲线，即智能体在每次训练中从开始到结束的步数。在理想环境中，算法训练过程不更改任何环境条件；在非理想环境中，当算法趋于收敛后，会在无人艇安全航行可承受范围内加大环境中风和浪的级数，并加快水的流速。

(a) 总图　　(b) SAC 曲线　　(c) PPO 曲线

(d) LSTM-PPO 曲线　　(e) Imitation-PPO 曲线　　(f) Imitation-LSTM-PPO 曲线

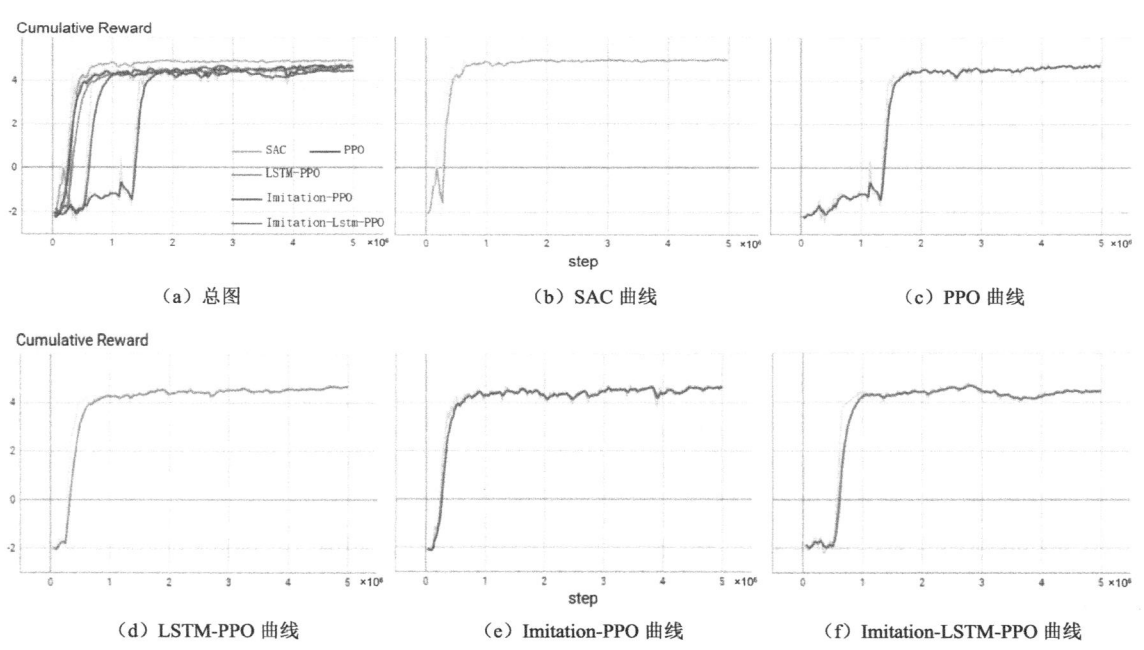

图 6.13　理想环境下算法训练过程中的平均累积奖励曲线

(a) 总图 (b) SAC 曲线 (c) PPO 曲线

(d) LSTM-PPO 曲线 (e) Imitation-PPO 曲线 (f) Imitation-LSTM-PPO 曲线

图 6.14　非理想环境下算法训练过程中的平均累积奖励曲线

扫码看彩图

(a) 总图 (b) SAC 曲线 (c) PPO 曲线

(d) LSTM-PPO 曲线 (e) Imitation-PPO 曲线 (f) Imitation-LSTM-PPO 曲线

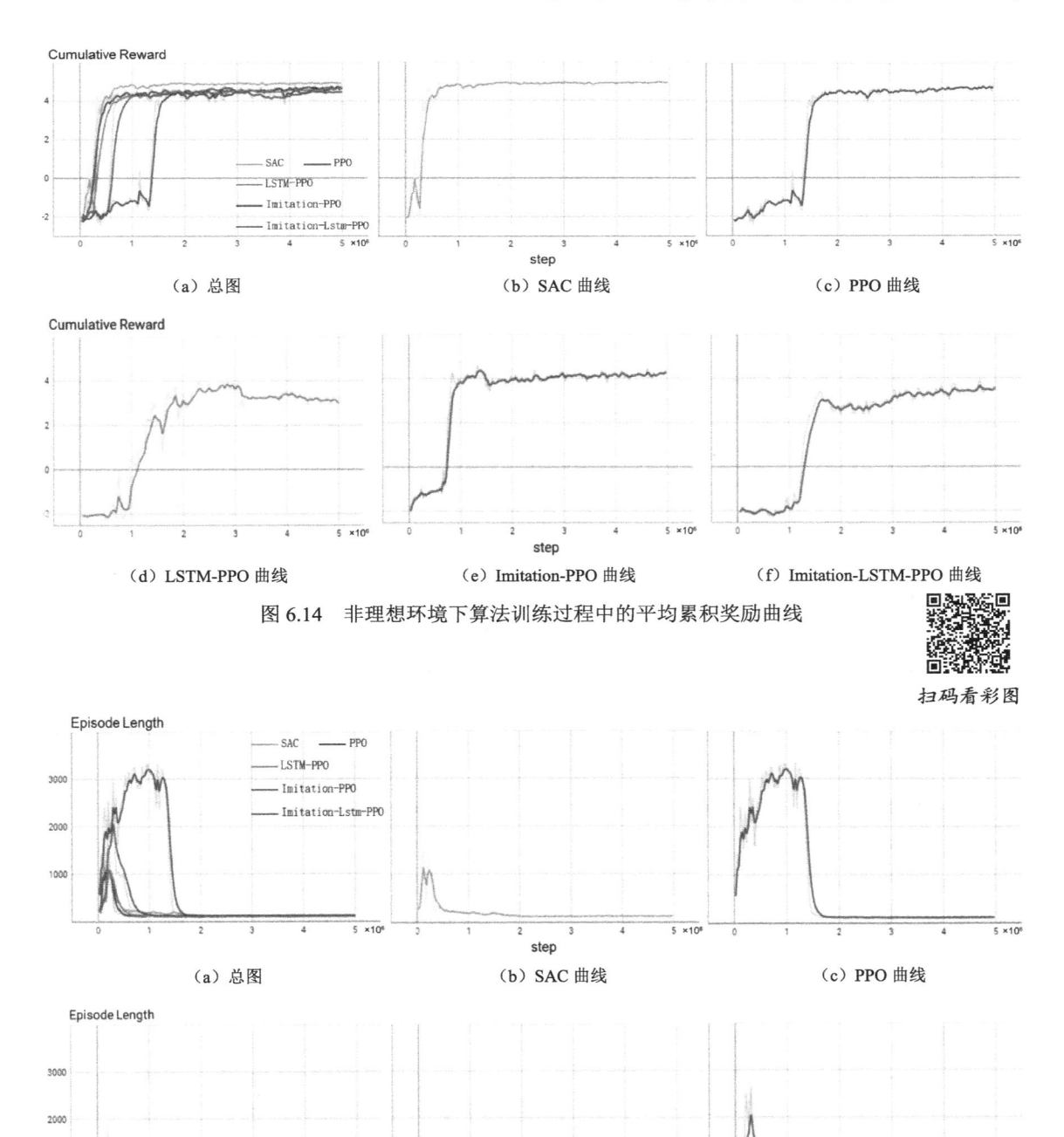

图 6.15　理想环境下算法训练过程中的单次平均步长曲线

扫码看彩图

(a) 总图　　　　　　　　　(b) SAC 曲线　　　　　　　　(c) PPO 曲线

(d) LSTM-PPO 曲线　　　　(e) Imitation-PPO 曲线　　　(f) Imitation-LSTM-PPO 曲线

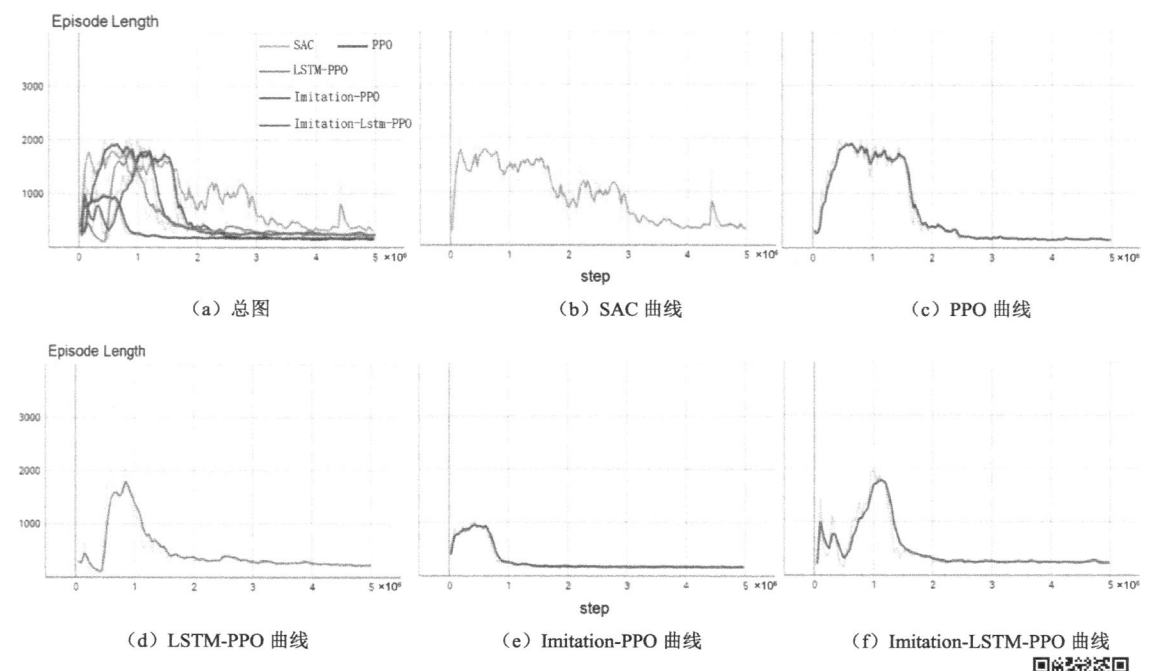

图 6.16　非理想环境下算法训练过程中的单次平均步长曲线

对如图 6.13～图 6.16 所示的曲线的关键数据（见表 6.6）进行分析。

（1）通过第 1、2 组实验数据可知，在理想环境下，虽然 SAC 算法的最终累积奖励大于 PPO 算法的最终累积奖励，但两者相差不到 0.1，且 PPO 算法的稳定收敛时间、从趋于收敛到稳定收敛的时间差均比 SAC 算法的小。这是因为 PPO 算法只有 Actor 和 Critic 两个网络，而 SAC 算法则有 1 个 Actor 网络和 4 个 Critic 网络，因此在一步更新时，SAC 算法需要更长的时间。在第 6、7 组实验中，输入数据的维度增加后，这种情况更加明显，SAC 算法在经过 3.59×10^6 步后稳定收敛，消耗 3h12′52″；而 PPO 算法在经过 1.83×10^6 步时就已趋于收敛，在经过 2.49×10^6 步后稳定收敛，消耗 1h15′51″。非理想环境下的两种算法均比理想环境中的收敛慢，综合比较两种算法在本仿真训练平台中的表现，PPO 算法更具有工程应用价值。

（2）分别对第 1～5 组和第 6～10 组实验的平均累积奖励曲线进行分析可以发现，非理想环境比理想环境的最终累积奖励小。这是因为理想环境未对环境条件做出更改，曲线在收敛之后稳定在一定数值附近，有小幅摆动；而在非理想环境下，在第一次收敛之后，因为环境中风、浪、流因素的影响增大，奖励曲线会有较大幅度的下降，但很快稳定在一定范围内。这说明环境因素的变化确实会影响算法训练效果，而 PPO 算法具有更优的泛化性能。

（3）对第 2～4 组实验数据进行对比，发现 PPO 算法在与 LSTM 网络或模仿学习单独结合后，整体收敛时间和收敛步数均减少，说明 LSTM 网络的记忆结构和模仿学习的专家经验确实会加快 PPO 算法收敛。对第 3～5 组实验数据进行对比可以发现，同时结合 LSTM 网络和模仿学习的第 5 组实验比单独结合的第 3、4 组在收敛速度上变慢，这种情况在第 7～10 组中同样出现，可能的原因是 LSTM 网络的加入会使部分中间参数训练数据进入经验池，在之后的训练过程中，利用经验池中的数据，使训练更有效；模仿学习根据专家经验（本书中指人为演示避障动作）学习输入/输出，但本书所用的模仿学习方法为行为克隆，会同时学习专家经验中的无效信息，在学习一定程度后，智能体会丢弃无效信息，只针对有效信息进行学习，可形成正确的避障策略；而将 LSTM 网络与模仿学习两者同时与 PPO 结合后，LSTM 网络会存储专家演示过程中的无效信息，模仿学习会在更长的时间中学习专家经验中的无效信息，分别如图 6.15（d）～（f）和图 6.16（d）～（f）所示。在一次训练中，Imitation-LSTM-PPO 算法需要更多的步长，消耗更多的时间，减慢了收敛速度。

表 6.6 算法训练实验数据

序号	环境条件	船舶特性	算法	趋于收敛步数/×10^6	趋于收敛时间	稳定收敛步数/×10^6	稳定收敛时间	最终累积奖励
1	理想环境	质点模型	SAC	0.66	30′56″	2.01	1h32′22″	4.93
2	理想环境	质点模型	PPO	1.62	27′7″	1.77	29′27″	4.857
3	理想环境	质点模型	LSTM-PPO	0.75	14′14″	0.9	17′15″	4.664
4	理想环境	质点模型	Imitation-PPO	0.51	8′22″	0.6	9′56″	4.637
5	理想环境	质点模型	Imitation-LSTM-PPO	0.95	23′26″	1.15	27′43″	4.461
6	非理想环境	运动模型	SAC	3.36	2h20′25″	3.59	3h12′52″	3.993
7	非理想环境	运动模型	PPO	1.83	54′54″	2.49	1h15′51″	2.44
8	非理想环境	运动模型	LSTM-PPO	1.45	30′17″	2.2	44′44″	2.784
9	非理想环境	运动模型	Imitation-PPO	0.96	42′57″	1.35	1h0′24″	4.405
10	非理想环境	运动模型	Imitation-LSTM-PPO	1.65	45′16″	2.35	1h0′35″	3.663

通过对算法训练曲线和关键数据进行分析后，可知 PPO 算法的收敛速度比 SAC 算法的收敛速度快，LSTM 网络和模仿学习均会加快算法的收敛速度，但不建议两者同时使用，并且，在算法训练过程中加大环境因素的变化会影响算法的收敛效果。

6.3.3 算法测试实验

在 6.3.2 节展示的 SAC、PPO 算法的基础上，增加 DQN、DDQN 两种算法，训练后进行避障测试，统计避障成功率、迷航率、碰撞率 3 种数据。避障成功率指在规定时间内，无人艇从起点无碰撞航行到目标点的概率；迷航率指超出指定时间范围，无人艇未到达目标点或无人艇在场景中无目的航行的概率；碰撞率指无人艇在航行过程中，未对障碍物进行正确的避让而撞上障碍物的概率。

算法测试环境为 50m×50m 的地图范围，风速为 7～17kn，浪高为 0.4～1.25m，海况等级为 2～3 级，第 1 种算法测试环境中的障碍物数量为 7，第 2 种算法测试环境中的障碍物数量为 9，第 3 种算法测试环境中的障碍物数量为 11。将非理想环境与理想环境中训练的共计 14 种算法模型移植到该算法测试环境中，每种算法模型运行 1000 次，并统计数据，如图 6.17 所示。3 种算法测试环境中各类算法模型的避障轨迹如图 6.18 所示。

水面无人艇智能感知与导航技术

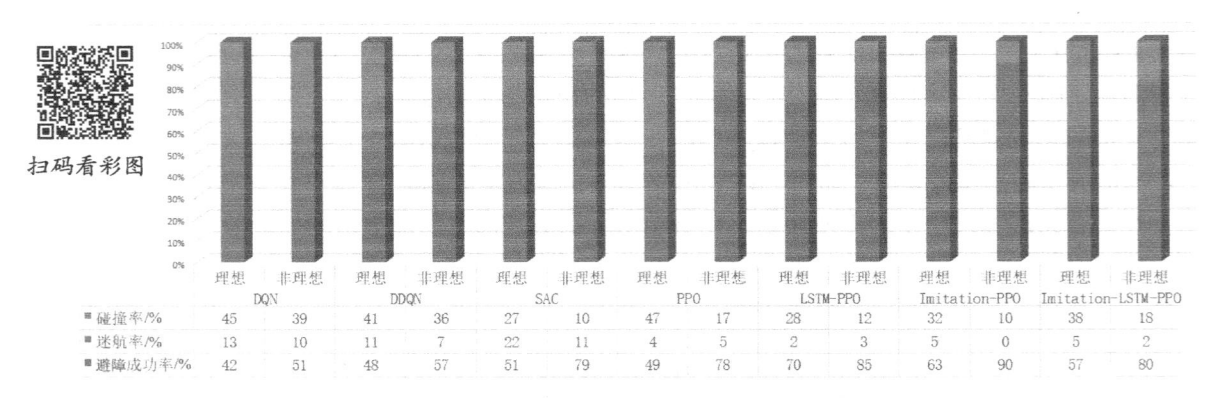

	DQN		DDQN		SAC		PPO		LSTM-PPO		Imitation-PPO		Imitation-LSTM-PPO	
	理想	非理想	理想	非理想	理想	非理想	理想	非理想	理想	非理想	理想	非理想	理想	非理想
碰撞率/%	45	39	41	36	27	10	47	17	28	12	32	10	38	18
迷航率/%	13	10	11	7	22	11	4	5	2	3	5	0	5	2
避障成功率/%	42	51	48	57	51	79	49	78	70	85	63	90	57	80

图 6.17　理想环境与非理想环境算法避障实验测试数据

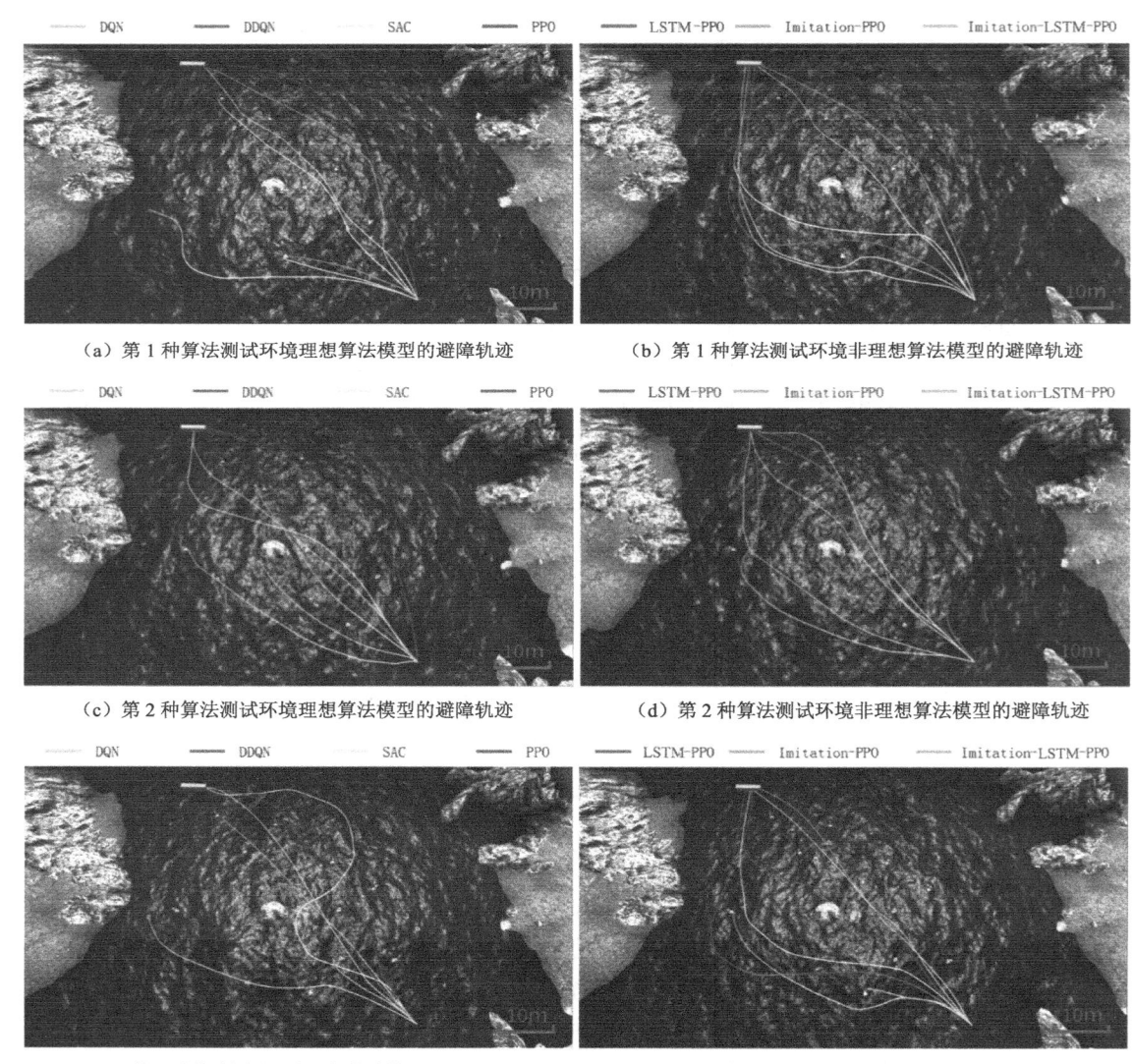

（a）第 1 种算法测试环境理想算法模型的避障轨迹　　（b）第 1 种算法测试环境非理想算法模型的避障轨迹

（c）第 2 种算法测试环境理想算法模型的避障轨迹　　（d）第 2 种算法测试环境非理想算法模型的避障轨迹

（e）第 3 种算法测试环境理想算法模型的避障轨迹　　（f）第 3 种算法测试环境非理想算法模型的避障轨迹

图 6.18　3 种算法测试环境中各类算法模型的避障轨迹

无人艇的避障属于连续动作控制，由实验数据可知，DQN、DDQN 两种针对离散动作的算法在无人艇的避障中表现较差，对无人艇的避障研究选用针对连续动作的算法会有更好的表现；各类算法的避障效果与算法训练曲线的最终累积奖励成正相关，即训练累积奖励曲线较好的算法模型有较好的避障效果；在理想环境中训练出的算法模型的避障成功率较低，而在非理想环境中训练的算法模型因在训练过程中加大了环境因素的变化，SAC、PPO 算法模型在测试环境中有 70%以上的避障成功率，而 LSTM-PPO 和 Imitation-PPO 算法的避障成功率可达 85%以上，说明在与实际环境近似的环境中训练出的算法模型具有更好的泛化性能，如果将其移植到实船上应该有更好的避障效果。

通过算法训练与算法测试实验，展现本仿真训练平台对多种算法的接入能力，可提供多种环境且评估算法的泛化性能。其中，LSTM-PPO 和 Imitation-PPO 算法具有较好的泛化性能，适用于无人艇避障算法研究。

6.3.4 无人艇实际部署验证

6.3.4.1 模型部署流程

针对 DRL 算法模型难以进行实际部署的问题，本书基于实验室实船 USV100 的自动控制模式进行避障算法的接入与测试验证，具体流程如图 6.19 所示。自主避障模块中的 GPS、激光雷达等传感器将获取环境感知信息，以话题消息形式发布给避障算法节点，即本书训练完成的 DRL 算法模型；DRL 算法模型根据当前状态信息，将动作指令（无人艇的线速度与角速度）发布给控制算法节点；控制算法节点对输入的目标点信息及线速度与角速度进行处理，通过 MAVROS 传递给 Pixhawk4；Pixhawk4 作为无人艇总控制器，解析输入的信号，从而实现对无人艇的驱动控制。同时，无人艇自主避障过程中的航行轨迹，以及各项传感数据可通过 4G/Wi-Fi 模块上传至岸基上位机进行展示。

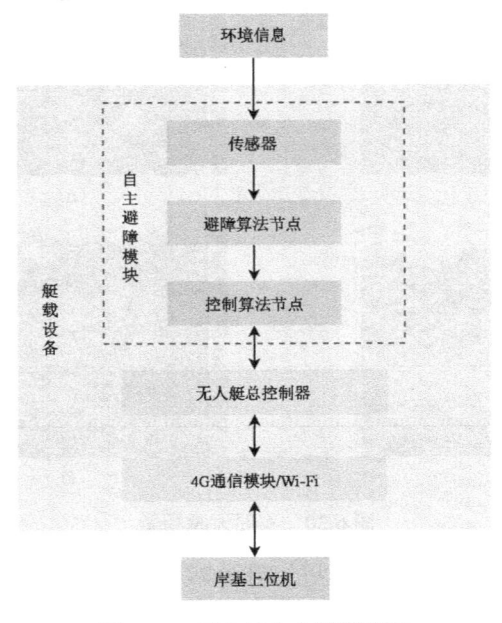

图 6.19 无人艇自主避障流程

6.3.4.2 实际避障测试与分析

通过如图 6.19 所示的流程将训练好的算法模型导入自主避障模块后开展避障实验。目标点均设置为 [−10,10,0]（USV100 为站心坐标系，x 轴正方向为正东方向，y 轴正方向为正北方向），通过采用不同的障碍物位置来体现水面环境发生的变化。对比各算法在实际环境中的避障成功率与完成任务的平均耗时，如表 6.7 所示；取本书算法在实际环境中的一次避障实验过程，如图 6.20 所示。

表 6.7 实际环境中的避障测试结果

算法	避障成功率/%	平均耗时/s
PPO	46.7	31.2
SAC	36.7	32.5
TD3	53.3	24.6
TD3+ICM	63.3	21.7
本书算法	67.7	20.4

(a) $t = 1$s

(b) $t = 4$s

(c) $t = 7$s

(d) $t = 10$s

(e) $t = 13$s

(f) $t = 17$s

扫码看彩图

图 6.20 实船避障场景

由表 6.7 中的数据可以看出，各算法的避障成功率同样与训练时的最终累积奖励成正相关，SAC 算法由于训练后期的累积奖励曲线依旧起伏很大，因此其实际避障效果最差。而 PPO

算法由于采用的是同策略（On-Policy），导致它在遇到没有见过的状态时难以做出合适的决策。而本书算法在模仿学习预训练的策略指导下，在训练过程中接触了更多航行情况，因此其避障成功率要高于原始 TD3 算法的避障成功率。由实验结果可得，实际环境中的避障效果不如 USV-NAV-Sim 内的测试情况，原因在于仿真训练平台内的传感信息没有对环境噪声进行模拟，与实际环境中的 LIDAR 提供的点云信息仍存在一定的误差。同时，障碍物易受波浪等因素的影响而产生漂移，加大了避障任务的难度。但本书算法在一定程度上实现了 USV100 在实际环境中的避障功能，进一步验证了本书算法具有较好的泛化性能，可将训练好的网络应用于实际环境中。

为进一步提升现有算法的避障成功率与实时性，可在 USV-NAV-Sim 中模拟于实际水域下感知传感器的环境噪声，并通过滤波等方式排除杂波点干扰，提升点云质量，缩小虚拟仿真环境与真实环境的感知差距。同时，基于 MAVROS 优化决策数据指令的下达过程，提升现有算法的避障成功率与实时性。

附录 A

A.1 全国海洋航行器设计与制作大赛 C4 智能导航赛道

全国海洋航行器设计与制作大赛是我国船舶与海洋工程领域层次最高、规模最大、覆盖面最广的国家级大赛。第十二届全国海洋航行器设计与制作大赛由中国科学技术协会、工业和信息化部指导，中国船舶集团有限公司、中国造船工程学会、国际船舶与海洋工程创新与合作联盟主办，哈尔滨工程大学承办。赛事紧密结合行业高校优势和特色，推动船舶与海洋工程装备产学研一体化发展，为行业培养高层次、应用型航海工程技术人才。

C4 智能导航赛道基于第 6 章介绍的无人艇虚拟仿真训练平台 USV-NAV-Sim，借助 Unity3D 仿真引擎和机器学习插件提供的算法与接口，参赛选手能够更加深入地了解船舶感知、导航及强化学习的原理。

A.2 Unity 和 ML-Agents

Unity 广泛用于游戏开发、虚拟现实（VR）、增强现实（AR）及交互式模拟等领域。它具有许多独特的优势。首先，Unity 支持多平台开发，可以轻松创建游戏和应用程序，同时可以在各种操作系统和设备上运行，包括 Windows、Mac、iOS、Android、Xbox、PlayStation 等。这种跨平台性使开发者能够更广泛地触及不同的用户群体，从而扩大开发产品的受众和市场。其次，Unity 提供强大的图形渲染能力，支持高质量的 3D 和 2D 图形，以及先进的光照、粒子效果和物理引擎，使游戏可以呈现出引人入胜的视觉效果。此外，Unity 还支持虚拟现实和增强现实开发，使开发者能够创建令人惊叹的交互体验。开发者可以使用 C#、JavaScript 和 Boo 等编程语言来编写游戏逻辑，而 Unity 强大的编辑器和开发工具集则使开发过程更加高效。Unity Asset Store 提供了丰富的资源库，包括 3D 模型、音效、脚本等，可以帮助开发者快速构建游戏。Unity 还提供了多人协作工具，支持团队协同开发，使多个开发者可以在同一项目上合作，从而使开发更加高效，减少了潜在的冲突。

ML-Agents 是 Unity 提供的用于强化学习训练的功能包，具体的介绍可查看官方文档。ML-Agents 内置了 PPO 和 SAC 两种强化学习算法和 ICM、Imitation 等模块。若使用其内置的算法和模块,则只需编写一个配置文件(.yaml),指定算法的必要参数即可。若使用自己编写的 Python 代码,则可利用 ML-Agents 提供的接口完成强化学习训练。

A.3 Unity 训练场景

要训练强化学习智能体(Agent),首先需要根据任务需求在 Unity 中搭建一个训练场景,作为强化学习的环境。示例训练场景(见图 A.1)为 USV-NAV-Sim 环境的简化版本。

图 A.1 示例训练场景

如图 A.2 所示,训练场景中包含 4 个长方体(wall1~wall4),作为围墙,整个训练场景的面积为 40m×40m;buoy 是浮标,作为障碍物,在每个回合开始时,其位置随机;islandCollider 为中心的礁石,也是障碍物,其位置固定;Target 是目标点,是一个蓝色方块,当无人艇与目标点之间的距离足够近时,认为到达目标点。USV180 为训练使用的无人艇,也是任务中的智能体。

图 A.2 训练场景中的物体

使用 ML-Agents 进行训练,需要为智能体添加必要的控件,具体如下。

(1)Behavior Parameters 控件,如图 A.3 所示。在此控件中配置智能体将接收的策略参数。该控件是必需的。

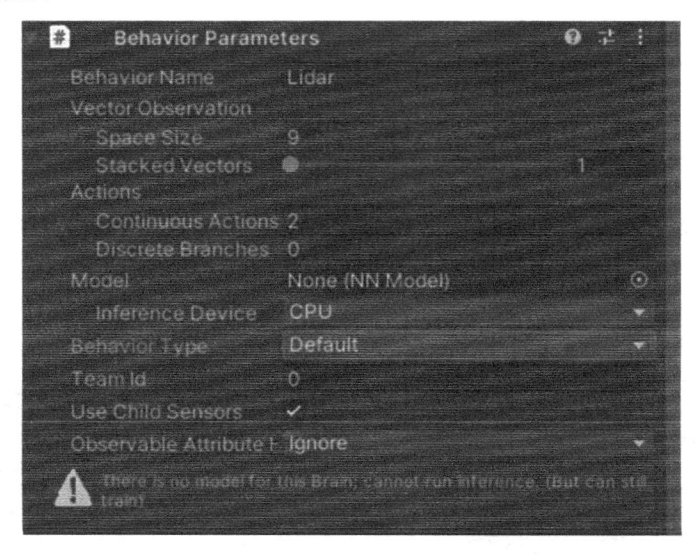

图 A.3　Behavior Parameters 控件配置

- Behavior Name：行为标识符。具有相同行为标识符的智能体将学习相同的策略，其需要与配置文件内的名称保持一致。
- Vector Observation->Space Size：智能体的向量观测的长度。
- Vector Observation->Stacked Vectors：将被叠加并共同用于决策的先前向量观测的数量，使传递给策略的向量观测的有效大小为空间大小×堆叠向量。
- Actions->Continuous Actions：智能体执行的连续动作的数量。
- Actions->Discrete Branches：智能体执行的离散动作，是一个整数数组，其中的值对应每个动作分支的离散值数量。
- Model：用于推理的神经网络模型（训练后获得），训练时不需要加载，保持 None；训练完成后检验效果时加载，同时将"Behavior Type"设置为"Inference Only"。
- Inference Device：选择在推理过程中使用 CPU 还是 GPU 来运行模型（建议选择 CPU）。
- Behavior Type：智能体的行为类型，确定智能体是执行训练、推理还是使用其 Heuristic() 方法。智能体有 3 种行为：训练、推理和启发。训练指使用 PyTorch 控制智能体进行学习；推理指使用加载的神经网络模型；启发指使用 Heuristic()方法，通过键盘进行手动控制。当将"Behavior Type"设置为"Default"时，如果有 PyTorch 连接，则为训练行为，否则为推理行为；当设置为"Heuristic Only"时，只能进行手动控制；当设置为"Inference Only"时，仅能进行推理控制。

（2）Decision Requester 控件：用于请求决策，如图 A.4 所示。

图 A.4　Decision Requester 控件配置

（3）Demonstration Recorder 控件：用于录制模仿学习所需的演示，是非必需的，如图 A.5 所示。

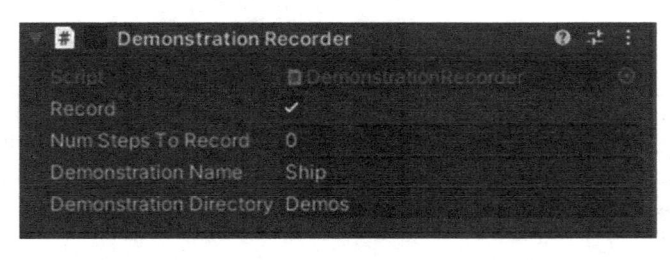

图 A.5　Demonstration Recorder 控件配置

选中"Record"复选框后，无论何时从编辑器运行场景，都会创建一个演示。根据任务的复杂性，可能需要几分钟或几小时的演示，只有这样，数据才能对模仿学习起作用。要指定所需录制的确切步骤数，请使用要录制的步骤数字段，一旦录制了相应的步骤数，编辑器将自动结束播放会话。如果将要录制的步骤数设置为 0，则录制将继续，直到手动结束播放会话。播放会话结束后，将在指定的文件夹路径中创建一个.demo 文件。单击该文件，可在检查器中提供有关演示的信息。

（4）射线检测控件：作为智能体观测周围环境的方式，类似于激光雷达，如图 A.6 所示，射线检测效果如图 A.7 所示。

- Detectable Tags：射线可识别的物体类型（标签）。需要提前为对应的物体添加标签。
- Rays Per Direction：每个方向上的射线条数。
- Max Ray Degrees：射线角度。
- Ray Length：射线长度。

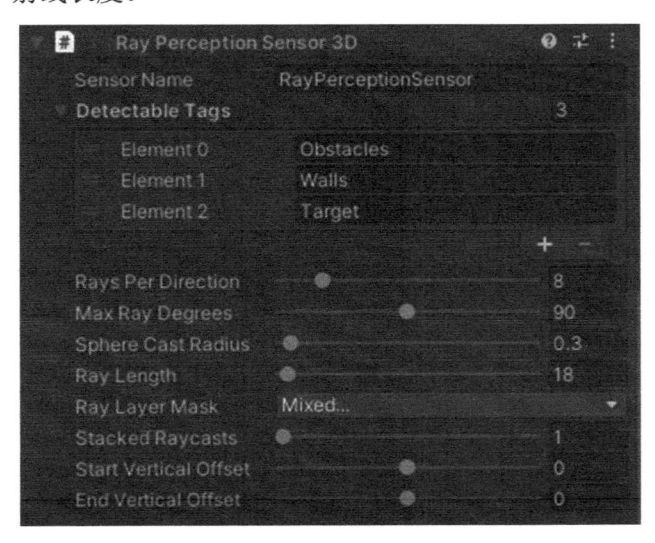

图 A.6　射线检测控件配置

水面无人艇智能感知与导航技术

图 A.7 射线检测效果

A.4 C#脚本设置

智能体是强化学习任务的主体，根据强化学习的定义，需要在脚本（C#）中定义其动作空间、观测空间、奖励函数及回合开始时的初始状态。C#文件中的重要函数如下：

```csharp
    public override void CollectObservations(VectorSensor sensor)
    {
        var localVelocity = transform.InverseTransformDirection(rBody.velocity);
        sensor.AddObservation(Target.localPosition);
        sensor.AddObservation(localVelocity.x);
        sensor.AddObservation(localVelocity.z);
        sensor.AddObservation(Vector3.Distance(Target.localPosition, transform.localPosition));
        sensor.AddObservation((Target.localPosition - transform.localPosition).normalized);
    }
```

上述代码用于收集观测量，与 Behavior Parameters 控件中的 Vector Observation->Space Size 对应。

```csharp
    public override void OnEpisodeBegin()
    {
        rBody.velocity = Vector3.zero;
        transform.localPosition = new Vector3(-16.7f, 0.35f, -16.4f);
        Vector3 rotationVector3 = new Vector3(0f, -45.0f, 0f);
        Quaternion rotation = Quaternion.Euler(rotationVector3);
        transform.rotation = rotation;
```

```csharp
        Obstacles1.localPosition = GetRandomSpawnPos();
        Obstacles2.localPosition = GetRandomSpawnPos();
        Obstacles3.localPosition = GetRandomSpawnPos();
        Obstacles4.localPosition = GetRandomSpawnPos();
    }
```

上述代码是回合初始化函数,用于在回合开始时设置初始值,包括船的位置、朝向,以及障碍物的位置。

```csharp
    public override void Heuristic(in ActionBuffers actionsOut)
    {
        var actions = actionsOut.ContinuousActions;
        actions[0] = Mathf.RoundToInt(Input.GetAxis("Vertical"));
        actions[1] = Mathf.RoundToInt(Input.GetAxis("Horizontal"));
    }
```

上述代码是启发函数,定义了动作空间。

```csharp
    public void MoveAgent(ActionSegment<float> act)
    {
        var dirToGo = Vector3.zero;
        var rotateDir = Vector3.zero;

        if (act[0] == 0)
        {
            act[0] = act[0] - 1;
        }
        act[0] = (act[0] + 1) / 2;
        act[0] += 1;
        dirToGo = transform.forward * act[0];
        rotateDir = transform.up * act[1];
        rBody.velocity = dirToGo * moveSpeed;
        rBody.angularVelocity = rotateDir * turnSpeed;
    }
```

上述代码用于移动智能体,包括前进、左转、右转。

```csharp
    public override void OnActionReceived(ActionBuffers actionBuffers)
    {
        AddReward(-0.002f);
        MoveAgent(actionBuffers.ContinuousActions);
        if (transform.localPosition.y > 1)
        {
            EndEpisode();
        }
        if (Vector3.Distance(Target.position, transform.position) < 1.4f)
```

```
        {
            AddReward(20f);
            EndEpisode();
        }
    }
```

上述代码是动作函数，用于接收连续动作数组。此外，在此函数中，还定义了一些奖励，包括时间惩罚，到达目标点得到+20 奖励：

```
    public Vector3 GetRandomSpawnPos()
    {
        var foundNewSpawnLocation = false;
        var randomSpawnPos = Vector3.zero;
        while (foundNewSpawnLocation == false)
        {
            randomSpawnPos = new Vector3(Random.Range(-10.5f, 10.5f),
                               0.5f, Random.Range(-12.5f, 12.5f));
            if (Physics.CheckBox(randomSpawnPos, new Vector3(8.0f, 0.5f, 8.0f))
== false)
            {
                foundNewSpawnLocation = true;
            }
            if (Vector3.Distance(randomSpawnPos, transform.position) < 1.0f)
            {
                foundNewSpawnLocation = false;
            }
        }
        return randomSpawnPos;
    }
```

GetRandomSpawnPos()函数用于将场景内的物体随机摆放。

编写完 C#代码后，将其脚本挂载到智能体上即可。

A.5 配置文件设置

配置文件中指定了算法所需参数的值。配置文件的格式是固定的。

1. PPO 算法配置文件示例

```
behaviors:
  Ship:
    trainer_type: ppo
    hyperparameters:
      batch_size: 128
```

```
      buffer_size: 2048
      learning_rate: 0.0003
      beta: 0.01
      epsilon: 0.2
      lambd: 0.95
      num_epoch: 3
      learning_rate_schedule: linear
    network_settings:
      normalize: false
      hidden_units: 512
      num_layers: 2
      vis_encode_type: simple
    reward_signals:
      extrinsic:
        gamma: 0.99
        strength: 1.0
      curiosity:
        gamma: 0.99
        strength: 0.02
        encoding_size: 256
        learning_rate: 0.0001
    keep_checkpoints: 5
    max_steps: 5000000
    time_horizon: 128
    summary_freq: 30000
    threaded: true
```

- trainer_type：训练使用的算法类型，PPO 或 SAC。
- hyperparameters -> batch_size：梯度下降每次迭代中的经验数如果使用连续动作，则该值应该很大（约为1000）；如果只使用离散动作，则该值应较小（约为10）。
- hyperparameters -> buffer_size：在更新策略模型之前需要收集的经验数，它应该是 hyperparameters -> batch_size 的数倍。通常，较大的 hyperparameters -> buffer_size 对应更稳定的更新。
- hyperparameters -> learning_rate_schedule：指定学习率如何随时间变化，PPO 算法默认为 linear，SAC 算法默认为 constant。
- hyperparameters -> beta：熵正则化的强度，使策略"更随机"，默认值=5×10^{-3}。
- hyperparameters -> epsilon：影响训练期间策略更新的速度。将此值设置得较小将导致更稳定的更新，但也会减慢训练过程，默认值=0.2。
- hyperparameters -> lambd：计算广义优势估计（GAE）时使用的正则化参数，低值对应更依赖当前值估计，高值对应更依赖在环境中接收的实际奖励，默认值=0.95。
- hyperparameters -> num_epoch：在执行梯度下降优化时，算法通过经验缓冲区的次数。减小该值将以较慢的学习速度为代价，确保更稳定的更新，默认值=3。

- hyperparameters -> learning_rate：梯度下降的初始学习率，对应每个梯度下降更新步骤的强度。如果训练不稳定，并且奖励没有持续增加，那么应该减小该值（默认值=3×10^{-4}）。
- network_settings -> normalize：是否将归一化应用于向量观测输入。这种归一化基于向量观测的运行平均值和方差，在复杂的连续控制问题中是有帮助的，但在简单的离散控制问题中可能是有害的，默认值为false。
- network_settings -> hidden_units：神经网络隐藏层的单元数，对应神经网络的每个完全连接层有多少个单元，默认值=128。
- network_settings -> num_layers：神经网络中隐藏层的数量，对应在观察输入之后或在视觉观察的CNN编码之后存在多少个隐藏层，默认值=2。
- network_settings -> vis_encode_type：用于对视觉观察进行编码的编码器类型，默认值=simple。
- extrinsic -> gamma：来自环境未来奖励的折扣因子，必须严格小于1，默认值=0.99。
- extrinsic -> strength：环境提供奖励的乘积系数，其典型范围将根据奖励信号而变化，默认值=1。
- curiosity -> gamma：好奇心奖励的折扣因子。
- curiosity -> strength：好奇心奖励的乘积系数。
- curiosity -> encoding_size：好奇心模型使用的网络规格。
- curiosity -> learning_rate：更新好奇心模块的学习率。
- keep_checkpoints：要保留的模型检查点的最大数量。检查点保存在checkpoint_interval选项指定的步骤数之后。一旦达到检查点的最大数量，在保存新检查点时，将删除最旧的检查点，默认值=5。
- max_steps：结束训练过程前，在环境（如果并行使用多个，则在所有环境）中采取的步骤总数（收集的观察结果和采取的行动），默认值=5000000。
- time_horizon：在将智能体添加到经验缓冲区之前，要收集多少个步骤的经验，默认值=64。
- summary_freq：在生成和显示培训统计数据之前需要收集的经验数量，决定了TensorBoard中图形的粒度，默认值=50000。
- threaded：允许环境在更新模型时执行步骤，可能会导致训练加速，尤其在使用SAC算法时，默认值=false。

2. SAC算法配置文件示例

```
behaviors:
  Lidar:
    trainer_type: sac
    hyperparameters:
      learning_rate: 0.0003
      learning_rate_schedule: constant
      batch_size: 128
      buffer_size: 50000
```

```
    buffer_init_steps: 0
    tau: 0.005
    steps_per_update: 10.0
    save_replay_buffer: false
    init_entcoef: 0.05
    reward_signal_steps_per_update: 10.0
network_settings:
    normalize: false
    hidden_units: 256
    num_layers: 2
    vis_encode_type: simple
reward_signals:
    extrinsic:
        gamma: 0.99
        strength: 1.0
    gail:
        strength: 0.01
        gamma: 0.99
        encoding_size: 128
        demo_path: D:/Demos/SAC.demo
behavioral_cloning:
    demo_path: D:/Demos/SAC.demo
    strength: 0.5
    steps: 180000
keep_checkpoints: 5
max_steps: 2000000
time_horizon: 64
summary_freq: 30000
        threaded: true
```

- hyperparameters -> buffer_init_steps：在更新策略模型前，需要收集到缓冲区中的经验数，默认值=0。由于未经训练的策略是相当随机的，因此，用随机操作预先填充缓冲区对于探索是有用的。通常情况下，至少应该预先填充几回合经验。
- hyperparameters -> init_entcoef：智能体在训练开始时应该探索多少，对应训练开始时设置的初始熵系数。增大该值可在开始时进行更多探索，减小该值可更快地收敛到解决方案，默认值=1。
- hyperparameters -> save_replay_buffer：在退出和重新开始训练时，是否保存和加载经验回放缓冲区及模型，默认值=false。这可能有助于训练顺利进行，因为收集的经验不会被抹去。但是，经验回放缓冲区可能非常大，并且会占用相当大的磁盘空间。
- hyperparameters -> tau：SAC 算法中用于自举值估计的目标网络的更新力度，对应 SAC 模型更新期间目标 Q 更新的幅度。在 SAC 算法中，有两个神经网络：目标网络和预测网络。目标网络用于引导预测网络在给定状态下对未来奖励的估计，并且其在预测网络更新时是固定的。根据该值缓慢地更新该目标。通常，该值应为 0.005。对于简单的问题，将该值增大到 0.01 可能会减少学习所需的时间，但代价是牺牲稳定性。
- hyperparameters -> steps_per_update：智能体步骤（操作）与智能体策略更新的平均比率，默认值=1。
- hyperparameters -> reward_signal_steps_per_update：每个小批量采样和用于更新奖励信号的步骤数，默认值=steps_per_update。
- gail -> demo_path：.demo 文件或.demo 文件目录的路径，是必需的，无默认值。
- behavioral_cloning->steps：行为克隆的训练步骤数。若将它设置为 0，则在整个训练过程中不断模仿，默认值=0。

编写完配置文件后，新建一个文件夹，将配置文件放在该文件夹中。

A.6 训练流程

打开 Anaconda 命令行窗口，激活安装 PyTorch 的环境，并定位至配置文件所在的文件夹，输入以下命令：

```
mlagents-learn 配置文件名.yaml --run-id=行为名
```

其中，行为名指配置文件中第二行的名称，需要与 Behavior Parameters 控件中的行为标识符保持一致。

启动训练示例如图 A.8 所示。

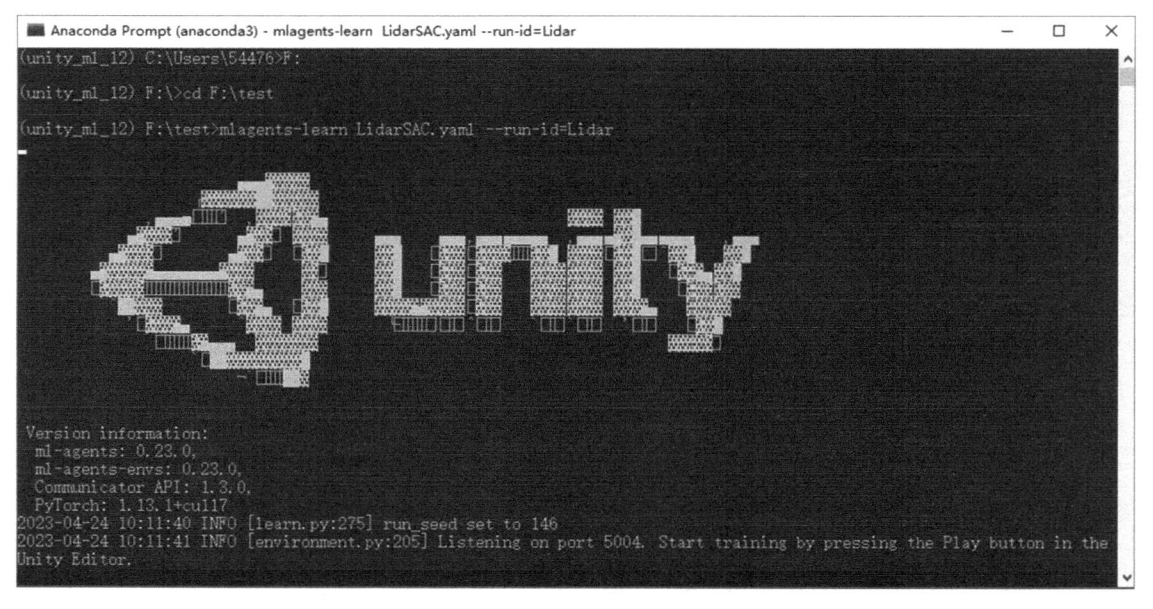

图 A.8 启动训练示例

回到 Unity 界面，单击"运行"按钮即可开始训练。训练场景如图 A.9 所示。

图 A.9　训练场景

如果希望中途停止训练，就再次单击 Unity 界面中的"运行"按钮，训练模型会自动保存。要继续之前的训练时，输入以下命令：

```
mlagents-learn 配置文件名.yaml --run-id=ID名 --resume
```

要覆盖之前的训练而重新开始时，输入以下命令：

```
mlagents-learn 配置文件名.yaml --run-id=ID名 --force
```

A.7　训练结果

（1）查看奖励曲线。
（2）进入配置文件所在目录，执行以下命令：

```
tensorboard.exe --logdir results --port 6006
```

执行以上命令后，结果如图 A.10 所示。

图 A.10　查看 TensorBoard

复制网址到浏览器，打开，即可看到奖励曲线，如图 A.11 所示。

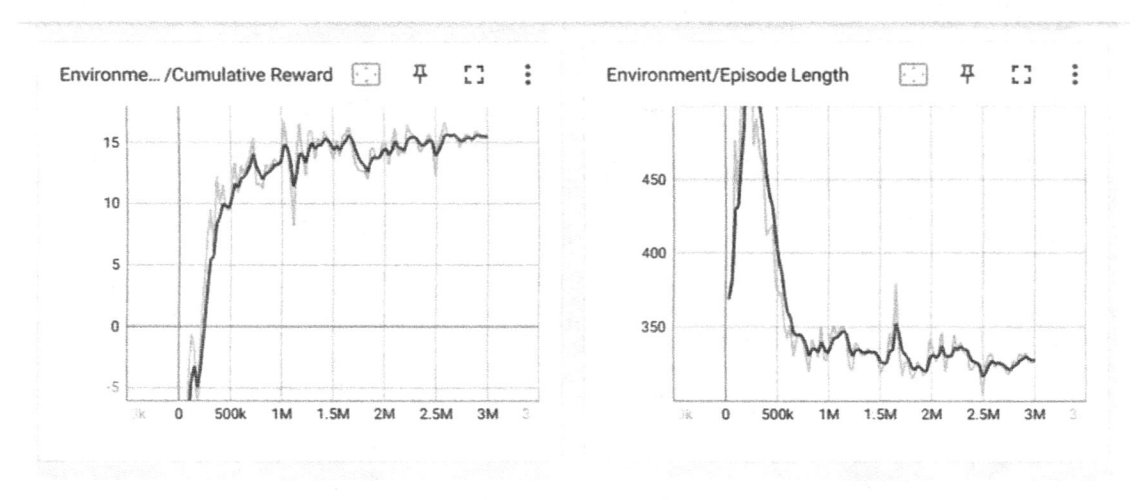

图 A.11　奖励曲线

（3）加载 ONNX 模型。

训练完成后，在配置文件所在的文件夹可以找到后缀为.onnx 的文件，如图 A.12 所示。

图 A.12　查看 ONNX 模型

将其挂载到智能体上，并将"Behavior Type"设置为"Inference Only"，如图 A.13 所示。

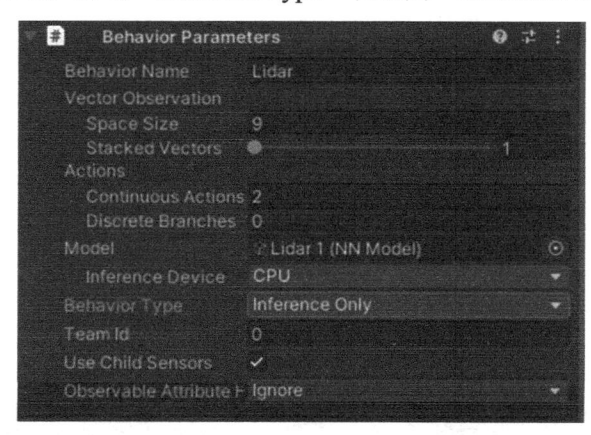

图 A.13　设置参数

单击"运行"按钮即可开始进行推理行为，可以直观地看到无人艇的运行效果，从而评估模型的优劣。

附录 B

为了配合举办全国海洋航行器设计与制作大赛 C4 智能导航赛道，本书与"智慧树"在线教育平台合作，制作了"水面无人艇智能感知与导航虚拟仿真实验"课程。

该课程旨在利用基于 Unity 的虚拟仿真环境，为学生提供无人艇强化学习避障仿真训练平台，帮助学生掌握无人艇避障的强化学习算法。通过这种沉浸式、交互式的学习方式，学生能够在虚拟仿真环境中进行无人艇避障功能的实践训练。

Unity 虚拟仿真训练平台能够模拟真实的水面环境、天气条件和障碍物，营造出逼真的训练氛围，学生可通过该平台学习如何设计无人艇的感知导航算法和强化学习避障策略。在训练过程中，学生可以自主定义无人艇的状态表示方式，如位置、速度等信息，并根据实际情况设计奖励函数，用于评估无人艇的行为。通过与环境的交互，学生可以训练和优化无人艇的控制模型，以实现良好的避障性能。另外，该平台还具有安全性和时间与空间上的灵活性，无须受限于实际场地和时间。通过模拟真实场景和实践操作，学生能够在虚拟仿真环境中获得与实际训练相似的学习效果，并通过实时反馈对课程进行调整和优化。

具体来说，采用本虚拟仿真实验教学，拟达到以下目的。

（1）理解无人艇避障的原理：实验旨在帮助学生深入了解无人艇避障的基本原理和技术。通过实践训练，学生将学习如何设计合适的感知和决策机制，以及有效的避障策略。

（2）掌握强化学习算法：实验旨在让学生熟悉和掌握强化学习算法及其在无人艇避障任务中的应用。学生将学习如何定义状态、动作和奖励函数，并通过训练智能体来优化策略。

（3）提高解决问题的能力：通过实验中的挑战和实践，学生将培养解决实际问题的能力。学生需要分析和理解问题，并设计合适的算法和参数来改进无人艇的避障性能。

本课程由以下 4 个主题构成。

（1）无人艇简介：包括无人艇的国内外发展现状、发展趋势和 USV180 架构两部分，可以让学生对无人艇有一个初步的认识。

（2）虚拟仿真环境：包括 Unity 的简介和基础操作，以及针对导航避障任务搭建的训练场景，可以让学生掌握 Unity 场景的基本组成。

（3）基于深度强化学习的无人艇导航避障算法：包括深度强化学习的基本概念、MDP 关键要素、4 种深度强化学习算法的原理及强化学习训练等。学生通过实际操作，可以基于深度强化学习原理对无人艇导航避障任务进行建模，以及通过 Unity 的机器学习插件完成强化学习训练，并对训练结果进行测试与评估。

（4）考察报告：包括个人信息和课程总结报告。

反侵权盗版声明

　　电子工业出版社依法对本作品享有专有出版权。任何未经权利人书面许可，复制、销售或通过信息网络传播本作品的行为；歪曲、篡改、剽窃本作品的行为，均违反《中华人民共和国著作权法》，其行为人应承担相应的民事责任和行政责任，构成犯罪的，将被依法追究刑事责任。

　　为了维护市场秩序，保护权利人的合法权益，我社将依法查处和打击侵权盗版的单位和个人。欢迎社会各界人士积极举报侵权盗版行为，本社将奖励举报有功人员，并保证举报人的信息不被泄露。

举报电话：（010）88254396；（010）88258888
传　　真：（010）88254397
E-mail：dbqq@phei.com.cn
通信地址：北京市万寿路173信箱
　　　　　电子工业出版社总编办公室
邮　　编：100036